实用礼仪规范研究

■ 谢琳 著

NORTHEAST NORMAL UNIVERSITY PRESS
WWW.NENUP.COM

东北师范大学出版社

图书在版编目（CIP）数据

实用礼仪规范研究／谢琳著． -- 长春：东北师范大学
出版社，2017.6
ISBN 978-7-5681-3269-5

Ⅰ．① 实 … Ⅱ．① 谢 … Ⅲ．① 礼 仪 一 研
究 Ⅳ．① K891.26

中国版本图书馆 CIP 数据核字（2017）第 142926 号

□ 策划编辑：王春彦
□ 责任编辑：卢永康　　　□ 封面设计：优盛文化
□ 责任校对：赵忠玲　　　□ 责任印制：张允豪

东北师范大学出版社出版发行
长春市净月经济开发区金宝街 118 号（邮政编码：130117）
销售热线：0431-84568036
传真：0431-84568036
网址：http://www.nenup.com
电子函件：sdcbs@mail.jl.cn
河北优盛文化传播有限公司装帧排版
北京一鑫印务有限责任公司
2017 年 9 月第 1 版　　2017 年 9 月第 1 次印刷
幅画尺寸：170mm×240mm　印张：15.5　字数：279 千

定价：54.00 元

　　我国是一个历史悠久的文明古国，礼仪文化源远流长。在中华民族的历史长河中，礼仪不仅是普通老百姓修身养性、持家立业的基本需要，也是管理阶层治理国家、掌管天下的必备条件。在经济全球化的背景下，中西方礼仪文化交流碰撞。就当今而言礼仪不仅是协调人际关系约定俗成的行为规范，同时更是一个人、一个组织、一个地区乃至一个国家和民族内在的精神文化素养的体现。

　　随着我国经济的发展，人与人之间、群体与群体之间以及世界各国之间的交往越来越频繁，人们社会活动的范围、规模都在日益扩大。礼仪不仅是个人的素质表现，也是国家综合实力的展现。特别是在当今时代国家倡导构建和谐社会，继承发扬中华民族流传百世的礼仪精华，掌握符合时代发展潮流的礼仪知识，是个人成功、群体发展、民族兴旺、国家繁荣的迫切需要。

目 录
CONTENTS

目　录

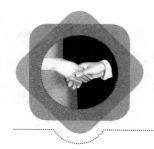

第一章　礼仪概述

中国自古就是"礼仪之邦"，礼仪文化源远流长。我们每个人都在自觉或不自觉地接受着中国传统礼仪文化的熏陶和规范。就礼仪的重要程度而言，我们可以简单概括为：礼仪文化是一个社会文明的象征和文明程度的标志。人类要进步、社会要发展，就必须推行礼仪、弘扬礼仪文化。正因为礼仪及礼仪文化对于个人发展和社会稳定有着极其重要的作用，为了学好礼仪和弘扬优秀的礼仪文化，对于实用礼仪规范，我们很有必要对其进行深入研究。

第一节　礼仪的基本内涵

一、礼仪的含义

"礼仪"是"礼"和"仪"的合成词。然而，这两个词最早在我国是表示两个虽有联系却不尽相同的概念。在古代典籍中，"礼"主要有三层意思：一是政治制度，二是礼貌，三是礼物。"仪"也有三层意思：一是指容貌和外表，二是指仪式和礼节，三是指准则和法度。而将"礼"和"仪"连用，则始于《诗经·小雅·楚茨》："为宾为客，献酬交错，礼仪卒度。"礼的含义比较丰富，其跨度和差异也比较大，既有古今意义的区别，又有广义和狭义的区别。礼的最初含义是指敬神的仪式，后来逐步引申为表示敬意的通称。它既可指为表示敬意或隆重而举行的仪式，也可泛指社会交往中的礼貌，还可特指奴隶社会或封建社会中，贵族等级制的社会规范和道德规范。由此可以看出"礼"来源的深远和广大，最初的礼的形成是人们自觉自发的行为，是约定俗成的通过相互之间行为的约束来调节关系的行为规范，而不是强迫执行的规章制度。在现代社会，礼仪是指人们在日常生活和社会交往中所形成的互相之间表示友好、尊重并展示文明的行为规范与准则。从以上对"礼仪"含义的分析来看，可以总结出它有以下三个方面的基本内涵：

（一）礼仪是一种行为规范或行为模式（习惯）

所谓行为规范就是人们的行为标准，行为模式（习惯）是人们行动的惯用形式。这种行为规范或模式（习惯）是社会共同认知的，是人们共同践行的，它的基础是以自觉地遵守为前提，本身不具有强制性。但是，我们必须认识到它在人际交往中对人们有制约作用。例如，见了面要主动问候、握手，临走时要自觉地说声"再见"，这是人们在交往中习以为常的行为规范。没有人强制要求这样做，可是你不这么做就会被人认为没有礼貌。

（二）礼仪是社会共识的大家共同遵守的行为方式

礼仪准则或规范是社会中人们约定俗成、共同认可、共同遵守的。在社会实践中，礼仪往往首先表现为一些不成文的规矩、习惯，然后才逐渐上升为大家认可的，可以用语言、文字、动作进行准确描述和规定的行为准则，并成为社会共识、人们有章可循、可以自觉学习和遵守的行为规范。礼仪渗透于社会的各种关系之中，只要有人和人的关系的存在，就有作为人的行为准则和规范的礼仪存在。

（三）礼仪是人们文明交往的必要条件

礼仪是人们在交往中，待人接物时必须遵守的一些行为规范。这种规范不仅约束着人们在交际场合的言谈举止，使之合乎礼仪规范，也是人们在交际场合中必须采用的一种"通用语言"，是衡量他人，判断自己是否自律、敬人的一种尺度。因而，礼仪的存在是合乎人际关系调节需要的，有利于规范人们的行为，创造文明交往的环境。自从人类产生，礼仪也就伴随着人与人之间复杂关系的产生而出现，并且越来越完善。也就是说，礼仪是随着人类的产生而产生的，并随着人类社会的发展而不断地发展，在人类进入文明社会的过程中起了很重要的促进作用。

在学习和应用礼仪时，不可避免地涉及"礼貌"和"礼节"，它们之间既有密切联系，又有一定区别。

首先，礼貌是在人际交往中表示谦虚和恭敬的言行。礼貌侧重于表现人的品质和素质，通常分为礼貌行为和礼貌语言。礼貌行为是一种道德规范，例如，尊老爱幼的行为，在公共汽车上给老人让座可以说是表示敬意，但是如果给小孩让座，乃至给病人、孕妇让座，就不能用"敬意"解释了，而是社会公德意识和个人道德修养的良好体现。对于这样的行为，人们的评价就是"这个人真懂礼貌"，这里的"礼貌"就意味着遵守和维护某种社会规范和道德规范的活动与行为。礼貌语言是文明程度的体现，例如，国家倡导使用的"礼貌十个字"——"您好""请""谢谢""对不起""再见"，就是人们在社会生活中普遍使用的礼貌语言。礼貌用语的使用使人显得谦恭、有教养。

其次，礼节是人们在社交场合表示尊重友好的惯用形式。礼节是礼貌外化的具体表现形式，礼貌注重的是人的内在品质和素质，而礼节注重的是表现形式。例如，你与美国人打交道问好时，可以来一个热情的拥抱，表示对对方的尊重，与法国人问好后，则可以行亲吻礼等，这都是表示尊重友好的惯用形式，都是礼节。在礼节方面，中国和其他国家又各有差异，与中国人打招呼后，可以适时地进行自我介绍、握手或交换名片，留下联系方式，不需要拥抱和亲吻。因此，使用礼节时也应该注意其区域性、民族性的特点。

最后，礼仪是在人际交往中表现律己敬人的程序和方式。礼仪是指在人际交往中，自始至终以一定的、约定俗成的程序、方式来表达的律己敬人的完整行为。礼仪是礼貌、礼节的统称，既有文明的修养，又有必要的规范形式，主要表现为律己敬人。律己即对自我的要求，是礼仪的基础和出发点。学习、应用礼仪最重要的是要自我要求、自我约束、自我控制，这就是自律的体现。敬人就是要求在交往的过程中，与交往对象既要互谦互让，互尊互敬，友好相待，更要将对交往对象的重视、恭敬放在第一位。无论律己还是敬人，都要通过一定的表现方式。同时礼仪是有章可循的，例如，与别人交往就要经过介绍、称呼、握手、交谈和交换名片等方式的这样一个过程，这个过程必须遵循一定的程序，从而建立联系，展开交流。

从含义上可以看出，礼仪主要是应用于人际交往。也就是说没有人与人之间的相互关系和交往，也就没有礼仪可谈。所以，只要人的生命需要生存，就需要和别人打交道，就需要礼仪。虽然礼仪不具有强制性，但它本身与人们的生活和工作有着紧密的联系，对人们的行为有外在的约束作用。如果不注意礼仪，就显得不懂礼貌，就会与社会文明和进步格格不入。

二、礼仪的本质

本质是事物内在的规律性，是某类事物区别于其他事物的基本特质。礼仪的本质是可以通过考察礼仪的起源、发展与演变过程及其本身的属性来揭示的。不同历史时期，礼仪的本质各有不同表现。

（一）原始社会礼仪的本质

1.原始礼仪的属性是"德"

原始人为了生存与发展，在与大自然抗争的同时，也要处理好人与人、部落与部落的关系。早期原始人的生活环境极其严酷，在共同抵御灾害和获取生存必需品的过程中，必须结成平等的、和谐的、互助互敬的协作关系，才能为自身的生存创造更多的机会。《韩非子·五蠹》说："上古之世，人民少而禽兽众，人民不胜禽兽虫蛇。有圣人作，构木为巢以避群害，而民悦之，使王天下，号曰有巢氏。民食果蓏蚌蛤，腥臊恶臭而伤害腹胃，民多疾病。有圣人作，钻燧取火以化腥臊，而民悦之，使王天下，号之曰燧人氏。"东汉班固的《白虎通·号篇》也载："古之人民皆食兽禽肉，至于神农，人民众多，禽兽不足，于是神农因天之时，分地之利，制耒耜，教民农耕，神而化之，使民宜之，故谓神农也。"有巢氏教人筑巢、燧人氏教人取火、神农氏教民农耕，友好地帮助、改善了原始人的生存条件，推动历史向前发展。这种在与自然抗争的过程中形成的相互友善、相互帮助的原始礼仪现象，是建立在原始人相互尊敬的基础上的，这就是礼仪德性的本源。原始人在族群的共同生活中天然地形成了一种人伦秩序：男女有别、老少各异、尊老爱幼。在原始社会初期，男性的主要工作是出门打猎，女性留在部落里生儿育女，操持家务，照顾老人。女性最伟大的是具有繁衍后代的生育能力，因此在原始社会初期（母系氏族社会），这种天然的人伦秩序本能地决定了女性处于领导地位，这就是男性尊敬女性的思想根源。同样，原始人天然地认识到老人和孩子不同，老人体弱不能出门打猎，孩子年龄小需要照顾，部落里打来的猎物老人和孩子同样有一份，在生活的各个方面老人和孩子同样受到尊敬和照顾。这种天然的赡养老人、抚育孩子的孝敬思想，是原始礼仪本质"敬"的生动体现。仰韶文化遗址的资料表明，原始人已懂得长辈坐上席、晚辈坐下席，男子坐左边、女子坐右边等礼仪秩序。可以说，维持族群天然人伦生活秩序，是礼仪"德"性原则产生的最原始动因，因此，原始礼仪"德"的属性，是源于原始人与自然抗争和维持族群生活秩序的需要。

2. 原始礼仪的本质是"敬"

从"礼仪的起源"的分析得知，原始人对大自然的崇拜、对鬼神和祖先敬畏的祭祀活动，是原始礼仪文化的起源之一。由于原始人对日月、星辰、风雨、雷电、山崩、地裂等自然现象无法理解，由此产生了对自然界的神秘感和敬畏感，从而形成了对大自然的崇拜，并按人的形象想象出各种神灵作为崇拜的偶像。例如照耀大地的太阳是神，风有风神，河有河神……因此，他们敬畏"天神"，祭祀"天神"的同时，由于原始人对自身的梦幻现象无法解释，产生了"灵魂不死"的观念，进而产生了对民族祖先的崇拜。自然力量和民族祖先是原始社会最主要的两个崇拜对象。对两者的崇拜主要以祭祀的方式表现出来。在他们虔诚地向这些"神灵"和"祖先"打恭跪拜，按一定的程式祈祷、祈福的过程中，原始人的"礼"便产生了。据考古发现，武夷山九曲溪两岸存在着距今已有 3800 年之久的悬棺，这是古闽人留下的独特"闽葬文化"——悬棺葬（如图 1-1 所示）。悬棺葬这种方式是把死者棺木放置在悬崖绝壁上，保护死者死后不受任何侵犯，让死者的灵魂继续保护他的子孙后代。

悬棺葬礼俗表现的是孝敬、祖先崇拜和灵魂不灭的观念。整个丧葬仪式体现对已故先人的崇敬，其"礼"是如此的天然和虔诚。以此可以完全诠释古闽人丧葬礼俗体现的孝道、对祖先崇拜、先人死后灵魂不灭的"敬"的思想内涵。因此，原始礼仪"敬"的本质，是源于"敬天地、畏鬼神、尊祖宗"的祭祀活动。

图1-1 悬棺葬

综上所述，原始礼仪最初的"根"是原始人在与大自然抗争中为了生存与发展，也为了处理好人与人、部落与部落的关系而形成的"德"的属性；也就在原始人敬自然、敬神鬼、敬祖先的祭祀与崇拜过程中，奠定了礼的"敬"的本质。所以原始礼仪的属性是"德"，本质是"敬"。当然，由于对自然和自身的无知，"敬"中带有"畏"，自然也带有宗教迷信成分。

（二）传统社会礼仪的本质

1. 传统社会礼仪的本质体现为"分"，主要是维护等级制度

本书指的传统社会是中国奴隶社会和封建社会这一历史阶段的农耕社会，它既以农耕文明的先进有别于蒙昧混沌的原始社会，又以小农经济的落后区别于工业化大生产的现代社会。我们知道，原始社会是"风俗的统治"，作为风俗习惯的"礼"，是约束和规范人们行为的工具。当人类社会跨入农耕文明的门槛以后，伴随着阶级和国家的产生，原始礼的约束功能也就逐渐演变成为社会行为规范。

"礼"在后来的发展，并非直接继承了祭祀仪式意义上的礼，更重要的是原始社会中祭祀乃是团体的活动，而团体的祭祀活动具有一定的团体秩序，包含着种种行为的规定。礼一方面继承了这种社群团体内部秩序规定的传统，另一方面发展为各种具体的行为规范和各种人际关系的行为礼节。

也就是说，当礼从神事扩展到人事，被统治阶级运用于政治统治时，礼的本质就脱离了原始的朴素的敬天敬神，演化为体现和维护人与人之间的"分"和"别"。即维护不同的社会等级、体现不同的社会分工等。在古代的阶级社会，礼的本质在于"分"，在于维护宗法等级制，这在社会生活中表现得很明显。卫国大夫北宫文子曾说，礼为政之本，就在于区分"君臣、上下、父子、兄弟、内外、大小"。荀子说："人何以能群？曰：分。分何以能行？曰：义。故义以分则和，和则一，一则多

力，多力则强，强则胜物。"《礼记》也说："夫礼，坊民所淫，章民之别，使民无嫌，以为民纪者也。"在古代，"分"和"别"表现在社会生活的方方面面，政治、经济、社会等的不平等，导致了君臣上下尊卑的不等，导致了财产权利的不等，也导致了衣食住行器用的不等。不等本身就表明人有"分"有"别"。"分"与"别"的根源当然是私有制，而强化这种"分"和"别"的目的，则是要维护这种私有制和等级制度。礼在这里就充当了确认和维护等级制的角色。因此，在古代，礼的本质就在于"分"。

2."仁""和""中""让"是对"分"的补充和协调

礼的本质在于"分"，然而只强调"分"，势必激发不同等级间的对立，于是儒家又提出"仁""和"来补充。"仁"就是爱人，"和"就是和谐、协调，它们对于"分"起到了缓和、制约、补充的作用，预防"分"走向极端和破裂。

要想求得"和"，就要"制中"，即"执其两端，用其中于民"。"中"就是要求君臣要有尊卑、大小、内外，双方都要向对方靠拢，以求对立双方的平衡和协调。只要把握住"中"，就把握住了维护"分"的稳定的关键。万一制中不能，对立双方无法靠拢、平衡和协调，即"分"走向极端，将引起双方关系的破裂和对抗。这时，最有效的办法就是"让"，"让，礼之主也""让，德之主也"。总之，"分"是礼的主体和主旨，"仁""和""中""让"都是对"分"的补充和协调。做到这些，君臣、父子、兄弟、士农工商，就会各在其位，各司其职，社会就会有条不紊，安然有序，就会把国家建成既有明确等级（即"尊卑"）秩序，又协调和谐（即"亲疏"）的社会共同体。

（三）现代社会礼仪的本质

现代社会是指进入工业文明以后的社会，从礼仪发展史的角度划分，也泛指包含着今天的以信息化为标志的当代社会。以工业化大生产为标志的现代社会，不仅仅是生产力有了质的飞跃，人的思想文化观念也随着民主社会制度的确立，产生了极大的变化，礼仪文化作为人的思想观念的反映，自然也发生了质的变化。现代社会礼仪的本质体现为"敬"，但"分"并没有完全消除，仅以体现敬的方式为人们所接受。

1.现代社会礼仪的本质体现为"敬"

当民主革命使封建社会不平等制度被消灭后，广大民众从政治上得到了平等自由，这时礼的本质发生了根本性的变化。一是民主社会实行人人平等的社会制度，使得人民群众能以平等的心态进行各种社会交往。经过民主革命，那些被封建社会政治法律制度所规定的等级制度被消灭了，取而代之的是由民主的政治法律制度所规定的人人平等的制度，在这个意义上，礼的本质发生了质的变化，即它已摒弃了维护等级制度的本质，成为协调广大民众人际关系的润滑剂，为人们艺术地处理各种复杂关系，避免摩擦，减少冲突，化解纠纷和矛盾提供了手段和方法。二是民主社会开放的价值观让人们把人际交往推到了社会生产、政治运作和文化生活的前列，因而凸显了礼仪的地位。礼仪也就成了为人们提供表现个人价值和树立自身良好形象的最佳形式。三是现代社会生活依然离不开礼，"礼者，敬人也"。现代的礼也是为了表达尊重与爱，这一点与古代是相通的。不过现代社会的礼只是人们在社会中用以敬人的方法而已，并非尊卑贵贱的等级体现。

2. 现代社会礼仪的"分"还存在，但仅以体现敬的方式为人们所接受

在现代社会，与政治法律制度条文上规定的平等同时存在的，还有大量事实上的政治、经济、社会等方面的不平等。这种不平等，既表现在具体权利实施过程中的不平等，如生产、分配、消费、交换等过程中的实际不平等，社会重大事件的决策、规划中的实际不平等；又表现在人们的思想观念中的等级之分，如上尊下卑、内亲外疏等。也就是说，在社会的现实生活中，事实上的不平等和制度上的平等是同时存在的现实。正因为如此，礼的"分"的本质作用并没有从根本上消除，它还在充当着体现等级分差的角色。当然，这种体现并非本质的，更多的是以外在形式的方式体现。虽然礼的"分"的本质已降格为普通属性，但没有被彻底改变，而是以一种更能为人接受的、令交往双方都愉悦的形式表现着相互间的尊重和敬意。

综上所述，从原始礼仪起源于对自然力量和氏族祖先的敬畏及其以德入礼的社会规定性来看，礼仪的最初属性体现为"德"，礼仪的原始本质是"敬"；自从进入阶级社会后，从礼仪的发展演变状况看，基于统治者的利益需要，礼仪逐渐演变成维护社会秩序的强制性行为规范，具有"法礼"属性，礼的本质体现为"分"和"别"；到了现当代社会，基于社会平等交往的需要和传统的影响，礼仪的"法礼"属性消失，"德"性得以保留和恢复，但仍有"分"的属性并没有完全被改变，礼仪的本质又体现为"敬"。

特别值得一提的是，礼仪早在它的原始滥觞时期，便以"德"作为其基本属性，人与人相互尊敬的思想从原始社会初期就已经存在，礼仪"敬"的本质是那样的原始和自然。认识到这一点很有意义：在现代社会，由于道德、礼仪的缺失，人与人之间缺少尊敬，人际关系越来越复杂，社会矛盾越来越多，状况令人担忧。与此同时，现代社会又是一个人际交往越来越频繁的社会，社会关系已经成为经济社会发展不可或缺的重要环节，更要求人们恢复礼仪"德"的自然本性，坚持礼仪"敬"的本质属性，要求人与人相处，要真诚待人，诚实做事，做到全方位地尊敬身边的

每一个人。只有在一个相互尊敬、相互友善、相互帮助的环境里面工作和学习，心情才能舒畅，才能有所创新，事业才能有成效，社会才能和谐。

三、礼仪的作用

礼仪是人们日常生活、职业活动、公共领域活动必须遵循的行为规范，是社会进步和文明的表现。无论对于个人还是群体或是民族和国家的发展，都有重要作用。

（一）促进理想人格的完善

人格是一个人在社会中的地位、尊严和作用的统一体，是做人的资格和权利。它是一定文化在人身上的烙印和凝结，是人自我完善程度的表现。人们通过人格来判断分析个体的社会角色和个性特征，其中礼仪对人格的自我完善起着重要作用。

人格的形成和发展主要指人格结构的形成和构建。人格结构既包括行为模式的表层结构，也包括对社会环境的倾向性、心理特征、自我意识等深层结构。礼仪正是通过人的行为模式的外界层面，在社会生活中展示自己，以感性的、外观的、在不同境况下的行为模式来表现自己独特的人格特征。人们正是根据一个人外在的礼仪行为来评价、判定他的人格，也正是在外在的社会舆论的评价中，督促人们重视礼仪，践行礼仪，来规范自己的行为模式，并逐渐培养文明，从而形成个体人格完善的外在约束，即对社会环境的倾向性、心理特征、自我意识等因素互相制约和作用。表现于行为模式中的礼仪，发源于人们的心理、自我意识等深层结构，同时对它们有重要影响。礼仪通过行为规范的外在约束力来制约人们的动机和兴趣，影响人们的性格、气质、理想、信念等心理特征和对社会环境的倾向性，提高人们的自我认识、自我评价、自我控制等，使人们的自我意识越来越趋向理性。人的理性越强，自我调节能力越强，必然影响和支配着人们的行为规范，使人们更自觉地严于律己，养成良好的道德习惯，崇尚文明，遵守礼仪。由此可见，社会礼仪在人格结构因素的相互制约中，促进着人格的完善和升华。

（二）构建良好的人际关系

良好的人际关系是个人全面发展和事业成功的必备条件。礼仪以它的文明内涵在人们的交往中起着协调作用，促进着良好人际关系的形成和完善。

人们在交往之初，双方之间不是十分了解，必然令彼此产生一些戒备心理或距离感。此刻如果交往双方都能做到施之以礼，以尊重、平等、真诚、守信的文明精神和行为，给对方以人格的尊重，必然会赢得对方的好感和信任，消除互相之间的心理隔阂，拉近双方的情感距离，为进一步交往建立良好开端。

社会礼仪不仅为人际交往打下良好基础，还能化解矛盾，增进友谊，促进人际关系的进一步发展。在日常的人际交往中，由于利益的关系会产生一些矛盾和纷争。在这种情况下，双方应采取宽容待人、通情达理的态度，以"礼让"的美德，互相理解，互相谦让，就会平息事态、化解矛盾，平衡利害关系。不仅不伤和气，还会成为朋友，成为更加亲密的合作伙伴关系。因此，社会礼仪是人际关系的"纽带"和"调节器"，使人与人、集体与集体，个人与集体之间建立起互相理解、信任、友爱、互助的良好气氛和融洽、和谐的人际关系。

（三）塑造高雅的公众形象

形象就是一个人的外观、形体，是在社会交往中众人心目中形成的综合性、系统性的印象，它是影响交往能否进行和能否成功的重要因素。

由于人自尊的需要以及人际关系和谐、融洽的需要，人们都希望自己在公众面前树立良好的形象，以受到别人的尊重和信任。那么，一个人以何种形象呈现给公众，归根到底是由他在公众场合的具体行为决定的，是由他的行为是否讲文明，懂礼貌决定的。因此，社会礼仪是塑造公众形象的非常重要的手段。在人际交往中应当做到：言谈讲究礼仪，给人以文明形象；举止讲究礼仪，给人以端庄形象；穿着讲究礼仪，给人以高雅形象；行为讲究礼仪，给人以高尚形象；处世讲究礼仪，给人以诚信形象等。

总之，一个人讲究礼仪，就会使自己的形象大方美好，就会变得充满魅力。一个单位、一个企业讲究礼仪，可以展现这个单位或企业的先进文化的内容，在公众心目中树立团结向上、文明和谐的社会形象。在激烈的市场竞争中，取得信誉，赢得群众，占领市场，产生良好的社会效益和经济效益。

在社会交往和公关活动中，个人形象和所代表的单位、组织是密不可分的。个人形象往往代表单位或组织的形象，人们通过个体礼仪的美好印象而产生对所在单位或组织的好感和敬佩。同时，单位或组织的形象也影响个人，人们常常通过对单位或组织的礼仪水平评价个人，如果单位的公共形象在群众中是美好的，人们对其中的个人也会产生羡慕和尊敬之情。因此，用礼仪来塑造文明的社会形象，无论对于个人的素质提高还是对于企事业单位的发展都是必备条件。

（四）升华社会文明水平

社会礼仪是人的社会化的重要内容之一，是社会进步和发展的必然结果。礼仪内容的丰富和文明，是人类先进文化的延续，也是社会进步和文明的重要标志。

社会文明是指人类社会的进步状态，它体现在人类创造的一切积极成果之中。社会文明分为物质文明、精神文明，它们是社会进步程度在物质上和精神上的结晶和标志。物质文明是人类改造自然的物质成果的总和，精神文明是指社会精神生产和精神生活的进步状态，它包括文化、思想两个方面。社会礼仪属人类社会的精神文明，是精神文明的重要内容。它的发展受物质文明的制约，是物质文明和社会制度的反映。但是社会礼仪在形成和发展过程中，一直反作用于物质文明，它以社会生活中人们行为规范的形式，以优美的举止，端庄的气质，高雅的形象，深刻的文化内涵，展示着个人和时代的精神文明，反映着人类物质生活条件的进步状态。同时正是文明的社会礼仪促进了人们的道德风貌，形成良好的社会风尚，促进社会生产、科技及经济等迅速发展。总之，社会礼仪进步的过程就是社会文明发展的过程，它是人类社会历史发展的结果，又是衡量社会进步的标志，展现着社会文明，升华着社会文明水平。

第二节　礼仪文化的基础研究

一、礼仪文化的民族传承基础研究

传承是指文化在时间上传衍的连续性，也就是历史的纵向延续性、历史的继承性，有的学者干脆称之为传统。"民族"在《现代汉语词典》中的解释，是指"具有共同语言、共同地域、共同经济生活以及表现于共同文化上的共同心理素质的人的共同体"。各民族的人们在长期共同生活中逐步形成共同的文化形态、文化心理，这是该民族区别于其他民族的一个独特的标志。礼仪是在一定民族文化的背景下产生出来的，并在历史的发展中和其他文化因素融为一体，共同构成了一个民族文化的特色。因而，礼仪也是一种传统，随着时间的流逝、历史的前进，礼仪文化也会代代相传下去。虽然在发展过程中不断融合全民族的文化，但其主流文化价值观念，即与本民族存亡相关的共同的、稳定的基本价值观念，都会因因相袭、世世相传。孙子说："殷因于夏礼，所损益可知也。周因于殷礼，所损益可知也。"也就是说，殷礼由夏礼发展而来，而周礼又由殷礼发展而来，其中只是有些增加减少而已。中华民族的传统礼仪已绵延了3000多年，许多传统礼仪已发展成为习俗。习俗是具有顽强的生命力的，人们可以不断改变自身文化其他方面的一些东西，但习俗礼仪作为一种文化象征往往不易变更。

一方面，礼仪文化传承性的形成，是由于支配行为方式的文化心理往往是相对稳定的。在这方面，瑞士心理学家荣格的集体无意识说能给我们以很好的解释。荣格认为：产生于史前的原始神话中的种种原始意象是不需要经过文化的教育就可以深深地烙印在群体心灵深处的，而且在不知不觉中对人的心理发生着作用。荣格称这种心理现象为"集体无意识"。中国也有类似的说法，那就是"积淀"说，就是指那些反复作用于人们大脑的长期社会生活实践经验，会在潜移默化中使群体的心理形成一种定势，这种定势（包括观念定势、思维定式、价值判断定势等）就会成为一种传统而世代相传。另一方面，人们往往有意通过文化教育的方式将民族传统发扬光大，所谓"知书达礼"。教育可分为两类，一是人文教育，二是科学知识教育。如中国传统文化的精髓是礼仪文化，因此在中国古代的教育观念中，教育就是教人如何做人。

总之，礼仪作为文化，它具有文化的传承性。某种礼仪一经形成之后，它就会作为一种文化传统沿袭下来，其主流或核心内容能以自己特有的方式积极地影响着交际活动和人类社会其他方面文化的发展。

二、礼仪文化的时间变异基础研究

时间变异是指在礼仪文化的精神实质和总体格局不易变动的前提下，礼仪的具体做法总是会随着时代的推进而变化。礼仪的传承过程其实是一个礼仪扬弃的过程。所谓俗随时变，就是说随着社会发展和现代文明的进程礼仪也在流传中演变。有些礼仪被继承、完善流传至今；有些阻碍时代进步的繁文缛节则被废弃，逐渐消亡；有些虽保留着形式，却更换成新的内容，表达了新的情感。事实上，就我们中国而言，礼仪文化在传承过程中，不仅自觉地摒弃一些已经丧失生命力的、保守落后的礼仪形式，而且主动地汲取国际上较为通行的并能为我们民族心理所接受的礼仪形式，使之融入并成为我们所遵行的礼仪。

礼仪变异的原因很多，概括来说，一是礼仪本身的原因，二是时代变化的原因。礼仪作为一种行为规范，总是要人们付诸实践的。不同时代，人们实践的内容不同。人们在实践中发现礼仪的哪一部分不适合实际情况，或有不妥之处，或根本无法做到，那就只有改变了。如《礼记·曲礼下》有这样一段记载："岁凶，年谷不登，君膳不祭肺，马不食谷，驰道不除，祭事不具；大夫不食粱，士饮酒不乐。"这就是说，在灾荒年代，国君、大夫、士的礼仪规格都得降下来，本来要杀牲的不杀了，本来要奏乐的不奏了。《周礼·秋官·司寇》也有一段记载："凡礼宾客，国新杀礼，凶荒杀礼，札丧杀礼，祸灾杀礼，在野在外杀礼。"这就是说，国家奠基典礼，如果遇到灾荒，或是王者在外等情况，庆礼标准也是可以降低的。古代尚且如此，更何况今天，这样一个思想、文化空前开放的年代。

随着时代变迁，礼仪的社会基础会发生变化，社会基础发生变化了，人们的心理也随之发生变化，从而礼仪规范就必定会发生变化。比如说中国人在见面时，无论是什么时间，第一句问候语就是"你吃过饭没有"，这说明中国人曾经把吃饭看作头等大事。而随着物质生活的丰富，吃饭不再成为问题，人们见面时就慢慢地改口了。再比如说中国民间的礼俗也在不断变化中，礼仪经典中记载的那么多的古代礼仪，现在基本上已成为历史，在生活中不再出现。

社会、文化的交流是使礼仪变异的另一个原因。众所周知，礼仪一旦形成，便受到民族心理、地域观念等延续性因素的影响或制约，会在本民族内得以延续传承和发扬光大。但礼仪作为一种文化，它还会随着社会的发展，政治、经济、科技、宗教等各方面交流的逐步增多，超越时空的界限，向外传播和吸收兼容。在这种传播和兼容的过程中，各民族的民俗文化礼仪便在相互冲突中得以交融。在不同民族混合居住地区的人们往往容易互相仿效、互相学习。如在历史上，就存在一些殖民主义者或移民与当地居民之间在习俗礼节上互相渗透、互相融合而逐渐同化的现象。在现代，国际交往的频繁也促进了人们在习俗礼节方面的相互了解与交流，使先进文明习俗礼节在更大的范围内传播，也加速了习俗礼节的同化现象。

总之，任何事物的发展都是辩证的。不变是相对的，变化是绝对的。在诸多影响因素不断变化的传承过程中，礼仪总是处于一种动态的发展变化之中。普遍存在于每个民族、每种文化之中的礼仪，既是原始的、传统的，又是文明的、现代的；既有传统的丰厚的积淀，又有全新的发展创造，它被人们经年重复却又有所更迭。其不变是相对的，随着传承，随着历史的发展，礼仪总要或多或少地发生种种变化，并不存在僵死不变的永恒模式。礼仪的传承与变异是一种辩证的关系，一切从实际出发，是我们处理问题时必须遵循的规律。一个国家、一个民族在现代文明的大潮中，不论其如何企图保持自己的传统，礼仪总会随着时代的进步而进步。那些烦琐的、铺张的、不讲效益的以及一切与现代文明观念相背离的礼仪形式会在传承过程中被淘汰。大多数的礼仪在不断变异中完善发展，又不断地萌生和演绎出新的礼仪。礼仪的变异性也是社会进步的体现。反过来说，不论礼仪文化如何变化，其精神实质是不会改变的。就说"礼尚往来"这种中国传统礼仪吧，送什么礼、怎样送、送礼时有些什么行为规范，不同的时代可能会有不同的讲究，但无论怎么讲究，"礼尚往来"的传统精神却存在着。也就是说，不管你怎么送，以什么方式送，总得要送。走亲访友也好，参加礼仪活动也好，人们一般都要携带一份适当的礼物，空手去总有一种不好意思的感觉，就是这个道理。

三、礼仪文化的空间差异基础研究

俗话说："五里不同风，十里不同俗。"国与国之间，民族与民族之间的礼仪不可能都是一致的。这种差别主要来自于地域空间的不同。因为，各个地区之间虽有很多相同或相似之处，但在具体的人文环境方面，也还存在着不同的差异，由此形成了不尽相同的地区文化。表现在礼仪，特别是其中的礼俗方面，就各具特色。这种现象在我国国内都存在。我国不仅地域辽阔，而且是一个多民族国家，在延续几千年的历史进程中，几度分分合合，加之交通不便、路途阻隔，

图1-2　吴越文化

各地区、各民族逐渐形成了颇具特色的地域文化，形形色色，蔚为大观，如"楚文化""吴越文化（如图1-2所示）""岭南文化""燕赵文化"和"西部文化"等等。这些地域文化的最显著的标志，是依托于深厚的历史背景，依附于独特的自然环境而逐步相沿成习的。风俗、礼俗是其中重要组成部分。杰出科学家宋应星说："风俗，人心之所为也。人心一趋，可以造成风俗；然风俗改变，亦可以移易人心。是人心、风俗，交相环转者也。"而人心的形成，又与特定历史时期的时代精神有关。时代精神的嬗变，必然导致地域文化发生相应的变化。但是无论如何变化，地域文化特色都必将长期留存。当然，就一个民族来说，由于所处的地域空间不同，礼仪文化存在这样或那样的差别，但从整体来看，各地区文化在很大限度上体现出民族文化的共同性，并由此显示出这个国家、民族礼仪的相似特点。

不同的地方，有不同的风俗习惯，不同风俗习惯的形成有不同渊源关系。比如说中国温柔敦厚的君子风格的形成，就与中国儒家传统文化精神息息相关；而西方所提倡的绅士风度则与英国的君主制度有关。

礼仪的空间差异性决定了我们每到一个地方，都要了解当地的礼俗。"入境而问禁，入国而问俗，入门而问讳。"这句话就告诉我们：每个地方都有不同的礼仪规范，每到一个地方，先要问问这个地方有什么禁忌；每到一个国家，先要问问这个国家有什么风俗习惯；每到一户人家，先要问问有什么避讳。尊重别人的风俗习惯，尊重别人的好恶，是尊重别人的表现，也是一种礼仪道德的修养。

第二章　礼仪文化的基本精神和原则

中外礼仪文化的基本精神和原则与中外礼仪文化的起源和流变过程息息相关。"中国有礼仪之大，故称夏，有服章之美，故称华。"华夏民族的礼仪文化源远流长，中国礼仪发萌于原始氏族公社时期。早在孔子以前，已有夏礼、殷礼、周礼三代之礼，特别是到了周公时代，周礼已初具规模，形成《周礼》《仪礼》《礼记》所构成的礼仪体系。后经儒学们发扬光大，汉唐时期基本定型。西方礼仪源于宗教，西方礼仪及其包含的文化内容都与宗教信仰有着直接的关系。西方的宗教礼仪主要是指西方基督教礼仪。西方基督教的分裂导致了这一宗教礼仪的变化，宗教礼仪日益简单化。因为中外礼仪有着不同起源，在礼仪的传承和发展过程中便形成了不同的精神和原则。但总的来看，礼仪无论在中国还是在西方，都越来越趋向简单，而且随着国际交流的日益频繁，礼仪越来越成为一种国际文化。

第一节　中国礼仪文化的源流分析

祭祀活动在中国是古代礼仪的重心，它最初是从崇拜日月星辰等自然物发展而来的。在原始氏族公社时期，原始初民虽然脱离了动物界，开始具有直观、玄想、形象的原始思维，但由于生产力低下，他们在暴虐的大自然面前显得无能为力，对广袤的大地、无垠的蓝天、日月星辰、风雨雷电、山川河流感到困惑，充满敬畏。为了解释自然界的变化和探索神奇力量的根源，原始人通过简单的类比，把自然物拟人化，设想其同人一样，具有情感意志，并各有灵魂存在，便产生了万物有灵的观念。这种观念认为，日月星辰、风雨雷电等都是具有超人间力量的神灵，天地、山川、水火等也有神灵主宰，所谓"人死为鬼，树木有精，顽石能思，鸟兽会言，无物不神，无鬼不灵"。由于各种自然现象分别被不同的自然之神所支配，原始人要求福避祸，就得与自然之神搞好关系，于是产生了种类繁多的祭祀活动，以沟通神人关系。由此，我们可以看到，礼仪原先是古人对神灵所表示的某种行为方式，后来才将这种方式用来对人，或者说是扩展到对人。也就是说，礼仪先是对神的尊敬，后来想到了对人也应该有一定程度的尊敬，于是按人的不同身份，有不同的尊敬。久而久之，形成了一系列的行为规范。

原始的祭祀礼仪经过夏、商、周三代，特别是"周公制礼"后，已经发展成为一套较为完备的宗法等级制度和伦理规范。据称是周公在西周初年制礼乐，创立以嫡长子继承法为核心的宗法制度和册府、巡狩、朝觐、纳贡、六官等一系列政治制度，维护父与子、兄与弟、天子与诸侯、诸侯与大夫之间的尊卑等级的礼法也相应确立，于是礼仪大备，这就是后世效法的周礼。周礼当时还主要是王室贵族的事。春秋战国时期，以孔子为代表的儒家，将周礼发扬光大，把礼仪推向全体民众，创建了儒家礼学体系。但由于战国时期社会动乱，儒学礼仪在实践中没能普及。到汉代由于社会的稳定和经济的发展以及汉代统治者的重视，儒学礼仪得到推广和普及，我国礼仪文化得以完善。"六礼""七教""八政"，得以成为社会各阶层共同遵守的行为规范。所谓"六礼""七教""八政"，就是《礼记·王制》所说的："六礼：冠、昏、丧、祭、乡、相见。七教：父子、兄弟、夫妇、君臣、长幼、朋友、宾客。八政：饮食、衣服、事为、异别、度、量、数、制。""司徒修六礼以节民性，明七教以兴民德，齐八政以防淫"，由此可见，礼仪在汉代已成为社会成员一切行为的规范。我国传统节日，如夏历元旦、元宵节、清明节、上巳节、乞巧节、重阳节、春秋社日、冬祭腊日等一些重要的传统节日以及相关的节日礼仪，也大多在汉代得以定型。此后，在中国漫长的封建社会里，儒家礼仪虽然历经无数次的冲击，但始终没能动摇它在封建社会的主导地位。

到了辛亥革命时期，封建制度被推翻，中国传统礼仪也发生了革命性的变化。许多现代礼仪方式就是从这时候开始的。由孙中山领导的南京临时政府颁布了一系列法令文告，如"废除贱民身份，许其享有公民权利""革除前清官厅称呼""晓示人民一律剪辫"等。剪辫是中国传统礼仪改革的先声，继剪辫之后，便是易服，服饰不再是等级的标志。人们完全可以根据自己的喜好来选择服饰，一时间西服、中服、汉装、满装，五颜六色、花样翻新，出现了前所未有的活泼气象。后来在孙中山的带领下，简便易行的"中山装"普遍受到欢迎。剪辫易服之后便是称呼和礼节的改革。人们见面时通用所谓的"文明仪式"，即"脱帽、鞠躬、握手、鼓掌、送名片"等。称呼不分上下贵贱，一律称"先生""君""同志"等。男女青年冲破了"男女授受不亲"的礼教束缚，自由交往，公开相伴着出现在公共场合；自由恋爱，提倡新式婚礼，礼节删繁就简等。

五四新文化运动进一步冲击着我国传统礼仪文化，它对我国传统礼仪乃至整个传统文化进行了全面反思。一些启蒙先哲们对束缚人的所谓"吃人"的封建礼教开始了无情的批判，旗帜鲜明地喊出了"打倒孔家店"的口号，对封建文化的批判首先就是从封建礼教开刀的。整个时代进入一个无比开放的时期。无疑，五四运动开创了中华文化近代化的新阶段，但对传统文化的批判也存在着矫枉过正的现象。

中华人民共和国成立后，中国传统礼仪进入一个崭新的阶段，移风易俗进入人们的议事日程。人民当家做主的人际关系呼唤着一种新的社会秩序和适应于这种社会秩序的新型的行为规范。特别是改革开放为现代礼仪的建设开辟了广阔的前景。为了调适人际关系，建立适合于经济发展的社会秩序和社会新风尚，邓小平提出要"两个文明一起抓"。1982 年 1 月，全国总工会、共青团中央、全国妇联、中国文联、中央爱委会、全国学联、全国伦理学会、中国语言学会、中华全国美学学会联合发出了《关于开展文明礼貌活动的倡议》，号召全国人民，特别是青少年开展以讲文明、讲礼貌、讲卫生、讲秩序、讲道德和心灵美、语言美、行为美、环境美为内容的"五讲四美"文明礼貌活动。"五讲四美"活动的开展，开始了现代礼仪文化的建设。

第二节　中国礼仪文化的基本精神与原则

在礼仪的发展过程中，起源不同的礼仪文化便会形成不同的精神和原则，就中国的礼仪传统来说，主要形成了有序原则、适度原则、道德原则以及谦让原则等。这些原则也只是从大的方向来概括的，具体的礼仪原则还会随着时间、地点和环境的不同而有所区别。

一、有序原则

有序原则可以说是我国礼仪文化的第一原则。在人类社会的生产和生活中，人与人之间要想相处好，就需要建立起正常的秩序，并用一种大家都认同的行为规范来约束每一个人，以保持这种正常秩序。由此可见，制定行为规范的根本目的是维持秩序。《荀子·王制》云："水火有气而无生，草木有生而无知，禽兽有知而无义；人有气有生有知亦且有义，故最为天下贵也。力不若牛，走不若马，而牛马为用，何也？人能群，彼不能群也。人何以能群？曰：分。分何以能行？曰：以义。故义以分则和，和则一，一则多力，多力则强，强则胜物。故宫室可得而居也。故序四时，裁万物，兼利天下，无它故焉，得之分义也。"荀子是战国时一位著名的思想家，他认为人类之所以能够战胜世间万物而成为地球的主人，就是因为人类能够过群居生活；人类的群居生活为什么能维持，就是因为能够"分"；"分"就是"分等级"，它的关键在于礼仪。说到底，他认为是因为人类社会将人分成等级，有了礼仪规范，所以才得以保持了群体生活的有序，从而也就获得了战胜自然的巨大力量。从社会学的角度看，他强调了礼仪在人类集体生活中的重要性，指出礼仪的本质是为了维系社会的正常秩序，从而保证了人类社会的健康发展。

在现实社会生活中，人与社会、人与自然、人与人之间总是存在着各种各样的矛盾。即使在原始社会，虽然没有阶级矛盾，人与人之间也并非一团和气的。那时候的主要矛盾是人与自然的矛盾，也就是人的无限的欲求与有限的物质之间的矛盾。而这对矛盾如果处理不当就会变成人与人之间的矛盾。为了解决这些矛盾，使他们的群居生活有序，就得把人分别开来，然后才有可能让人们各就其位、各行其是，不至于因为争乱而带来灾祸。要解决这些矛盾，就得建立一种正常的秩序，让每个人各司其职。有序原则是礼仪最重要的原则。它在古代是处理人际关系的准则。《礼记·昏义》还说："男女有别而后夫妇有义，夫妇有义而后父子有亲，父子有亲而后君臣有正。"所谓处理好人与人的关系，首先要处理好家庭内部的人际关系。家国同构，家庭是社会的细胞，家庭稳固了，社会大体上也稳定了。

总之，在中国传统文化中，礼仪从起源到实施都是围着秩序转的。所谓平等只是指人格上的平等，至于礼仪作为一种行为规范，它在具体实施时是必须讲等级的，不讲等级不可能做到有序。等级观念深入人心，其实就是在今天，中国人也是特别讲究等级的。凡事不可以越位、越级。现代礼仪虽然具有更多的作用，但维持秩序的原则始终是礼仪的主要原则。讲等级的目的则是为了保持有序，所以我们称其为有序原则。

二、适度原则

中国人"贵和"，提倡"中庸"处世态度。要做到"贵和"就要保持"中"道。"中"，就是指事物的"度"，即不偏不倚，既不过度，也不要不及。"中"也指对待事物的态度，既不"狂"，也不"狷"。"持中"是实现和保持和谐的手段。凡事叩其两端而取中，"取中"是"礼仪"的原则。在人际交往中，人们常说的"不卑不亢"也是一种适度原则。过于谦恭是为卑，过于高傲是为亢，真正做到不卑不亢，才是礼仪风度的规范。

适度原则使礼仪变得实用。因为礼仪的规范常常是划一的，因为有了"适度"这样一个原则，人们在实践礼仪的时候，就可以因时、因地、因人、因事来灵活运用礼仪规范。如在礼仪的隆重程度、仪式的繁简、规模的大小、礼物的多寡等方面，人们就可以根据实力灵活处理，不必强求一致。

在我国历史上，礼仪规范具有很强的约束性，有时具有法律效应，但从礼仪运用的历史看，还是有很多关于礼仪的适度运用这方面的成功事例记载，甚至形成了"和""中"和"让"这样的范畴和概念。

《国语·郑语》中，郑桓公向周太史伯请教治国方略，周太史伯提出了"和"的观点。他说："夫以实生物，同则不继。以他平他谓之和，故能丰长而物而归之，若以同裨同，尽乃弃矣。故先王以土与金木水火杂，以成百物。是以和五味以调口，刚四支以卫体，和六律以聪耳……"他在这里说的是凡事应该求得协调和相互补充，才能成功；如果凡事强求一律化，则一事无成。而《论语·学而》云："有子曰：'礼之用，和为贵。'"则把"和"的原则引入礼仪。朱熹注云："严而泰，和而节，此理之自然，礼之全体也。毫厘有差，则失其中正，而各倚于一偏，其不可行，均矣。"意思就更加完整了。一方面要坚持规范，不让它走了样；另一方面又不可过于偏执，双方僵持不下，结果办不成事。所以就应该在坚持规范的前提下注意协调，双方让步，相互补充，求得和谐。可见，"和"是对"分"的一种制约和补充，以防止"分"走向极端，导致破裂，反而又要引起混乱。

所以孟子说："天时不如地利，地利不如人和。"而在民间礼俗中，"家和万事兴"一直被人当作治家格言，它在春联中出现的频率大概是最高的了。"和气生财"一类的谚语则一直挂在人们的嘴边；"笑口常开""有事好商量"也同样被许多人当作一种处世哲学，凡此种种，无不体现了一种"和"的原则。

"中"，也就是通常所说的"中庸"，这也是儒家提出来的一种比较切于实用，而又具有辩证法因素的理论。孔子说："礼乎礼！夫礼所以制中也。"程子又做进一步解释："不偏之谓中，不易之谓庸。'中'者，天下之正道，'庸'者，天下之不定期理。"《礼记·中庸》云："喜怒哀乐之未发，谓之中，发而皆中节，谓之和。中也者，天下之大本也；和也者，天下之达道也。致中和，天地位焉，万物育焉。"这也就是说，一切事情都要适度，事物才能合乎本性，兴旺发达。也就是所谓不偏不倚，无过而又无不及，恰到好处，做到"允执其中"。当然，"中庸"原则并不是说不要原则，凡事各打五十大板，而是要在矛盾的双方之间寻找一个联结点，让双方都向对方靠拢，以求对立双方的平衡。这在处理各种事务上都是有实用价值的。

总之，古人所提出的"和""中""让"，归根到底，是为了使得礼仪规范能够适度，能够在社会生活中得以切实贯彻施用。礼仪的这种适度原则，在我们今天的社会里仍然是适用的。做什么事都不能太过分，做事太过分，会引起别人的反感而不合作，甚至反抗而对着干，那么，事情就难以办好。当然，我们也不能为了怕引起麻烦而放弃原则，一味地做"好好先生"，那也会失去人格，从而失去别人对自己的尊重。总之，要把握住适度原则，就要学会辩证法，还需要在实践中反复总结。

三、道德原则

礼仪与道德息息相关，事实上，道德和礼仪的界限很难分清楚。礼仪与道德都是用来处理人与人的关系以及人与社会关系的这样一种行为规范。不过礼仪偏重在行为方式的层面，道德偏重在内心修养和价值观念的层面。但礼仪和道德有时很难区别，因为礼仪的制定和践行，都得以道德为原则。我们评论某人具有较好的道德修养，往往可以从他的礼仪行为上得到检验。某人的行为引起周围人的强烈不满，究其原因，往往跟他的道德修养差有关。道德的评判标准常常又与是否违背礼仪规范有关。遵守礼仪，就是为了使得社会生活有序、和谐，为了协调人际关系。如果破坏了这种有序、和谐，造成人际关系的不协调乃至破裂，就是违反了礼仪规范，也就是不道德。

我国古代，道德就是礼仪的中心内容，其主要体现在"仁"与"敬"上。所谓"仁"，从字形来看，就是两个人，指人与人的组合。许多伦理道德的内容，便从这里开始，再扩展为协调人际关系的一条重要原则。"仁"作为我国古代礼仪文化的中心内容，有着无比丰富的内涵。

《论语》中提到"仁"的地方很多。孔子在回答他的学生们提问时，每次都从不同的角度来阐述"仁"的含义，通过多次不同角度的阐述，"仁"的整体内涵便呈现了出来。这里尤其要提到的是《颜渊》里的一段话："颜渊问仁。子曰：'克己复礼为仁。一日克己复礼，天下归仁焉。为仁由己，而由人乎哉？'颜渊曰：'请问其目。'子曰：'非礼勿视，非礼勿听，非礼勿言，非礼勿动。'"在这里，孔子把"仁"和"礼"紧紧地扣在了一起。孔子在这里所说的"视""听""言""动"，几乎包括了一个人的所有行为方式。

"仁"作为调节人际关系的原则，至今仍有其生命力。民间谚语："做事凭良心，走遍天下都有亲。""急人所难大丈夫，乘人之危烂小人。""行得春风，必有夏雨。""与人方便，与己方便。""设身处地，将心比心。"这些谚语千百年来在人们口耳之间广为流传，正是对"仁"的最好注释。人们普遍认为，能够爱护别人、关怀别人、同情别人、帮助别人，尤其是当别人遇到困难、挫折和麻烦的时候，能及时给别人送去温暖，这是一种美德；自己的一言一行、一举一动，总要能为周围的人着想，尽量不给别人添麻烦，不使别人感得不愉快或不方便，这同样是一种美德；

当与别人发生摩擦、纠葛或冲突时，总是严于责己，注意解决矛盾的方式方法，能体谅别人，能设身处地为别人着想，这又是一种美德。凡此种种，同样是我们今天必须遵循的礼仪规范。

当今时代，"仁"还可以理解为"尊敬"。尊敬别人依旧是现代礼仪的重要原则。任何人都需要自尊和得到他人对自己的尊重。所谓自尊，一般包括对获得信心、能力、本领、成就、独立和自由的强烈愿望。来自他人对自己的尊重则包括威望、承认、接受、关心、地位、名誉和赏识。具有自尊的人总觉得生活美好，对前途充满信心；缺乏自尊的人则有失落感、自卑感，对前途迷茫，行动迟疑，心情沮丧，甚至会导致心理障碍。因此可以说，任何人都会希望获得别人的尊重。想要获得别人尊重的人则必须先学会尊重别人，这就是生活的辩证法。同时，我们所说的"尊敬"又必须是发自内心的，是真诚的，是表里如一的。

此外，中国美德由于性善的信念占主导地位，强调发挥自主自律的精神，所以特别重视"诚"与"信"的品德。"诚"即真实无妄，其最基本的含义也是诚于己，诚于自己的本性。《大学》言："所谓诚其意者，毋自欺也。""诚"即是天道的本然，也是道德的根本。守信用、讲信义是中国人公认的价值标准和基本的美德。

总之，礼仪与道德是一对孪生兄弟。德国古典哲学家黑格尔说："一个人做了这样或那样一件合乎伦理的事，还不能说他是有德的；只有当这种行为方式成为他性格中的固定因素时，他才可以说是有德的。"黑格尔在这里就是说道德只有成为人们的行为习惯，才是真正的"有德"，而这种行为习惯又常常表现为日常礼仪。在一定程度上可以说，礼仪是道德的外在化，是评判一个人是否有德的重要标准。

四、谦让原则

中国传统文化的和谐观决定了中国礼仪文化注重谦和、诚信的原则。礼之运作，包含有"谦和"之德。谦者，谦虚谨慎也。中国人自古就懂得"满招损，谦受益"的道理。老子曾以江海处下而为百川王的事实，告诫人们不要"自矜""自伐""自是"。谦德亦根源于人的谦让之心，其集中表现就是在荣誉、利益面前谦让不争，以及人际关系中的互相尊重。中国历史上的许多故事，如"将相和""刘备三顾茅庐"等都是以谦德为主题的。与此相联系，所谓"和德"。"和德"体现在待人接物上为"和气"，在人际关系中为"和睦"，在价值取向上为"和谐"，而作为一种德性为"中和"。"喜怒哀乐之未发谓之中，发而皆中节谓之和。"（《中庸》第一章）中国传统文化以"和"为重要的价值取向。孔子言："礼之用，和为贵。"（《论语·学而》）《中庸》也把"致中和"作为极高的道德境界。"和"被认为是君子的重要品质："君子和而不同，小人同而不和。"(《论语·子路》)由此和睦家庭、邻里，最终协和万邦，"礼""谦""和"一体。

那么如果做不到中庸，矛盾终于激化了，又该怎么办呢？这时候还有一个原则，就是"让"，让，也就是礼让。众所周知的"将相和"，说的就是战国时期赵国名将廉颇对蔺相如不服气，一再挑衅；而蔺相如却以国家大局为重，一让再让，终于感动了廉颇。后来又引出负荆请罪的故事，一将一相，终于成为至死不渝的好朋友。礼让的目的是为了保持社会秩序的稳定，小则家庭之中，朋友之间，大则影响国家利益。从这一点出发，孔子又说："君子无所争。"总之，谦让原则是我国传统美德，也是我国传统礼仪的重要原则。俗话说"退一步海阔天空"，说的就是这样一个道德。当然，"让"本身也是有原则的，"让"并不等于一味退让。"让"变成退缩，就超出"让"的原则了。

第三节 西方礼仪文化的基本精神与原则

西方礼仪和习俗是在西方特殊社会历史条件下形成的，反映了西方文明的基本精神原则。西方礼仪文化总体来说也具有与中国的礼仪文化相似的原则，比如说，由基督教博爱出发所形成的利他原则和受天生平等的价值观影响所形成的公正、对等原则等。但西方礼仪由于其起源与流变的过程不同，又呈现出与我国不同的基本精神和原则。

一、直率坦露原则

礼仪文化是与传统文化相联系的。中国人传统上重"含蓄"美，西方国家，特别是美国却不然，他们提倡的是"明白清楚"。而礼仪是一种以传统的方式出现的时空文化连续体，是一种历时持久的、由社会传递的文化形式，因此总是受一定地域、民族、社会的人们共同心理因素的支配。这种独特的心理，决定人们对祖先遗留下的各种礼仪不会轻易放弃，而会一代一代地传下去。一个人从出生到成年，都处于周围礼仪的熏陶之中，必然形成一种潜在的心理力量。

中国人这种重"含蓄"美的文化传统影响着中国人的行为方式。如中国人向别人述说心事时，总希望不必细说对方就能理解自己，要求对方得有"说话听声，锣鼓听音"的本事。而西方人，特别是美国人在表达自己意愿时尽可能简单明了，以利于交流。他们希望别人怎么想就怎么说。正因为如此，中国人的谦虚话语，常常会引起西方人的误解。比如说，如果一个能操流利英语的人自谦说英语讲得不好，接着又说出一口流畅的英语，西方人便会认为他撒了谎，是个口是心非、装腔作势的人。

中国人在请客吃饭时，面对丰富的佳肴，也总是客气地说："菜不好吃，请大家慢用。"据说清朝末年，中国外交官去法国巴黎一家著名的大饭店宴请法国社会名流。席间，他根据中国的习惯顺口说："今晚的菜不好，请大家不要客气，随便用点。法国客人听了，很不高兴。他想："我们都是身份很高的人，你为什么不用最好的菜来招待我们，莫非是看不起我们？"接着饭店老板也来提抗议，他说："我们今晚做了法国最好的菜，你为什么说菜不好？"一句客气话引起了一场外事风波。

在中国人看来，致歉语有时并不表明说话者真的在某件事情上有什么过错，不过是一种谦逊礼貌地表示。如我们有些人在公众面前发表演说时常说："我讲得不好，请大家原谅。"在西方各国，听众会嗤之以鼻："明明知道自己讲得不好，为什么还要浪费我们的时间呢？"

再比如说，对待别人的赞扬，中国人与西方人表现出来的态度也不一样。西方人对别人的赞扬往往表示同意，有时还要补充些例子来证实你的看法是正确的，以表示对你的尊重。如果你说某位英国人的中国语讲得好，他会说"谢谢"，好像对你的称赞实受了。要是一位外国人说某位中国人的英语说得好，这位中国人可能会说"我的英语不太好，还请指教"之类的话。一位妇女称赞另一位妇女的服装漂亮，后者如果是中国人，她会说"不会吧"，还可能说"这衣服很便宜的"。如果是欧美人，她则会说："谢谢，真高兴你也喜欢这件衣服。"

中国人做客，在开始时对主人的招待往往表示谢绝。"喝不喝茶？""不喝。""请吃糖、吃水果。""不吃。"是真的不想吃不想喝吗？往往不是；是客气，怕给主人造成麻烦。因为中国文化习惯认为，不为自己着想而为主人着想就是一个好客人；反过来，为客人着想不为自己着想就是一位好主人。因此就产生了这样的结果，主人为了做个好主人，只好不管你喝不喝都请你喝，不管你吃不吃都请你吃。劝吃劝喝就是在这种心理基础上产生的。这跟欧美人的习惯完全相反。他们说不吃不喝那是真的，不是客气。如果主人一个劲地劝吃、劝喝，热情地让一个已经吃饱的人再吃，一个不喝酒的人喝酒或者喝够了的人再喝，这都是极端没有礼貌的。

在赠送礼品时，中国人总要说："请收下这菲薄的礼物。"而西方人却要表示他们赠送的礼品是经过挑选的，是他们认为了不起的东西。西方人收到礼品，往往当着送礼人立即打开，并表示十分喜爱。他们认为这是对赠送者的尊重和礼貌。而中国人却觉得，如果收到礼品就表现得欣喜若狂，迫不及待地打开，对礼物爱不释手，似乎显得小气、浅薄，甚至还会让别人耻笑。

　　欧美人在向恋人表示爱情时，常常当着众人拥抱亲吻，并且直率地说："我爱你。"但是我们中国人却不同，即使他的确非常爱他的情人，也表现得比较含蓄，脉脉深情表达隐秘。如果不爱，西方人也表达得很直率。例如，美国青年杰克看上了漂亮的姑娘玛丽，并向玛丽献殷勤。一天，他请玛丽去吃饭，饭后又去看电影，电影之后还去跳舞。三项活动之后，杰克绅士派头十足地送玛丽回家。一切都进行得很顺利，也在情理之中。但是，当玛丽到了家门，准备同杰克告别时，却出了问题。杰克当时提出要求："能否吻一下？"按照美国礼俗，如果玛丽同意接吻告别，便表示同意和杰克继续交往下去。可是玛丽看不上杰克，于是便说："我看没有必要了吧！"意思是不愿和杰克再交往下去。听了这话，杰克脸一沉，一板一眼地说："若没有必要，那么今天饭钱、电影和跳舞费咱俩平摊吧！"像这样的话，中国小伙子是绝对讲不出来的。因为这样"那太栽面子，太丢份儿"。然而美国人就是这样干脆，就是这样坦率得不近人情。

二、女士优先原则

　　与中国传统文化和思想观念上"男尊女卑"不同，基督教文明以仰慕女性、崇拜女性为高尚情操，甚至尊崇玛利亚为圣母，将女性这样加以神化，对心爱的女性像上帝一样顶礼膜拜。中世纪又形成骑士的传统，也是以保护女性为己任。后来又发展为绅士风度的提倡，并且把绅士风度作为高贵出身和文明修养的象征。绅士风度最重要的一个标准就在于是否懂得尊重妇女，并将这一标准具体转化为社交礼仪中女士优先的原则。西方近代文艺，特别是文艺复兴以来，更是以女性为永恒美的象征。恩格斯指出："性爱特别是在最近八百年间获得了这样的意义和地位，竟成了这个时期中一切诗歌必须环绕着旋转的心了。"不仅在诗歌中，而且在其他一切文学艺术领域中，都将女性尊崇为艺术的保护神，灵感的源泉。无论是德国著名诗人歌德的代表作《少年维特的烦恼》，还是意大利杰出画家达·芬奇的名作《蒙娜丽莎》，米开朗琪罗的圣母像《圣玛利亚》等享誉世界的作品，都充分证明了这一点，也再现了古希腊的艺术珍品——美神"维纳斯"雕像的永恒魅力。

　　女士优先原则的核心精神是要求男士在各种社交场合，在任何时候、任何情况下，都要在行动上从各个方面尊重妇女、照顾妇女、帮助妇女、保护妇女。如影片《泰坦尼克号》所表现的一样：1912年，载有2 000多名乘客的英国豪华客轮"泰坦尼克号"向美国做处女航时，不幸触冰山，造成1 500多名乘客遇难的悲剧。在海难发生过程中，不少本可逃生的男子宁可自己待在即将沉没的客轮上，而把救生艇让给了妇女。这一幕悲壮的情景使人肃然起敬，这些见义勇为的男子是具有真正的绅士风度的表现。

在西方社会里，人们传统地认为，男女之间的爱情是超过其他人伦关系之上的最崇高的情感，远比君臣、父子、亲朋之间的情谊更重。因此对女性尤为尊崇，并在社交场合逐渐形成女士优先的礼仪原则。在他们看来，讲究女士优先的原则，是男士培养高雅风度和精神文明的前提。他们认为："现代社会的礼貌，原来是从尊重女性培养起来的。"从生理上讲，女性为弱，往往需要男士们以强护弱。男士们多胸怀宽大，往往能容纳女性的恣意。男士们在尊重女性的同时完善了自己。世间男女各半，倘若男士们首先对女士以礼相待，女士们会更加敬重男士。

在中国古代，我们祖先也是尊崇女性的。在神话中，有女娲造人补天的故事。她不仅创造了人类，而且还使男人和女人结合，建立了婚姻制度。人类文明就是从这位伟大的女神开始的。但不幸的是，当人们告别了母系氏族社会以后，女性地位就开始每况愈下，到了封建社会，妇女更被打下十八层地狱。除了与男子一起受到神权、族权、政权的压迫外，还要承受"夫权"的压迫。在封建社会里，从强调男女有别，进而剥夺女性在政治、经济、文化和日常生活各方面的自由权利。从人格地位和角色上制造男女间的尊卑贵贱的差别，使两者之间形成摆布与服从、压迫与被压迫的关系。在封建社会里，男人是帝王的奴仆，而妇女则是奴仆的奴仆。从社会结构和人际关系网络上看，中国封建社会的关系是以男女关系为圆点向外推而形成的一整套夫妻、父子、君臣的尊卑关系，它的起点则是男尊女卑。为了维护封建社会专制统治，历代伦理学家们又从哲学思辨和逻辑推理上反复论证妇女被歧视的正确性。儒家创始人孔子首先提出，"男女授受不亲"，"唯女子与小人难养也"。汉代董仲舒强调："君臣父子夫妻之义，皆与诸阴阳之道。君为阳，臣为阴；父为阳，子为阴；夫为阳，妻为阴。"并进而导出"天之亲阳而疏阴"的结论。东汉班固更是赤裸裸地说："阳倡阴和，男行女随。"这样一来，男尊女卑就成了天经地义、万古不变的"至理"。这种观念在中国历数千年而形成稳定的心理结构，直到新中国成立之前，几乎没有多大的改观。新中国成立后，妇女翻身解放，成了国家的主人，男女平等载入宪法，从根本上更新了歧视女性的观念。但是要廓清长时期"男尊女卑"历史积淀的影响，并逐渐形成尊重女性、女士优先的礼仪习惯，还需要一个相当长的历史时期。

三、尊重隐私原则

尊重隐私原则是西方人重视和尊重人权的具体表现。西方人说话虽然直率、坦白，但对于属于个人的秘密却特别尊重。他们认为个人隐私是人权的重要组成部分。

人权是作为公民享有的人身权利和其他民主权利。最早见于1628年英国议会向国王提出的《权利请愿书》，18 世纪法国思想家卢梭提出"天赋人权"并使其理论化。1776 年美国《独立宣言》用政治纲领的形式宣布，一切人生来都是平等的，都有生存自由、追求幸福的权利。1789 年法国资产阶级在《人权宣言》中说："人类生而自由，在权利上生而平等。"《世界人权宣言》认为，人权是一种无论被承认与否都在一切时间或场合属于一切人的权利，人们凭自己作为人类一员的身份就可以享受这些权利，而不论相互间有任何实际差异。

人权作为公民的权利，不仅包括公民的政治权利，而且包括经济、社会和文化权利，同时也包括公民的隐私。所谓"隐私"，就是个人不愿告诉他人或不愿公开的个人的事。隐私权的概念是 1890 年由美国法官路易斯·布兰代斯提出的，后载入美国宪法和民事授权行为法，并逐渐深入日常生活，演化为一种文化价值观念和道德意识。隐私权的核心内容是指公民在遵守公共利益准则的条件下，个人生活有不受打扰的权利。

而在中国的传统观念里没有"隐私"的概念，隐私都是作为一个贬义词出现的。中国几千年的封建专制主义，形成对每一个社会成员从灵魂到肉体的全面控制，形成了"忠诚坦白"的伦理道德。"普天之下，莫非王土；率土之滨，莫非王臣。"只要皇帝一声令下，从权贵到草民，无不两股战战，剖心沥胆。若有隐瞒，就是不忠和大逆不道，该剐该杀。几千年的大家族、大宗族的封建社会，又塑造了根深蒂固的群体意识。在这个庞大的社会关系网里，每个人都互相依靠，互相信任，每个人都必须是透明的。每个人习惯透明生活，同样生成了要求别人也透明的习惯。这样，个人的行为和意志常常要受到周围无数有关无关、有形无形事物的制约，根本无所谓"隐私权"可言。个人的独立意识是一个空虚的概念，公民的人权意识更是天方夜谭。时至今天，虽然中国漫长的封建专制社会过去了，但是传统道德意识的巨大阴影仍然笼罩着现实生活，束缚人们的头脑。在改革开放和海外游客如潮水般涌来的时候，必须更新我们全民族特别是涉外工作者的传统观念，强化人权意识和现代道德观念。只有这样，才能在对外交往中自觉尊重他人的隐私，杜绝失礼或冒犯的言行。

四、尊重宗教原则

宗教在欧美历史上占有重要地位。被称为世界二大宗教之一的基督教，自从公元 1 世纪创立后，到了 4 世纪就在联结欧、亚、非的罗马帝国取得合法地位，并定为国教。在以后 1000 多年间，基督教成为欧洲封建制度的精神支柱，给封建制度绕上了一圈神圣的灵光。基督教的《圣经》成为不可侵犯的经典，哲学、政治学、法学和文学都成了它的婢女。因此，当时任何社会运动和交往都带有宗教的色彩。随着国际资本主义市场的影响，基督教文化从欧洲传播到美洲、澳洲及世界各地，基督教的一些信仰、传统和礼仪形式，逐渐融汇到西方各国政治、经济、文化、风土人情和社交礼仪各个方面，并根植于人们的心里，约束着人们的言语行为，指导着人们的日常生活。我们在前文说过，西方礼仪起源于宗教，因此宗教色彩浓重是西方社交礼仪中又一个突出特点。虽然现在在欧美澳等西方国家中，信奉宗教的人数在减少，但总体看来其数目依然很大，仅美国就有 1.5 亿，其中基督教徒人数达 4 万多。而且就是那些没有宗教信仰的西方人，由于有着宗教传统，在平常的礼仪规范中，也尊重宗教习俗。因而在西方，礼仪文化是尊重宗教原则的。

礼仪文化中尊重宗教的原则在西方社会生活中运用得十分广泛，下面从大的方面来了解西方宗教文化的一些特点，以便在国际交往中尊重别国的宗教习惯，减少在国际交往中的麻烦。

（一）宗教节日大众化

宗教节日是一种以节日形式表现出来的宗教礼仪活动，它把崇拜、纪念和娱乐综合为一体，其活动内容主要是纪念崇拜对象降世和升天，歌颂崇拜对象成道和传经事迹。随着宗教节日的经常化、民族化、生活化，现已成为大众生活中不可或缺的部分。如圣诞节，也称"耶稣圣诞瞻礼"。自从公元 354 年罗马教会宣布 12 月 25 日为耶稣诞辰纪念日以来，时至今日，圣诞节不仅是全世界基督教徒最隆重的节日，也成为欧美澳西方各国全民性的最重要节日，除了照例放假休息外，还举行丰富多彩的娱乐和庆祝活动。仅次于圣诞节的是复活节，也称"耶稣复活瞻礼"。根据《新约圣经》记载，耶稣被钉死在十字架上第三天"复活"升天。因此，基督教会规定每年 3 月份月圆后第一个星期日（3 月 1 日到 4 月 25 日之间）为复活节。复活节期间，人们互赠彩蛋，举行圣餐仪式、圣烛游行等纪念活动。现在复活节成为西方各国全民重大节日，法国、英国、澳大利亚等国规定放假 4 天，德国放假 2 大，美国放假 1 天。

（二）宗教禁忌社会化

最突出的表现是普遍忌讳"13"。在西方人的观念里，"13"是不吉利的数字，甚至被称为"魔鬼的数字"。因此，宴会不能有 13 桌，不能 13 人同坐一桌，也不能上 13 道菜；门牌、楼层及各种编号，都不能用 13 这个数字；轮船启航、飞机试飞也不在 13 日进行。对 13 的恐惧也曾使拿破仑和罗斯福这样的大人物苦恼过。罗斯福还煞费苦心地避免火车在 13 日启程，哪怕是把时间改在 12 日夜里 11 时 50 分或 14 日的凌晨 0 时 10 分。西方人忌讳 13 的心理来源于《圣经》记载的故事——耶稣同其 12 个门徒共进"最后的晚餐"（如图 2-1 所示）时，被他的门徒犹大出卖，致使耶稣被钉死在十字架上。另外，《圣经》记载"星期五"是凶日，传说夏娃偷吃苹果适逢 13 日星期五，这天，她和亚当被逐出了伊甸园；该隐杀害亲弟亚伯是星期五；"最后的晚餐"那天也是星期五。就是这些历史文化因子，积淀成西方人心灵深处的"13"恐惧症。因此，我国宴请西方客人不应选在 13 日，也

图 2-1　最后的晚餐

不应选既是 13 日又是星期五，也不应邀请 13 位客人。

（三）宗教礼仪和情感世俗化

宗教礼仪是宗教信仰者为表达对崇拜对象的尊敬而举行的各种仪式与活动，是巩固和发展宗教信仰、宗教组织、宗教感情的重要手段。随着时间的推移，基督教的一些圣礼已成为人们喜闻乐见的礼仪形式。例如，作为"圣礼"之一的婚配礼仪在西方各国非常流行，即婚礼在教堂内举行，由牧师主持并签发结婚证书，正式结为夫妻。婚礼仪式主要程序是：由牧师问婚配的男女双方是否同意结婚和能否保持忠贞不渝的爱情；在得到肯定的回答后，主礼人诵念祈祷经文，宣布"天主所配合的，人不能分开"，并对结婚双方祝福。

此外，西方许多风俗习惯也渗透着宗教情感，如果我们不了解这一点，往往会冒犯人家。一次有位中国学者在法国马赛应一位老绅士之邀来到郊外的别墅去度周末。晚餐后，主人请他欣赏唱片。中国学者能吹一口妙趣横生的口哨，在国内常做茶余饭后的助兴节目备受欢迎。那晚，当唱机传出《啤酒桶波尔卡》的旋律时，他也随着吹了起来。不料尚未吹几个音符，那名绅士就啪的一声关上唱机，还未等他醒过神来，便已被老绅士带到屋外，拉着他的手绕着别墅走了 3 圈，然后什么理由也没说，竟驱车将他送回了距此数十公里的马赛城。中国学者心想："这是怎么回事？他不是说好要留我在别墅里过夜吗？"后来他才明白，传说江湖铁匠在打制将耶稣钉死在十字架上用的铁钉时，围观的群众吹口哨哄闹。因此西方人认为，天黑后到别人家做客时吹口哨，会招来邪气。只有让你绕着主人房子走 3 圈并送走你，才能防止邪气入侵，免遭厄运。

总之，宗教对西方国家的社会生活有着深刻的影响。这与我国不同，宗教对中国社会的影响具有一系列不同于西方国家的特点。这些特点是由中国社会的特殊历史环境和文化氛围造成的。在中国历史上，没有发生过宗教战争和持久性的大规模

宗教迫害；道教与佛教、伊斯兰教、基督教的关系基本是和平共处、相安无事，没有一个占统治地位的宗教；宗教从来没有占据社会统治地位，凌驾于政权之上，宗教对社会生活没有多大影响；信仰宗教的人数比例小，在汉族民众的思想中，宗教观念比较淡薄。正因为中外文化中存在差异，因而，我们要特别留心别人的习惯，做到入境随俗。

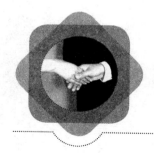

第三章　个人礼仪

　　个人礼仪是对社会成员个人自身行动的种种规定，而不是对任何社会组织或其他群体行为的限定。但由于每个群体都是由一定数量的个体所组成的，每一个社会组织也都是由一定数量的组织成员所构成的。因此，个人行为的良好与否将直接影响着群体、社会组织乃至整个社会的生存与发展。从此意义看，我们强调个人礼仪，规范个人行为，不仅是为了提高个人自身的内在涵养，更重要的是为了促进社会发展的有序与文明。同时几千年的人类文明史证明，人们对文雅的仪风和悦人的仪态一直孜孜以求。而今，随着现代社会人际交往的日渐频繁，人们对个人的礼仪更是倍加关注。从表面看，个人礼仪仅仅涉及个人穿着打扮、举手投足之类无关宏旨的小节小事，但小节之处显精神，举止言谈见文化。个人礼仪，作为一种社会文化，不仅事及个人，而且事关全局。若置个人礼仪规范而不顾，自以为是，我行我素，必然授人以柄，小到影响个人的自身形象，大到足以影响社会组织乃至国家和民族的整体形象。

第一节　个人礼仪概述

　　礼仪是人与人之间交流的规则，是一种语言，也是一种工具。由于形成礼仪的重要根源——宗教信仰、文化渊源的不同，使得世界上信仰不同宗教、有着不同文化渊源的人们遵守着各不相同的礼仪。中国是四大文明古国之一，中华民族是传承了千年文明的民族。中国的礼仪，始于夏商周，盛于唐宋，经过不断发展变化，逐渐形成体系。西方社会是几大古代文明的继承者，曾一直和东方的中国遥相呼应，经过中世纪的黑暗，最终迎来了文艺复兴，并孕育了资本主义和现代文明，产生了现代科技和文化。由此，中西方有着截然不同的礼仪文化。而随着我国改革开放的步伐日益加快，跨国交际日益增多，中西方礼仪文化的差异更是越发显露，这种差异带来的影响也是不容忽视的，在中西方礼仪没有得到完美融合之前，我们有必要了解这些礼仪的差异。

一、中外交际语言的差异

（一）问候与告别

在西方，日常打招呼，他们只说一声"Hello"，或按时间来分，说声"早上好！""下午好！""晚上好！"就可以了。而英国人见面常说："今天天气不错啊！"等等。在 20 世纪七八十年代，中国人大多使用"吃了吗？""上哪去？"等来作为日常打招呼的用语，这体现了人与人之间的一种亲切感。可对西方人来说，这种打招呼的方式会令对方感到突然、尴尬，甚至不快，因为西方人会把这种"问候"理解成一种"盘问"，感到对方在询问他们的私生活。随着时代的发展，中国的文明在进化中不断取长补短，"吃了吗？"作为一种问候方式，作为 20 世纪七八十年代的代表词汇之一，已经渐渐淡出历史的舞台，现在的我们，见面已很少再以"吃了吗？"作为问候语，而是和西方一样，用"您好！"或"早上好"等按时间区分的问候语取而代之。

中西语言中有多种不同的告别语。如在和病人告别时，中国人常说"多喝点开水""多穿点衣服""早点休息"之类的话，表示对病人的关怀。但西方人绝不会说"多喝水"之类的话因为这样说会被认为有指手画脚之嫌。他们会说"多保重"或"希望你早日康复"等。

（二）称谓

称谓方面，在汉语里，一般只有彼此熟悉、亲密的人之间才可以"直呼其名"。但在西方，"直呼其名"的范围要广得多。在西方，常用"先生"和"夫人"来称呼不知其名的陌生人，对十几或二十几岁的女子可称呼"小姐"，结婚了的女性可称"女士"或"夫人"等。在家庭成员之间，不分长幼尊卑，一般可互称姓名或昵称。在家里，可以直接叫爸爸、妈妈的名字。对所有的男性长辈都可以称"叔叔"，对所有的女性长辈都可以称"阿姨"。这在中国是不行的，必须要分清楚辈分、老幼等关系，否则就会被认为是不懂礼貌。

（三）对待赞美

在对待赞美的态度上，中西方是大不相同的。东方人以含蓄为美、谦逊为美，面对别人赞美的时候，尽管内心十分喜悦，但表面上总是表现得不敢苟同，对别人的赞美予以礼貌的否定，以示谦虚："还不行！""马马虎虎吧！""哪能与你相比啊！""过奖了！""哪里哪里！"等。而西方人对待赞美的态度可谓是"喜形于色"，总是用"Thank you"来应对别人的赞美。

其实，这里有一个谦虚和自我肯定的区别。我们一直视谦虚为美德。不论是对于自己的能力还是成绩，总是喜欢自谦。如果不这样可能会被指责为"不谦虚""狂妄自大"。比如，中国学者在做演讲前，通常会说："我学问不深，准备也不充分，请各位多指教"；在宴会上，好客的主人面对满桌子的菜却说："没有什么菜，请随便吃"；当被上司委以重任，通常会谦虚地说："我恐怕难以胜任"等。而外国人特别是西方人没有自谦的习惯。他们认为，一个人要得到别人的承认，首先必须自我肯定。所以，他们对于自己的能力和成绩总是实事求是地加以评价。宴请的时候，主人会详尽地向客人介绍所点菜的特色，并希望客人喜欢；而被上司委以重任的时候，他们会感谢上司，并表示自己肯定能干好。

（四）劝告和建议

无论是中国人，还是西方人，都喜欢向自己的亲朋好友提一些友好的建议和劝告，以示关心和爱护。但中西方人在提劝告和建议的方式上有很大区别。中国人向朋友提建议和劝告的时候，往往都非常直接，常用"应该""不应该"和"要""不要"这些带有命令口气的词。比如，"天气很冷，要多穿点衣服，别感冒了！""路上很滑，走路要小心！""你要多注意身体！""你该刮胡子了！""你该去上班了！"西方人在向亲朋好友提建议和劝告的时候，措辞非常婉转，比如，"今天天气很冷，我要是你的话，会加件毛衣噢！""你最好还是把胡子刮了吧！"一般来说，双方关系越接近，说话的语气越直接。但即使是最亲密的人之间，也不会使用命令语气。否则，会被认为不够尊重他人。

（五）个人隐私权

西方人非常注重个人隐私权。在日常交谈中，大家一般不会涉及对方的私人问题。这些私人问题包括年龄、婚姻状况、收入、工作、住所、经历、宗教信仰、选举等。同时，人们还特别注重个人的私人生活空间。别人房间里的壁橱、桌子、抽屉，以及桌子上的信件、文件和其他文稿都不应随便乱动、乱翻（如果需要借用别人物品，必须得到对方的许可）。假如别人在阅读或写作，也不能从背后去看对方阅读和写作的内容，即使对方只是在阅读报纸或杂志。在我国，个人隐私观念比较淡薄。特别是在亲朋好友之间，大家喜欢不分你我，共同分享对方的私人生活。另外，长者往往可以随意问及晚辈的私人生活，以表示关心。西方人在空间距离上也很在意。即使在公共场所，大家都十分自觉地为对方留出一定私人空间。比如，排队的时候他们总是习惯和别人保持1米以上的距离。

二、中外举止礼仪差异

在站、坐、行、蹲这些基本动作上，中外礼仪要求基本是一致的，但是涉及一些手势礼仪，却是各有各的不同。

（一）手势

手势是体态语言之一。在不同的国家、不同的地区，手势有不同的含义。在用手势表示数字时，中国人伸出食指表示"1"，欧美人则伸出大拇指表示"1"；中国人伸出食指和中指表示"2"，欧美人伸出大拇指和食指表示"2"，并依次伸出中指、无名指和小拇指表示"3""4""5"。中国人用一只手的 5 个指头还可以表示 6 ～ 10 的数字，而欧美人表示 6 ～ 10 要用两只手，如展开一只手的五指，再加另一只手的拇指为"6"，以此类推。在中国，伸出食指指节前屈表示"9"，日本人却用这个手势表示"偷窃"。中国人将右手握成拳头表示"10"，在英、美等国则表示"祝好运"，或示意与某人的关系密切。

伸出一只手，将食指和大拇指搭成圆圈，美国人用这个手势表示"OK"，是赞扬和允诺之意；在印度，表示"正确"；在泰国，表示"没问题"；在日本、缅甸、韩国，表示"金钱"；在法国，表示"微不足道"或"一钱不值"；斯里兰卡的佛教徒用右手做同样的姿势，放在额下胸前，同时微微向前额首，以此表示希望对方"多多保重"；在巴西、希腊和意大利的撒丁岛，这是一种令人厌恶的污秽手势；在马耳他，则是一句无声而恶毒的骂人语。

中国人表示赞赏之意，常常跷直大拇指，其余四指蜷曲；跷起小拇指则表示蔑视。日本人则用大拇指表示"老爷子"，用小拇指表示"情人"。在英国、澳大利亚和新西兰等国家，跷起大拇指是拦路要求搭车的意思。在希腊，跷起大拇指却是让人滚蛋的意思，所以，千万不要用这种方式来赞美希腊人，否则一定会闹出笑话来的。

英美等国，以"V"字形手势表示"胜利""成功"；在亚非国家，"V"字形手势一般表示两件事或两个东西。在欧洲，人们相遇时习惯用手打招呼。正规的方式是伸出胳膊，手心向外，用手指上下摆动。美国人打招呼是整只手摆动。如果在欧洲，整只手摆动表示"不"或"没有"之意。在希腊，一个人摆动整只手就是对旁人的污辱，那将会造成不必要的麻烦。

总之，与不同的国家、地区、民族的人交往，需懂得他们的手势语言，以免闹出笑话，造成误解。

（二）亲热爱抚

长辈对晚辈、成人对小孩常会拍拍肩膀及抚摸其头顶表示爱抚之意。抚摸头顶的方式在国外使用要留心当地的习俗，泰国把抚摸头顶视为巨大的侮辱。若是上级对下级表示亲近时，会拍拍对方的肩头。

（三）告别

欧美人常以"拥抱""亲吻"来表示告别之情。英格兰人道别时，常横向挥手。法兰西人竖向挥手，日本人却是以鞠躬告别，中国人一般习惯挥手再见。

三、中外服饰仪表礼仪差异

西方男士在正式社交场合通常穿保守式样的西装，穿白衬衫，打领带，穿黑色的皮鞋。西方女士在正式场合要穿礼服套装。另外女士外出有戴耳环的习俗。西方国家，尤其是在美国，平时人们喜欢穿着休闲装，如 T 恤加牛仔服。当今中国人穿着打扮日趋西化，传统的中山装、旗袍等已渐渐退出历史舞台。正式场合男女着装与西方并无二致。在平时的市井生活中，倒会看到不少人穿着背心、短裤、拖鞋等不合礼仪的服饰。在服装色彩的选择上，西方人比较大胆活泼，中国人则相对保守。日常服装选择上，西方人更注重舒适、休闲，而中国人更注重款式、质地。在仪容仪表上，西方人更重视修饰，职业或社交场合，女士没有化妆被认为是没有礼貌的。

总之，个人礼仪反映的是一个人内在的品格与文化修养。随着社会交往的日益频繁，人们对个人礼仪的重视程度也与日俱增，优雅的仪态一直以来为人们所追求。个人行为的良好与否不仅影响着一个人自身的生存与发展，还影响着一个群体、社会组织乃至整个民族、国家的整体形象。从此意义看，强调个人礼仪，规范个人行为，不仅是为了提高个人自身的内在修养，更重要的是为了促进社会和平有序的发展。

第二节　仪容礼仪

仪容美通常是指一个人的容貌美（头发、面部）和形体美（四肢、身材等），它在个体形象中居于显著地位，是个人仪表问题中的重中之重，如图 3-1 所示。俗话说："三分长相，七分扮相。"仪容一方面取决于天生丽质，但更在于后天的修饰和保养。如果说先天的相貌是无法选择的，而仪容、仪态和着装美却是可以潜心培养、训练和完善的。真正意义上的仪容美，应当是自然美、修饰美和内在美三个方面的高度统一。忽略其中任何一个方面，都会使仪容美失之偏颇。在这三者之中，仪容的自然美是人们的理想与追

图 3-1　仪容之美

求，而仪容的修饰美则是仪容礼仪关注的重点，仪容的内在美是最高境界。当然，一个人的内在美是不能脱离外在美而存在的，它总要通过一定的形式表现出来。"美是理念的感性显现。"这是黑格尔的一个著名的美学命题，也就是说，美是具体的、形象的，离开了一定的感性形式，美也就成了无所依托的东西了。

一、仪容的自然美

仪容的自然美是指仪容的先天条件，即天生丽质。尽管以貌取人不合情理，但先天美好的仪容相貌，无疑会令人赏心悦目，"清水出芙蓉、天然去雕饰"是每个人的理想追求。仪容的自然美虽是以先天因素为主，但后天的保养也十分重要，甚至可以弥补先天的不足。因此，我们在此重点关注的是仪容自然美的后天保养细节。

（一）秀发的自然美出自悉心的保养

一头乌黑亮丽的秀发，令人顾盼生辉，美不胜收。乌黑亮丽的秀发是东方人青春美丽的写照。健康秀丽的头发是造就发型的基础，没有秀丽的头发，再美的发型也是徒然。谁都希望拥有一头乌黑浓密、亮丽而有光泽的美发，要想拥有并一直保持着令人羡慕的秀发，合理而科学的头发保养是关键。

1．勤于梳洗，干净整齐

从礼仪的角度来讲，勤于梳洗、保持头发的干净整齐是仪容礼仪中最基本的细节。俗语云："一日百梳，发美无枯。"勤梳是促进生发机能旺盛的有效方法之一，梳洗时如果再辅以按摩头皮则效果更好。洗发时，要遵循以下原则：一是洗发时最好用温水，37～38℃是最适当的温度。若水温过高，会将头皮所需的油分连带除去，损伤头发。正确的洗发方法是，选择适合自己发质的洗发水，用温水清洗并用指腹在头皮上轻轻揉动按摩头皮。油性头发按摩时用力轻些，干性头发可稍重些。经常按摩头皮可防止头发干燥、枯黄和脱发。不要用指尖摩擦或抓揉头发，这是很容易损伤头皮和头发的。按摩完后，先用温水冲洗干净，不要让多余的洗发水和护发素残留在头皮上，再用冷水将头发彻底冲净，冷水可加速毛孔的关闭，以防污垢进入毛孔。当然，天气过冷则不宜用冷水，以免感冒。二是洗完发后用毛巾将头发上的水分轻柔地擦干，余留的水分可让其自然蒸发。擦干头发时避免大力揉搓，要按照头发的生长方向进行，随意胡乱擦拭，会造成发丝表面受伤。尽量不用或少用吹风机吹干头发，如果实在需要，可用扩散吹风机吹干，吹风机最好距离头发20～25厘米，并用手指揉动发根，这样做可以使头发更蓬松。用吹风机吹头发至8成干就要停止，以防止头发因水分流失而出现干枯感。吹发时应从上而下，同时用手指将头发抖干。三是在洗发过程中使用护发素，待3分钟后再冲洗干净，这样可以帮助养分吸收，促进发质健康。也可以在洗头后，待头发 5 成干时，涂上护发素，用一条很热的毛巾包裹，再罩上浴帽，等待 15 分钟后，再冲洗干净。这个方法会使护发素中的成分充分地释放，对干燥和刚染烫过的头发很有帮助。

2. 日常护理，保护秀发

头发应根据不同发质进行日常护理。中性发质的特性是：头发自然润泽，亮丽柔美，容易梳理。这种头发具有良好的血液循环，正常滋润而形成酸性保护网。护理时应注意选用温和、含水分量大的产品来保护现有的发质。干性发质的特性是：头发干燥、收紧、敏感和易蓬痒，头发失去光泽，缺乏弹性，无生气，易脱落。这种头发缺乏油脂分泌，如过量使用美发器具或不当烫发、染色，会导致角蛋白流失。护理时应选用滋润的洗发露和护发素定时修护头发，修补受损结构，使头皮和头发恢复健康。建议使用乌黑柔亮型、负离子、游离子焗油型洗护产品，使用时可轻轻按摩头皮和发梢，应尽量减少烫发、染发次数。油性发质的特性是：头发过分油腻不洁，失去弹性，疏松，难于定型，烫发和染发都不持久。这种头发油脂分泌过量，不要食太多的糖、淀粉和脂肪量过高的食物，护理时不要太大力梳擦、按摩头皮；不要用太强洗发剂，可用平衡油脂的洗发产品；洗发时不可用过热的水冲洗，只可用温水；每天洗发后，使用能收紧头皮、控制油脂分泌的洗发露。

3. 科学饮食，养发生发

头发的成分虽然是没有生命的角质化蛋白质，但它之所以会不断地生长，是因为发根的毛乳头能吸收血液中的营养。合理的膳食是供给毛发营养的重要因素。蛋白质、碳水化合物、脂肪、维生素、矿物质都是毛发健康生长的营养资源。因此，养发护发可以从饮食着手，多食富含蛋白质和维生素 A、维生素 B、维生素 E 以及含碘丰富的食品。下面介绍一些日常饮食养发护发的方法。一是要有充足的蛋白质。头发的主体是一种角质化蛋白质，每天摄取定量的蛋白质，是头发的助长剂。优质的蛋白质包括新鲜的鱼类、肉类、蛋类、大豆、豆腐、牛奶等，这些富含蛋白质的食物，经胃肠的消化吸收，可形成各种氨基酸，进入血液后，由头发根部的毛乳头吸收并且合成角蛋白，再经角质化后，就是我们的头发。这个过程充分说明，蛋白质是秀发的基础。二是要多吃蔬菜和水果。长期过量食用糖类和脂肪类食物，会使代谢过程中产生的乳酸、丙酮酸、碳酸等酸性物质滞留体内，容易产生酸毒素。所以要少吃肝类、肉类等食品，这些食品中酸毒素过多，容易引起脱发。蔬菜和水果是碱性食物，能中和酸性毒素，应该多吃。防止脱发的食物还有：羊奶、瘦肉、海鱼、虾等高蛋白食品。维生素 E 可以抵抗毛发衰老，促进毛母细胞分裂，使毛发生长，防止脱发，可多吃新鲜青色蔬菜、黑芝麻等。三是要适度补碘。头发的光泽与甲状腺有关，补碘能增强甲状腺的功能，有利于头发健美，另外可多吃海带、紫菜、牡蛎等食品。此外，黑小豆、玉米、卷心菜、花菜等富含植物蛋白和维生素 E 的食物，亦有增加头发光泽的功效。四是如果经常处于阳光照射或光强度高的场所，不要吃含光敏性物质高的食物和药物，如泥螺、苋菜、葛艺、荞麦、无花果、萝卜缨等。这类食物含光敏性物质较多，会提高皮肤对紫外线的敏感性，容易使头发发黄。另外，一些药物如磺胺、四环素、异丙嗪等，长期使用也会使头发对紫外线的敏感度升高，应避免长期服用。

养发除了科学饮食之外，生活规律也十分重要。应保持正常的生活作息与充足的睡眠，避免过度劳累。此外，也应避免长期的情绪紧张与过大的压力。还应避免长时间待在空调环境下，空调机有抽湿作用，会把头发的水分逐步抽干，使头发干燥易脆，要多接触自然环境，避免头皮过度干燥。这些都是养发护发必须注意的细节问题。

（二）容颜的自然美源于科学的养护

青春，是一朵开得鲜艳而灿烂的花朵，在花季悄然离去之时，无可避免地要凋谢。谁也没有办法让一朵花常开不败，谁也抵挡不住时光的流逝，让青春留步。不过，如果你懂得养花之道，你的鲜花便会拥有更长的花期，如果你懂得皮肤保养之道，那你的青春也将保留得更久。

1. 抗衰老食物吃出青春美

想要拥有青春，可以通过吃来得到。厨房是你抗衰老斗争中的一个忠实同盟者。厨房中的橱柜和冰箱储备得当，就能提供你所需要的最简易配方。需要做到的是：均衡饮食平衡营养。需要特别准备的应该是冰箱里的水果和蔬菜，因为伸手可及的辣椒、西红柿、苹果等蔬菜水果，无一不富含保护细胞的维生素、矿物质，它们都是战胜衰老的头号法宝。

2. 悉心保养塑造青春美

青春的逝去，是岁月无情的结果，而皮肤老化是它的推手。生命的新陈代谢过程中所产生的自由基，是损害人体健康、促使皮肤老化的元凶，它会使静脉硬化速度加快，皮肤早生皱纹。要使你的皮肤保持青春光滑，唯一的办法是对皮肤精心呵护。有没有高效物质可以帮助我们对付皮肤老化呢？向你推荐 4 种顶级抗衰老高效物质，或许能将你的青春年华滞留更长时间，它们分别是维生素 C、维生素 E、维生素 A 及辅酶 Q10——它是最佳的自由基捕捉能手。

3. 美容觉睡出青春美

想使你的年龄时钟停滞不前，几乎没有一个比夜间睡眠更为有效的抗衰老妙方。因为你躺在床上睡觉时，可以消除身心高度的紧张，并积蓄力量，调节免疫系统和新陈代谢。因此必须保证每天要有足够的时间让你安然入睡。每晚睡 7 小时是最健康的。如果你睡眠太少或在不该睡的时候去睡，很可能导致身体和精神出现健康问题。为此，建议你应将床只用做你睡觉的地方，卧室应尽可能地保持较暗的光线，最好在傍晚进行一些耐力性的体育锻炼，以保证拥有足够的睡意。此外，睡前不应该抽烟、喝酒，且晚餐也不要吃太油腻的菜肴。

"熬夜，是美容的头号敌人。"无论是因为夜以继日的工作，或是偶尔放肆玩乐，熬夜的破坏力绝对会让人在一夜之间花容失色。一旦熬夜不休息，或身体长时间处于站姿或是坐姿，体液多半滞留在下半身，使得局部循环变差。如果加上睡眠质量不佳，还会让激素分泌变得混乱。当这些代谢循环机制无法处于平衡状态时，身体健康或皮肤状况就会接二连三亮起各种警示讯号。哈佛大学医学院的一项研究表明：护士夜班上得越多，患乳腺癌的可能性就越大。因此除非万不得已，最好还是少熬夜。

天天睡饱美容觉是对皮肤的最好养护。皮肤科专家说，一个人在工作时，血液集中在脑部帮助思考；在吃饭时，血液集中在肠胃以促进消化。只有在睡眠时，皮肤才能得到较多的血液来补给养分，促进细胞的新生再造。当你平躺睡觉时，体液的循环会比较平均，肝脏和肾脏的解毒功能会运作得较顺畅，肌肉、骨骼和神经系统同样也能获得休息。但是，对现代职场人来说，要天天都睡饱美容觉，根本是难如登天，除非你是严格恪守作息规律的人。

4. 皮肤防晒保护青春美

紫外线是令皮肤变黑、变粗，让皮肤提前衰老的罪魁祸首。紫外线可细分为长波长、中波长及短波长。紫外线，其中短波长紫外线在进入大气层时，已在臭氧层的防护下被隔离，能辐射到地面的只剩长波长和中波长紫外线了。长波长紫外线又称"户外紫外线"，它可穿透真皮层，导致脂质和胶原蛋白受损，使皮肤变黑，并引起皮肤泛红、发炎、老化甚至皮肤癌，是令皮肤提前衰老的最主要原因，但只要适当的遮掩即可将它隔离。中波长紫外线会折射进室内，又称为"室内紫外线"，也能深入真皮层，会对胶原、弹力纤维甚至成纤维细胞进行破坏，它不但会激发色素合成而使肤色变黑，更是造成皮肤老化及细纹产生的罪魁祸首。但它可被玻璃、遮阳伞、衣服等阻隔。有专家研究认为：人的一生，皮肤耐晒时间大约在 10 000 小时左右（当然，它包含了平时被晒时间的全部积累）。超过了，皮肤就会产生病变。

做好防晒措施是保护皮肤的关键。一是在早上 10 时至午后 4 时阳光最强的时候，尽量不要在室外活动和工作。二是当您出门在外时，戴着帽子或置身于阴凉处就能避开部分紫外线，但反射光中还有超过三分之一的紫外线，同样会伤害你的皮肤，伞、墨镜、衣服等都能有效防紫外线。三是当你不得不在户外活动时，最好使用防晒油。

5.及时补水喝出青春美

多饮水对预防皮肤的老化有好处。这是因为细胞获得充分的水补给，就可以保持足够的活力。不要等到感到口渴时才想到饮水。因为当你口渴时，你的身体实际上已经发出呼救信号，表明你的身体细胞已经非常缺水了。在正常天气情况下，每天应饮水1.5升，同时还要进食足够的水果和蔬菜，因为通过这些食物可以让我们的肌体再补充到大量的水。

二、仪容的修饰美

个人的容貌主要是由遗传决定，是父母给的，相对定型，难以改变，但却可以通过保养、修饰和装扮而扬长避短，焕然一新。这就需要我们懂得一些仪容修饰常识，通过仪容修饰改变自己素面朝天的形象，从而充分发挥自己的优势，弥补自己相貌上的缺陷和不足，以清新、亮丽的仪容见人，让人感到赏心悦目，愉快舒适，也让自己在社交中增强自信。仪容的修饰美主要表现在头发的修饰美和仪容的化妆美上。

（一）头发的修饰美——发型的协调与和谐

头发位于人体的"制高点"，在交际中更容易先入为主，因此，塑造完美形象要"从头开始"。有人说，女性的美有一半在头发，的确，女性有一头秀发，能增添无限的风韵和魅力。自古以来，女性都不惜在美发饰发上下功夫。她们很早就发现美发是增添自身妩媚的一种造型艺术，而且是一种可以灵活多变的美容手段。汉乐府《陌上桑》中，已有"头上倭堕髻，耳中明月珠"的词句，以描写采桑女罗敷的发型之美。"倭堕髻"是汉代时髦的发型，呈现出发髻微垂斜依的一副娇态。美发饰发是使女性容貌鲜亮的重要方法之一，更是现代女士的强烈追求。"头上青丝如墨染"是东方美女头上的旖旎风光。对于男性而言，发型的魅力虽不如女性那么显眼，但还是在一定程度上展示着男性的特点，鲁迅那短而直立的发型就是他刚正不阿的人格写照。

1.根据脸型选择发型

发型是展现形象美的"头等"事件。发型要与脸型协调才美，因此发型必须根据脸型来选择才能起到美的效果。椭圆脸（又称鹅蛋脸）是东方女性的标准脸庞，配任何发式都有美感，采用长发型和短发型都可以，具有端庄秀丽之美。而对于其他类型的脸型来说，就要通过发型修饰来扬长避短，调节脸部的视觉效果，并尽可能使修饰后的脸型在视觉上接近鹅蛋脸型。

（1）圆脸

圆脸是几种脸型中最可爱的一种，像孩子一样可爱的脸庞总是博得很多人的喜爱，如图 3-2 所示。短发配上可爱的圆脸，好像漫画中可爱的蘑菇头。将头发梳理成一种顺直的短发，让前发梢留低些，使人的视线集中一点，两侧的头发以看得见耳垂为宜，给人一种健康、活泼的印象。圆脸型如果配上卷曲的长发，可爱的洋娃娃形象就打造出

图 3-2　圆脸

来了。不过这种脸型也常会显得孩子气，所以发型不妨设计得老成一点，头发分在两边，而且要有一些波浪，脸看起来才不会孩子气。圆脸型最忌讳搭配杂乱的长发，那样会使得脸显得过胖，有臃肿感，也不宜头发过于蓬松，并且两边的头发不要剪得太圆，好像圆气球顶着另一个气球。

（2）方脸

方脸又称国字脸型，整个脸型呈四方形，额头和两腮较大，如图 3-3 所示。"国"字脸对男士来说，会显得阳刚气十足。对女士来说，就显得过于男性化，缺少了女性的温柔气质。这种脸型在设计发型时，男士可采用平顶短发，突出阳刚气质；女士应该采用

图 3-3　方脸

部分蓬松微卷或侧分的斜刘海，从而达到修饰脸型的柔顺感；头发一般宜向上梳以增加头顶的高度，不宜把头发压得太平整，前额可适当留一些长发，但是不宜过长，并尽量侧分，造成不平衡感，覆盖半边前额，减轻方形感。

（3）尖脸

此脸型给人以上窄下宽的感觉。应采用能充分表现额角宽度的发型，前发不宜向后，不论中分或侧分发线，前额头应向左右展开，两额侧面头发应向外蓬出，使之与宽大的下颌协调起来，以增加美感。

（4）长脸

长脸型的人顶部头发不宜梳高，发线取中分，头发向左右两旁分散，最好做成柔和的波浪状，以丰满脸部轮廓。长脸形的女士，适宜将头发留至下巴，留点刘海或两颊头发剪短些都可以减小脸的长度感并加强宽度感，但不宜留长发，这样会使脸显得更长，如图 3-4 所示。当然，太短的头发堆在头顶，也会

图 3-4　长脸

使脸更长。这类女士也可将头发梳成饱满柔和的形状，使脸有较圆的感觉。也可以更偏一点，这样可以使脸看上去显得更宽更短，两侧最好做成柔软蓬松的发卷，后面要留得稍长些。总之，自然、蓬松的发型能给长脸人增加美感。

（5）菱形脸

这种脸型两颧较大，额较窄，可采用能遮盖两侧脸颊的发式，两侧垂发做成波纹状。

2.根据职业选择发型

不同的职业，有不同的环境气氛，与此相适应、相协调的发型，更能体现风度美。如运动员的头发不宜过长，发型要平伏牢固。机关工作人员的发式可稍长，但应注意庄重和文雅。

（1）职业女士发型

甜美长卷发发型适合时尚气质的女白领。这种无刘海长卷发很适合圆脸女士，圆脸女士除了齐刘海之外，无刘海也可以试试，但是头发要蓬松，可以修饰两颊。这种发型还适合与方脸搭配。时尚中长发公主发型适合气质优雅型职业女士，这款发型一看就是专门为职业女性准备的时尚发型，发尾的卷发增加女性的成熟气质。这种发型适合搭配各种脸型。清新轻快的BOB头发型，又称波波头、童花头、冬菇头、娃娃头，是当今相当流行的个性发型。这种发型淡淡的齐刘海，微卷的发尾，适合圆脸、瓜子脸的白领，会让人显得很有气质。这款发型最大的好处是易打理，使人显得青春活泼，是从事活动类型职业，需要活泼形象的职业女性的首选。

（2）职业男士发型

职业男士发型，如图3-5所示，有时候能展现男士的脸型和轮廓，给人一种坦荡荡的心理暗示，非常的精练，而且给人一种中规中矩的感觉，亲和力十足。无刘海发型属于长脸的职业男士，这款发型看起来有中规中矩的感觉，没有特别突出的地方，也没有特别不适合的地方，刚刚好，很有知识分子的气质。凌乱型男士发型，适合发量较少的男士，此款发型的特点是，顶部头发较长，向前披垂，形成稀疏自然的发帘，两侧和后部头发向上轧剪，形成自然参差层次，整个发型线条柔和，发丝自然，简洁、大方、自然。复古绅士发型是成熟男士的选择。这种发型特点是，梳理整齐绅士头，将刘海向上推，使头发形成向上隆起的立感，使之具有丰满圆润的感觉。成熟的职

图3-5　职业男士发型

场男士，特别是高层，因工作须较多出席正式场合，需呈现出专业有品位，可选择这款发型，既能保持优雅，又不失活泼，有成熟稳重的绅士品位。

（二）仪容的化妆美——显其大姿，掩其不利

图 3-6 仪容的化妆美

大自然赋予芸芸众生的并非都是"美人胚子"，大多数人拥有的仅仅是平凡的容貌，在他们身上既有潜在美的素质，同时又显露着若干局部的缺憾或某种不足。美容化妆重点在于强调其瑜之特色，掩避其瑕之不利，从而起到扬长避短的效果。有的女士皮肤白皙柔泽，富有丽质之美，自然生出迷人之色，也就不必再施粉黛了，否则过分"妖艳"反失其利；有的女士皮肤呈熏黑之色，衬出红光满面，同样无须枉费增白之力，不如在此基础之上修饰得唇红齿白，以收健美活泼之效。而有的女士则要经过化妆和修饰，才显得美丽、端庄，精神焕发，从而赢得人们赞赏的眼光，如图3-6所示。现代的美容化妆，既是一种审美活动，又是一门保健科学，是艺术与科学的结合。要想美得自然，不但要有一定的审美能力，更需要美容有术，掌握一定的美容化妆法则和技巧。

1.美容化妆的原则

美容化妆是一门艺术，它涉及美学、生理学、心理学、造型艺术等学科，同时又是一种技术、技巧，它不是单纯的涂脂抹粉、把自己打扮得花枝招展，而是塑造一副淡雅清秀、健康自然、鲜明和谐、富有个性的容貌。从礼仪的角度看，美容化妆的原则是：

（1）要有自知之明。大多数人的面容不是十全十美的，有这样或那样不尽如人意的地方。化妆的目的是在扬长避短的原则下，寻找并突出自己面部最富魅力的部位，掩盖或削弱有缺陷的地方，这样才能起到化妆的效果。

（2）生活中的美容化妆，以修整到统一、和谐、自然为准则。恰到好处的化妆，给人以文明、整洁、雅致的印象。美容化妆的最高境界在于似有似无之间，让人不易察觉。所谓"妆成有却无"，说的是妆而不露，化而不觉，"清水出芙蓉，天然去雕饰"，好似天生如此美丽，这是化妆技艺精湛之妙，也是美容的精髓所在。浓妆艳抹，矫揉造作，过分地修饰、夸张，都是不可取的。

（3）美容化妆贵在协调。一是化妆要与出席场合协调。化妆有工作妆、交际妆、舞会妆、新娘妆等的区别。工作妆一般为淡妆，以体现出沉稳高雅的气质；舞会妆、新娘妆要化浓妆，以体现喜庆氛围。二是化妆要与个人气质协调。高水平的化妆，

强调的是整体效果。例如：素雅的服饰与淡妆配合，给人清新典雅之美；华丽的服饰则要与浓妆相配，才会使人靓丽出众；奔放浪漫的服饰，则应配上富有个性的化妆，从而产生潇洒独特之美。因此，在化妆时，应努力使妆面协调、全身协调、场合协调、身份协调，以体现出自己慧眼独具，品位不俗。

（4）选择合适的化妆品。当前化妆品种类繁多，根据其不同的作用可以分为三大类：清洁类化妆品，用于清洁皮肤；护肤类化妆品，用于保养皮肤；修饰类化妆品，用于修饰化妆。选择化妆品时要注意：一是根据自己的肤色和皮肤性质（干、中、油）选择化妆品，二是要注意化妆品的质量。

2.化妆的一般程序

（1）清洁面部。清洁面部是基础性的工作，概括地说，清洁面部有以下三个主要步骤：一是洁面。用温水及洗面奶彻底洗去脸上的油脂、汗水、灰尘等污秽，以使面部光洁。二是扑化妆水。根据皮肤的性质，选用不同的化妆水轻扑前额、面颊、鼻梁、下巴等处，将其涂抹均匀。三是擦护肤霜。使用适量的护肤霜，既可以润泽皮肤，又可以保护皮肤少受化妆品的刺激，并使粉底容易涂抹。

（2）打基础底色。使用底色的目的是遮盖皮肤的瑕疵，统一皮肤色调。选择两种适合自己皮肤的粉底霜，按面部不同的区域分别涂抹深浅不同的粉底，在脸部的正面用接近自己天然肤色的颜色，均匀地薄薄地涂抹。在脸部的侧面，可用较深底色，从后向前均匀地涂抹，这样可以增强脸部的立体感。注意不要漏掉脖子、耳后及领口露出的部分。

（3）定妆。薄施定妆粉，目的是柔和妆面、固定底色。可使用粉扑将散粉扑到脸上，粉的颗粒越细效果越自然，粉色不要太白，一定要涂得薄而均匀。

（4）眉毛的修饰。眉毛能够体现一个人的性格。先将眉型略加修整，然后顺着眉毛的自然长势，从眉头画到眉尾。眉的形状因性别而异，男士宜浓宜重、女士应轻柔。眉型也要与脸型相配合，如果脸型宽大，眉毛就不宜修得过细，五官纤细的人，不要将眉毛修得太浓密。

（5）眼部化妆。主要有如下二项内容：一是画眼线。使用眼线笔紧贴睫毛由外眼角向内眼角方向描画，上眼线要比下眼线重些。二是画眼影。选择的眼影颜色要适合自己肤色及着装颜色，也可以用腮红或阴影色代替。涂眼影时，贴近睫毛的部位要重些，眼角部位也要重些，然后用眼影刷轻轻扫开去，与鼻侧影自然相接的地方必须颜色稍淡，过渡自然。三是修睫毛。为了更好地表现眼睛的神采，使其生动而有立体感，可以使用睫毛膏修整睫毛，使之看起来卷曲浓密。涂睫毛膏时，视线向下，蘸少许睫毛膏，横着拿睫毛刷，从睫毛根部刷向睫毛梢，一次不要涂得过多，以免沾染到皮肤上。一般情况下可不涂下眼睫毛。最好不要经常使用假睫毛，那样会使上眼皮松弛，加快衰老。

（6）面颊化妆。使用腮红，不但能使面颊显得红润柔美，还可以调整、修饰脸型，体现女性的魅力。腮红的涂抹要淡抹轻染，中心应在颧骨部位，越向外侧越淡，直到面颊红润自然地融入底色中为止。不同脸型的人涂抹腮红时应采用不同的方法。圆脸型的人，腮红的形状应是长条形的；长脸形的人应刷得宽些；白皮肤的人，可选用淡而明快的颜色，如浅桃红、浅玫瑰红；皮肤较黑的人，腮红的颜色可以深一些、暗一些。

（7）唇部化妆。唇部化妆时应先画唇线，然后用浅于唇线颜色的唇膏填入唇体，涂好后用纸巾按压，或将纸巾放在上下唇之间抿一抿，以吸去多余的油脂。涂唇膏时，要注意填充口角和唇的内侧部位，使得说话、谈笑时不会出现漏涂区。同时利用唇膏亮度的微妙变化，使人产生“错觉”，以弥补自身的不足。如下嘴唇突出者，宜将上唇涂得浓重些，下唇颜色稍亮些，薄唇则相反；嘴唇过宽者，宜将两边涂淡，越向中间处越浓，这样显得嘴小。要注意唇膏的颜色要与年龄、肤色、衣服、环境、职业相协调，要显得典雅大方。

三、仪容的内在美

仪容内在美是指主体通过努力学习，不断提高个人的文化艺术素养和思想道德水准，培养出自己高雅的气质与美好的心灵，使自己秀外慧中，表里如一。现实生活中，漂亮与魅力并不总是完全一致的，尽管有的人着装简朴，其貌不扬，但文雅知性，气度不凡。有的人披金戴银，却依然给人的感觉是虚有其表。优雅的风度、高贵的气质，实际上是人格外化的表征，是形象化了的精神风貌，它不但来自良好的生活习惯，而且来自长期的内在修养。在仪容的自然美、修饰美和内在美这三者之间，仪容的内在美是最高的境界。仪容的内在美包括人格美、气质美和涵养美。

（一）人格美

人格是一个人区别于他人的稳定而统一的心理品质和行为模式。在生活中对人格的理解有多种含义：道德上的人格，是指个人的品德和操守；法律上的人格，是指人的法律地位；文学上的人格，是指人物的独特性和典型性。而礼仪学上所说的人格主要是道德意义上的人格，是指构成一个人的思想、情感及行为的独特而稳定的心理品质、思维方式和行为风格。比如，一个人对待他人总是彬彬有礼，遇事首先为他人着想，甚至舍己为人，我们就可以说他的人格高尚。

人有不同的魅力，人的魅力大小主要取决于人格的高低，因此也叫做人格魅力。

人格魅力是指一个人在性格、气质、能力、道德品质等方面具有的很能吸引人的力量。有一种人，无论他的相貌是否英俊，即使与他们偶尔相识，或只有一面之交，也能引起我们的注意，他的目光，他的微笑，他的举止言谈，会产生令人尊敬、爱戴的凝聚力，使我们充满喜悦。可以这样说，这些令我们喜爱的"人格"特征，就是他身上放射的一种人格魅力。因此，世间凡是智者贤人，常把人格魅力极力地表现出来，我们会在不知不觉中乐于接近他们并成为朋友，在这个过程中，我们的人格也得到了发展。在今天的社会里，一个人能受到别人的欢迎、容纳，实际上就是具备了一定的人格魅力。

1. 人格魅力的性格特征

一是在对待现实的态度或处理社会关系上，表现为对他人和对集体的真诚热情、友善、富于同情心，乐于助人，关心和积极参加集体活动；对待自己严格要求，有进取精神，自励而不自大，自谦而不自卑；对待学习、工作和事业，表现得勤奋认真。二是在理智上，表现为感知敏锐，具有丰富的想象能力，在思维上有较强的逻辑性，尤其是富有创新意识和创造能力。三是在情绪上，表现为善于控制和支配自己的情绪，保持乐观开朗、振奋豁达的心境，情绪稳定而平衡，与人相处时能给人带来欢乐的笑声，令人精神舒畅。四是在意志上，表现出目标明确，行为自觉，善于自制，勇敢果断，坚韧不拔，积极主动等一系列积极品质。具有上述这些良好性格特征的人，往往是在群体中受欢迎和受倾慕的人，可称为"人缘型"的人。

有研究显示，男性和女性"人缘型"性格魅力的表现各有不同。男性魅力的性格特征：一是沉着、自信心强、喜欢求知、做事干脆。二是帅气、成熟、做事积极且专心。三是喜欢社交、热情、豪迈、精力充沛。四是健康、有活力、开朗、率直、诚实。五是和蔼可亲、体贴别人、宽宏大量。女性魅力的性格特征：一是聪明、安静、认真、有点神秘。二是喜欢社交、态度积极、热情、性感。三是活泼可爱、亲切、体贴人、直率、开朗。四是喜欢听人说话、自制力强、诚实。

2. 人格魅力的培养

人格魅力的养成需要丰富的知识内涵和广泛的兴趣爱好，还需要掌握一定的人格魅力培养的方法。心理学家提供的几种人格魅力培养方法值得我们参考。

（1）不论在任何场合，要以礼待人，举止温文尔雅。

（2）注意培养自己幽默开朗的性格，塑造和蔼可亲的形象，特别是培养自己具有接受批评的雅量和自嘲的勇气。

（3）学会对别人显示浓厚的兴趣和关心。大多数人喜欢谈自己，因此在与人交际时应该懂得如何引发对方表露自己，并恰当地表达自己对对方的关注和关怀。

（4）谨记在与人交往时，要经常和他们进行目光接触，表情友善，常带微笑，使对方产生知己之感。

（5）平时要博览群书，关心时事，不断充实自己，使自己博学多才，不致言谈无味。

（6）为人要慷慨大度，不斤斤计较，这样更能获得别人的欣赏。

人格魅力并不是什么神秘、迷惑人的东西，所谓旁观者清，每个人都生活在别人的眼睛里，而眼睛是心灵的窗户，也就是别人时刻都在用心衡量着你，你心中有了阳光，别人自然会沐浴你的光芒，那就是你的人格美所在了。

（二）气质美

一个人的气质是指一个人内在涵养或修养的外在体现，气质是内在修养的不自觉的外露，是内在修养和外在行为方式的有机结合。气质好的人在举手投足间，或衣着打扮，或言语声调上，会给他人带来一种优雅大方、舒适亲切的美的享受或好感。气质美是人的内在美和人格魅力的外在展现，不是靠表面功夫能应付得来的，如果胸无点墨，任凭你用再华丽的衣服装饰，这人也是毫无气质可言的，反而给别人肤浅的感觉。所以，如果想要提升自己的气质，做到气质出众，除了穿着得体，说话有分寸之外，就要不断丰富自己，提高自己的知识和品德修养。气质的分类很多，比如张扬、灵性、清秀、妩媚，还有一种就是更难达到的高贵。高贵气质的基本表现就在穿衣打扮、言行举止、一举一动都不出格，确实很难掌握，有些人的气质真是与生俱来的。

1.气质美的表现

（1）处事沉稳：不随便显露你的情绪；不要逢人就诉说你的困难和遭遇；在征询别人的意见之前，自己先思考，但不要先讲；不要一有机会就唠叨你的不满；重要的决定多商量，最好隔一天后再发布；讲话缓稳，走路从容。

（2）做事细心：对身边发生的事情，常思考它们的因果关系；对做不到位的执行问题，要发掘它们的根本症结；对习以为常的做事方法，要有改进或优化的建议；要养成有条不紊和井然有序的习惯；能经常挑出别人看不出来的毛病或弊端；随时准备对不足的地方补位。

（3）有胆识：不要常用缺乏自信的词句；不要常反悔，轻易推翻已经决定的事；在众人争执不休时，不要没有主见；整体氛围低落时，你要乐观、阳光；做任何事情都要用心，因为有人在看着你；事情不顺的时候，歇口气，重新寻找突破口，就算结束也要干净利落。

（4）为人大度：不要刻意把有可能是伙伴的人变成对手；对别人的小过失、小错误要宽容；在金钱上要大方，在自己经济能力之内做到该用就用、该出就出，不要吝啬；不要有权力的傲慢和知识的偏见；有成果和成就应和别人分享；必须有人牺牲或奉献的时候，自己走在前面。

（5）有诚信：做不到的事情不要说，说了就努力做到；虚的口号或标语不要常挂嘴上；当别人指出自己"不诚信"时，要重视和改进；切莫使用"不道德"手段；不要耍弄小聪明；不要因小失大，诚信的代价就是声誉（品牌）的成本。

（6）勇于担当：检讨任何过失的时候，先从自身或自己人开始反省；事项结束后，先审查过错，再列述功劳；认错从上级开始，表功从下级启动；着手一个计划，先将权责界定清楚，而且分配得当；对"怕事"的人或组织要挑明了说。

此外，女性的气质是最优秀人品的集中体现，是道德纯洁、情操高尚的最高体现。女子气质美会使男士们忽视其容貌而永存其美好。气质美的女孩，即使丑点，人们根本不会说她丑，无知的美的外表，反而很难在男士们的心底烙上美印。前者高雅，后者俗气。真正女性气质美的前提是要有崇高的生活理想，女性的命运不应取决于男性，而应取决于她自己的努力、她的内在力量以及她的才能发挥的程度。女性本人越重视自己的天资、才能，就越具有与男子精神心理交往的能力，她的美和女性气质就越灿烂夺目。

2.气质的培养

气质不是学来的，而是养出来的。要养出好气质就要了解自己是哪种类型气质，然后有自己的主张，为自己创造完美的气质而努力。首先可以试着培养自信，有自信的人才会美丽，但不能失去谦虚。最重要的是要丰富自己，为人不能说太多，但要什么都懂。平时要多学东西，如多看书，学跳舞，练瑜伽等。奥黛丽·赫本的气质就是练芭蕾舞练出来的。还要多锻炼身体。气质确实有先天因素，不过在短期内无法改变天生因素和条件的背景下，后天教育培养也十分重要。

（1）品位

人的品位有高有低，品位高低由其品质、趣味、情操、修养所决定。高品位是一种超凡脱俗的气质，这种脱俗气质来源于丰富的文化内涵；高品位是一种涵养，为人彬彬有礼，行为端庄，常微笑聆听并辨析别人的谈话，并且谈吐优雅，说话有趣有味，从不张扬；高品位是一种得体的衣着，穿戴从不会五彩斑斓、咄咄逼人，也不会无限前卫、哗众取宠，不追求华贵，也不附和流行，却修饰得体；高品位是一种亲和力，在每个场合的出现，都有一点清风徐来的感觉，对每个人都持有一种平等的态度，在微者面前不傲，在高者面前不卑，和每种类型的人都能和睦相处。高品位的女人不一定有多漂亮，但一定是个让人觉得赏心悦目、耐处的女人。品位也是一种生活文化，真正有品位的人是懂生活、享受生活、会花钱也懂得节约和理性消费的人。

（2）交际

"近朱者赤，近墨者黑"，你可以接近一些气质好的人，你就会不知不觉得到改变。想成为什么人，就和什么人做朋友，亲君子，远小人，时间长了，气质就自然而然地流露出来了。

（3）学习

气质不是一个月两个月可以改变的，需要一年两年甚至更长的时间。很多人读完大学，很久没见的人都说他（她）变了一个样，其实这是校园生活熏陶出来的。读书是最基本的，书读得少的话其他练得再多也还是没有内涵。再说，多读点书眼睛会更明亮，毕竟眼睛里面是化不了妆的，有些女孩子虽然漂亮，但看眼睛的话却空洞无物。

（4）环境

要有一个好的生活环境，才能培养出好的气质。从小生活在不一样的环境中会造就不一样的人，一个人的阅历学识会对气质有一定的影响。

3.气质的训练

（1）平时言谈举止要避免动作与谈吐的粗俗，可有意识地多模仿和学习有气质人士的言谈举止。

（2）走路要尽量做到抬头挺胸收腹。可能初期会觉得不自在，但持续一段时间后会无意识地形成习惯。女士平时多穿高跟鞋有助于这一训练。

（3）有意识地主动与那些气质好的人士交谈。次数多了你就会发现紧张及拘谨的情况会消失或减少，你也会应付自如，这叫脱敏训练。

（4）早中晚听听古典音乐，如《小夜曲》等。听高雅音乐可以使人面孔变漂亮，并且有一种脱俗的气质。好的音乐对人的气质培养作用很明显也很快速，一般人听三个星期就有变化。

（5）进行气质外形训练。在每天早中晚听古典音乐的过程中，有意识地吸小腹，用一种向上挺拔的姿态，既训练挺拔的体型，也有利于身体长高；同时做面部表情训练：嘴角微微勾起，眉梢向上挑起；眼睛要没事多看看天空，可以变得清澈深邃。

用培养好气质来使自己变美的人，比用服装和打扮来美化自己的人，具有更高一层的精神境界。前者使人活得充实，后者把人变得空虚。而最完美的恰恰是两者的结合。气质美，至少蕴藏着真诚和善良。一个虚伪和恶狠的人，很难想象会有什么祥和与美好。

（三）涵养美

涵养是指一个人有宽阔的胸怀，懂道理、明事理、知进退。当人阅历增多、心胸渐宽的时候，自然而然会形成一种阅历丰富、心胸宽广的气度。这是因为人情世故皆在你胸，那些浮云般的世事无非是扰你心弦而已，不乱心者是为涵养。阅历也不一定是岁月才能沉淀出来的，这也是可以修出来的。修身养性，无非就是要让自己对生活中纷繁的事情，都能以一种淡泊超然的心境去面对。能以宽广的心胸应对种种困境和不幸，做到得之淡然、失之泰然，心情就舒畅了。心定了，涵养也就高了。如果我们能把一些原则，尽量地缩小、巩固，再缩小再巩固，把一些非原则的执着，尽量地缩小、放开，再缩小再放开，我们的心就变得既宽容又坚定。带着一种心灵深处的平和去看待身边的人和事，以淡定的心态来对待所遭遇的情景。这就是具有"涵养美"的人了。

女人讲品位，男人讲涵养。男人的聪明如果只显现在其高智商，未必令女人和同性为之钦佩，而吸引女人和让其他男性佩服的往往是男人的高情商所表现出来的涵养。什么样的涵养最让男人震撼、最让女人叹服呢？如下故事也许为你找到答案。

战国时期的乐毅，其涵养令男人折服。我国著名的史学家朱契在其《青年志向》中有句话："我爱乐毅，君子交绝不出恶声。"这就是乐毅的涵养。乐毅的涵养成就了他指挥燕赵联军，连克齐国七十余城的不凡业绩，向世人证明他是一位有着杰出才能的军事家；他的涵养使他与燕昭王在兴燕破齐的事业中建立了坦坦荡荡的君臣情谊，当他受到燕惠王的不公对待时，也并不因个人得失而说赵伐燕以泄私愤，而是居赵燕两国客卿的位置，往来通好。乐毅的涵养为以后历代封建社会的贤人志士所称道和向往。

三国时期的曹操，其涵养令女人叹服。曹操这位中国历史上家喻户晓的人物，被厦门大学易中天教授定性为"可爱的奸雄"。这位"奸雄"的可爱之处也在于他的涵养。曹操虽奸却十分重情，在对待其原配丁夫人方面表现得极其有男人的涵养。丁夫人将其养子曹昂视如己出，十分疼爱。可惜，年少的曹昂在对张绣的作战中身亡。丁夫人悲痛万分，为此，她和曹操一直过不去，曹操一怒之下，让她回了娘家。半年后，曹操觉得是自己过分了，于是亲自来到岳丈家接丁夫人回去。正在织布机前织布的丁夫人，任凭曹操抚背、一遍又一遍地呼唤"跟我回家吧"，回答他的始终是"咔嚓""咔嚓"的织布声。最后，曹操在无奈中说："看来，我们夫妻缘分已尽。我走了。"走到门口，他依旧回过头来，再做请求"跟我回家吧"。依旧是丁夫人的背和她手中的"咔嚓"声回答他。临别，他找到老岳丈："她还年轻，把她改嫁吧。"而这位叱咤风云的"可爱的奸雄"临终前，还念念不忘道："我这辈子的最大错误就是气走了丁夫人。若在阴间曹昂找我要妈妈，我可不知如何是好？"曹操的涵养令女人叹服！

一个男人若既拥有高智商又具备极高的涵养，他想必是个完美的人，只是这种完美之人少之又少。但在生活的历练中努力去做一个有涵养的男人应该是有可能并能做得更好的。有这样一对年轻男女的对话，男的说："现在到家了，我才开始批评你。在那么多同事面前，你不止一次地不理我，开口就数落我。我每次怎么对你的，我唯一能做的就是保持沉默。"女的说："对不起，我保证这是最后一次这样对你。"男的扑哧一声笑了："这保证我不知听过多少回了，但愿这是最后一次哦。"我们不得不佩服这男孩的好涵养，想必是天然生成、爹妈给的。同时也为这女孩庆幸，她这一辈子算是赌对了。我们之所以欣赏这种有涵养的男人，因为它是一个男人品德、学识、风度和境界的全面提高。

作为男人，要提高涵养并非难事，意义也十分重大。只要恪守"己所不欲，勿施于人"的做人基本准则，注意从生活中点滴小事做起，不利于团结的话不说，不利于友善的事不做，加强自身的文化和思想修养，处处与人为善，杜绝心胸狭窄、知识的肤浅和行为的粗俗，自然就会形成高尚的情操和涵养。我们的社会应该让原本善良、美丽、可爱的女性，在有涵养的男人的呵护和引领下，携手并肩，相得益彰地操持好小家和建设好全社会这个大家。

第三节　仪态礼仪

仪态指人们身体动作所呈现出的各种姿态。如果说仪容和服饰是个人形象的静态方面，那么仪态则是个人形象的动态方面，是展现一个人精神面貌和文化素养的无声语言。人们在相互交往中，不仅要听其言，更要观其行。仪态礼仪主要由站姿、蹲姿、坐姿和走姿的体态形象来表达。

一、挺拔的站姿

站姿是人的最基本的姿势，同时也是培养优美仪态的起点。"站有站功，挺直如松"，是说人的站立姿势要像青松一般端直挺拔，呈现一种静态美。

（一）挺拔站姿的基本要求

站立时，双腿立直，保持身体正直，重心在两腿中间，两膝和脚后跟要靠紧。做到挺胸、收腹、立腰；头部要抬起，颈挺直，双目向前平视，下颌微收，嘴唇微闭，面带笑容；双臂放松，自然下垂于身体两侧。由于性别方面的差异，对男女的站姿又有不同的要求。

男子的站姿要求稳健挺拔。站立时，一般应双脚平行，大致与肩同宽。全身正直，双肩稍向后展，双臂自然下垂，双手贴放于大腿两侧。如果站立时间过久，可采用稍息的姿态，将左脚或右脚适当叉开一步，其身体的重心分别落在另一只脚上。

但上身仍需直挺，伸出的脚不可伸得太远，双腿切勿叉开过宽，如图3-7所示。在正式场合，不宜将双手插在裤袋里或双臂交叉抱于胸前，如图3-8所示，这样会使人产生傲慢、敷衍、轻蔑的感觉和印象。

图3-7　男子的站姿展示　　　　　　图3-8　男子错误站姿

女子的站姿要求亭亭玉立。站立时，应挺胸、收腹、提气、直腰、绷腿。双手自然下垂，叠放于腹前。双腿并拢，可采用"V"字形或"T"字步形，如图3-9所示。站立时脸上要带有自信的表情，从总体上给人一种精神饱满和挺立的感觉。力戒头歪、肩斜、背弓、臀撅、身体晃动、无精打采，这不但显得拘谨、漫不经心，而且也有失仪表的庄重，如图3-10所示。

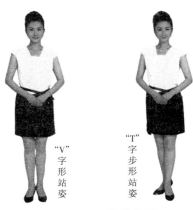

"V"字形站姿　　"T"字步形站姿

图3-9　女子的站姿展示　　　　　　图3-10　女子错误站姿

（二）站姿的基本训练

"亭亭玉立"的女人总能给人无限遐想，高洁如荷、骄傲如梅，站姿是一切仪态之首。优美的站姿必须通过刻苦的训练才能习惯成自然。以下项目在教师指导下训练，各项时间不少于1分0钟，共用时间约一节课。平时要自我训练。

　1.站立训练

（1）靠墙站立。要求：脚后跟、小腿肚儿、臀部、双肩、头部的后下部位靠墙。

（2）顶物站立。要求：顶书原地挺拔站立。

（3）背靠背站立。要求：两个人背对背站立练习。

（4）列队站立。要求：将薄纸板放在两膝之间夹住，列队站立。

　2.手臂变化站姿训练

（1）垂手（臂）式。要求：正立，两手自然下垂。

（2）腹前握手（指）式。要求：正立，双手交于腹前，用右手握住左手四个手指。

（3）双臂后背式。要求：正立，双手反背交于后背，用右手握住左手四个手指。

　3.脚部变化站姿训练

（1）立正式：两脚并拢，两膝并严，两手可自然下垂，通常在正式的场合采用此种站姿，男女均适用。

（2）扇形式：两脚跟靠拢，脚尖呈45°～60°，身体重心在两脚上，男女均适用。

（3）分腿式：两脚左右分开，与肩同宽，脚尖朝前且两脚平行，双手可交叉于前腹，也可交叉于后背。男子适用。

（4）丁字步式：两脚尖略展开，一脚向前将脚跟靠于另一脚内侧中间位置，腰肌和颈肌没有拧的感觉；两手交叉于腹前，身体的重心可在两脚上，也可在一只脚上，通过两脚的重心转移减轻疲劳。女子适用。

（三）站姿的分类训练

以下项目在教师指导下训练，各项时间不少于15分钟，共用时间约一节课。平时要自我训练。

　1.让人挺拔的站姿训练

正确的标准：纵向：整个形体向上挺拔，要感觉头顶有根绳子拉着你；横向：两肩打开，让形体舒展。

错误的表现：纵向：整个形体松弛向下，显得很散漫；横向：扣肩，身体缩在一起。

2.让人显高的站姿训练

动作要领：第一个部位在头顶，要感觉头顶有跟绳子拽着，这最关键。第二个部位在胸部，双肩向后扩展，胸部挺起来。第三个部位在臀部。腰用劲，臀部就会往上提。整个人就会高挑起来。

正确的标准：从侧面看，耳、颈、肩、手臂、腿都在一根线上；颈部拉起来的时候前面能看到有个小坑；颈部拉起来再扭头看不见皱纹，整个颈部很光滑；侧身站在全身镜前，拿小镜子找到最佳颈部线条。

错误的表现：如果颈部没完全拉起来，扭头会看见颈部皱纹；颈部没拉起来会有双下巴，看起来较胖而且较老。

3.让胸部挺起来的训练

动作要领：两肩打开，让高贵的胸部挺起来。

正确的标准：两肩打开，挺胸，从侧面看，手臂和背部处于同一平面，只能看到手臂，看不到背部；从后面看，当双肩打开的时候，肩胛骨不会往外突出，是平的；肩打开的时候要尽量放松，向下沉。这样从颈到肩的线条会特别修长优美。

错误的表现：肩如果没打开，从侧面看，不但能看到手臂，还能看到背部，胸部是往下的；从后面看，如果两肩没打开，肩胛骨会往外突出，给人缩头缩脑的感觉；从正面看，脖子缩起来，肩往上耸，脖子到肩部的线条显得很短，整个人显得很紧张。

以上动作要经常训练，养成习惯才有效果。

二、优雅的蹲姿

蹲姿可视为站立时的一种特殊体态。在他人面前下蹲捡拾物品或系鞋带时，弯腰、俯首、撅臀，显然就不雅观。

（一）优雅蹲姿的基本要求

优雅蹲姿的基本要领：下蹲拾物时，站在所取物品的旁边，蹲下屈膝去拿。下蹲时，应自然、得体、大方，不遮遮掩掩，不要低头，也不要弓背，两腿合力支撑身体，掌握好身体的重心，避免滑倒，臀部向下，慢慢地把腰部低下。女士无论采用哪种蹲姿，都要将腿靠紧，臀部向下，上体保持直线，这样的蹲姿就典雅优美了。在公共场所下蹲，女士则要两腿并紧，穿旗袍或短裙时需更加留意，以免尴尬。

（二）蹲姿的基本训练

以下项目在教师指导下训练。各项时间不少于 20 分钟，共用时间约一节课。平时要自我训练。

1.高低式蹲姿训练

要求：双膝一高一低。下蹲时，左脚在前，右脚在后；右脚要脚掌着地，脚跟提起；右膝要低于左膝，形成左膝高右膝低的姿态。臀部向下，基本上以右腿支撑身体。这种姿势男女均适用。

2.交叉式蹲姿训练

要求：双腿交叉站立，慢慢下蹲，下蹲时左脚在前，右脚在后，左小腿垂直于地面，全脚着地。右腿在后与左腿交叉重叠，右膝由后面伸向左侧，右脚跟抬起脚掌着地。两腿前后靠紧，合力支撑身体。臀部向下，上身稍前倾。

（三）蹲姿的分类训练

以下项目在教师指导下训练，各项时间不少于10分钟，共用时间约一节课。平时要自我训练。

1.直腰下蹲训练

要求：要讲究方位，当需要拾捡低处或地面物品的时候，可走到其物品的左侧；当面对他人下蹲时，要侧身相向；面朝前方，两脚一前一后，一般情况是左脚在前，右脚在后，双腿和膝盖应该并在一起；目视物品，静静地蹲下去，上身保持直立。

2.弯腰取物训练

要求：直腰下蹲后，左手轻挡前胸，避免走光，右手稍捋裙摆，方可弯腰捡地面物品。

3.直腰起身训练

要求：取物完毕后，先直起腰部，使头部、上身、腰部在一条直线上，再稳稳站起，双手奉还物主。

三、端庄的坐姿

坐有坐相，文雅端庄。古人讲"坐如钟"，就是要求坐姿如同钟那样沉稳、端正。在社交应酬之中，坐姿往往是人们所采用得最多的姿势，从就座到坐姿我们都要做到符合礼仪规范。

（一）就座的礼仪规范

1.注意顺序

若与他人一起入座，应礼让尊长。平辈人与亲友同事之间可同时就座。无论如何，抢先就座是失态的表现。

2.有绅士风度

当男士和女士步入西餐厅，男士要讲究绅士风度，帮女士拉开椅子，请女士先入座。如果有服务员帮女士拉开座椅，也要等女士入座之后，方可入座。

3.讲究方位

不论是从正面、侧面还是背面走向座位，通常都讲究从座位的左侧走向自己的座位，又从左侧离开自己的座位，简称"左进左出"，这是正式场合需要遵守的。

4.落座无声

在就座的整个过程中，不管是移动座位还是坐下身体，都不应发出嘈杂的声音，不慌不忙，悄无声息，本身就体现着一种教养。

5.入座得法

就座时，应转身背对座位。如距离较远，可以一脚后移半步，待腿部接触座位边缘后再轻轻坐下。着裙装的女士入座，通常应先用手拢平裙摆再坐下，如图3-11所示。

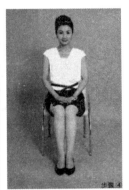

图3-11 裙装女士入座

6.离座谨慎

离座同样应注意礼仪序列，不要突然跳起，弄出很大声响，或把身边的东西碰到地上，显得唐突、欠稳重。

（二）端庄坐姿的基本要求

良好的坐姿一般有角度、深浅和优雅三方面的礼仪要求。

1.角度

坐定后上身与大腿、大腿与小腿所形成的角度有大小之分，坐姿因此而大有不同。极正规的场合，上身与大腿、大腿与小腿均应为直角，上身端正，腰部挺直，此姿势即所谓"正襟危坐"，如图3-12所示。一般情况下，男士略张开双

图3-12 正襟危坐

腿而坐，但不应宽于双肩，双手放在大腿上或交握于两腿中前部，体现出男子的自信与豁达；女士就座则务必双腿并拢，两脚平列或稍稍斜放，双手自然搭放在大腿上或座椅扶手上。

2. 深浅

"不满坐是谦恭"，在正式的场合或是与上级谈话的时候，一般不要坐满整张椅子，更不能舒舒服服地靠在椅背土。正确的坐法是坐满椅子的三分之二处，背部挺直，身体稍向前倾，表示尊重和谦虚，如图 3-13 所示。

3. 优雅

优美的坐姿让人觉得安详优雅，是体态美的重要内容。在一般场合，坐定后双腿可以叠放或斜放。双腿交叉叠放时，应力求做到膝部以上并拢；双腿斜放时，以与地面构成 45° 夹角为最佳，如图 3-14 所示。当跷腿的时候，要注意收紧上面的腿，脚尖下压，绝不能以脚尖指向别人，或者上下抖动。坐时间久了，可以不时变换姿势，但无论怎么变，也要保持端坐，腰挺直。对于女性，双手以叠放或相握的姿势放置于身体侧向的大腿上最为适宜，可以显出女性的曲线之美。女士如果裙子很短的话，一定要小心盖住。上高台就座的女主礼嘉宾，不宜穿太短的裙子。

图 3-13　坐姿之深浅

图 3-14　坐姿示例

（三）坐姿的基本训练

以下项目在教师指导下训练，各项时间不少于 5 分钟，共用时间约半节课。平时要自我训练。

1. 身体部位的训练

（1）头部：端端正正，双目平视，面带微笑，下巴内收，不能出现仰头、低头、歪头、扭头等情况。

（2）躯干：挺拔直立，腰部内收，不能塌腰放松成瘫软状，只坐椅子的 1/2～2/3 左右。

（3）双手：女子右手搭在左手上，可相交放于腹部或轻放于双腿之上；男子双手掌心向下，可自然放于膝盖上，但双手不可以放在小腿之上。

（4）腿部：小腿与大腿、大腿与身体各呈 90° 角。男子膝盖可以分开，但不可超过肩宽；女子膝盖不可以分开。脚部因脚位不同有不同的坐姿。

（5）朝向：当与他人进行交谈时，通常应将整个上身朝向对方，以示对其重视和尊敬。

2. 入座的训练

（1）入座顺序：要尊者先行或同辈之间同时入座，不可抢先入座。

（2）入座方位：通常都是侧身走近座椅，从左侧就座。

（3）入座体位：背对座椅，右腿后退一点，用小腿确定座椅的位置，上身正直，目视前方入座，不可弯腰低头下看座椅或回头后看座椅，必要时可以用手扶座椅的把手。

（4）入座风度：就座时要减慢入座的速度，动作要轻而稳，尽量不发出任何响声干扰别人，更不可双手拖拉座椅入座。女子着裙装入座时要事先从后向前双手拢裙，切不可入座后整理衣裙。

3. 离座的训练

（1）表示在先：以语言或动作向周围的人先示意，方可站起，突然的一跃而起会使周围的人受到惊扰。

（2）顺序离座：地位不同时，要尊者先行；地位相同时，可以同时离座。要从左侧离开。

（3）动作轻稳：起身时要无声无息，不弄响座椅。站好后方可离开，不能边离座边走开或起身就跑。

（四）坐姿的分类训练

以下项目在教师指导下训练，各项时间不少于 5 分钟，共用时间约半节课。平时要自我训练。

1. 垂直式坐姿训练

要求：上身与大腿、大腿与小腿、小腿与脚部都应当呈直角，小腿要垂直于地面，双膝、双脚都要完全并拢。这叫"正襟危坐"式，适用于最正规的场合，男女均可。

2.曲直式坐姿训练

要求：大腿与膝盖靠紧，一脚伸向前，另一脚曲回，两脚前脚掌着地并在一条直线上。这是女子非常优雅的一种坐姿，在座稍为低矮的椅子时尤为适用，适合一般场合。

3.前伸式坐姿训练

要求：双腿与双脚并在一起，向前伸出一脚左右的距离。按方向共有三种：正前伸式、左前伸式和右前伸式，按脚位的不同又分为三种：两脚完全并拢式、小丁字步式和踝部交叉式。脚尖不可翘起，适合各种场合，以女子为主。

4.分膝式坐姿训练

要求：两膝左右分开，但不超过肩宽，小腿与地面垂直，两脚脚尖朝向正前方，两手自然放于两大腿之上，适合于一般场合，为男子坐姿。

四、潇洒的走姿

行有行态，从容稳直。古人说"行如风"，是要求行走时，如风行水上，有一种轻快潇洒之美。走姿最能体现一个人的精神面貌，因为走姿自始至终都处于动态之中。号称"健美皇后"的著名影星简·方达认为，挺胸、昂首、大步疾走，很有益于形体健美。

（一）影响潇洒走姿的四个因素

1.步态

步态即行走的基本态势。在起步行走时，昂首挺胸，双目直视，直腰提膝，身体稍向前倾，重心落在交替移动的前面那只脚的脚掌之上。更要注意的是，当前脚落地、后脚离地时，膝盖一定要伸直，重心前后自然移动。这样走动时，步态就一定自然好看。

2.步幅

步幅即行走时两脚间的距离。在行进时，向前伸出的那只脚应保持脚尖朝前，同时步幅大小适中。不要向内或向外伸，构成很难看的内八字步或外八字步。步幅通常为前脚脚跟与后脚脚尖间距离一脚长。身高脚大者的步幅自然比身矮脚小者的步幅大。服装款式和鞋的样式也会影饰步幅的大小。例如，女士身着旗袍或筒裙，并穿高跟鞋时，其步幅肯定小于穿长裤和平底鞋时。穿着高跟鞋走路，若能有意识地略收步幅，则会显得婀娜多姿，端庄秀丽。

3.步位

步位即脚落地时的位置，行走时落脚的位置大体上应当呈现为一条直线。对于女性来说，最好的步位是"一字步"，即两脚所踩的是一条直线而不是两条平行线。要克服身体在行进中的左右摇摆，并使腰部至脚部都始终保持以一直线的形态进行移动。

4.步韵

步韵即行走时有腰力，双腿和脚掌都要富有弹性，速度均匀使步伐产生韵律感，显得优美柔韧。如果走路时腰部松懈，就会有重心下坠感觉，不美观；如果拖着脚走路，更显得没有朝气。另外，两臂自然轻松地前后摆动，全身各个部位要协调、配合，避免过于僵硬呆板。潇洒的走姿有四句口诀："双目平视背挺直，以胸领动肩轴摆，跟落掌接趾推送，提髋提膝稳步迈。"

（二）潇洒走姿的基本要求

1."双目平视背挺直，以胸领动肩轴摆"

行走时要挺胸抬头，目光平视前方，神态平和，脚尖向前，重心在脚尖上，双腿有节奏地向前迈进，双臂在身体两侧自然摆动。由手的摆动带动整个上身，使身体平衡，脚步平稳迈进。

2."跟落掌接趾推送"

迈步时，前脚跟落地的同时，后脚趾要用力向前推送。但要注意的是，穿高跟鞋走路，如果脚跟先着地，会使脚尖抬起，让人看到鞋底，如此的走姿就不太美观了。因此，穿高跟鞋走路时，脚底板要平一点伸出去，让脚尖儿先着地，有一点儿像跳芭蕾舞时走路的姿态，这样就会感觉脚步较轻盈、优雅。

3."提髋提膝稳步迈"

行走时大腿和膝都要提起，步伐要平稳迈开。根据穿着不同的服装，步态也要随之改变。当你身穿旗袍或一步裙、脚踏高跟鞋的时候，就不要迈大步，步幅以小为宜，轻盈一些。

（三）走姿的基本训练

以下项目在教师指导下训练，各项时间不少于 10 分钟，共用时间约一节课。平时要自我训练。

1.摆手跨脚训练

正确的迈步是由手的摆动带动整个上身，使脚步平衡：即当右脚跨出去时，整个上身随着左手往前摆动，而自然向右方向转动；当左脚跨出去时，上身即转向左边，而右手则摆向前方。整个连续动作看起来，就像因肩膀左右晃动，带动了全身的摆动。

要求：行走时，上身稍向前倾，两臂自然前后摆动，两手自然弯曲，昂首、挺胸、收腹、提腰，上身不动，两肩不摇，重心在大脚趾和二脚趾上，腹部上提，显得神采奕奕。男子昂首、闭口、平视前方，两臂摆幅 38°～40°；女子要头正、目光平视，上身自然挺直，收腹，两手前后摆动幅度要小，以含蓄为美。脚步要干净利落，不可拖泥带水。

2. 步位训练

要求：理想的行走路线是一条直线，男子行走时，两脚跟交替进行在一条直线上。脚步稍外展，其脚尖可偏向中线 10°，两脚间横向距离约 3 厘米左右；女子两脚要踏在一条直线上，脚尖稍外展，在行走当中，膝盖的内侧和脚踝的内侧有摩擦感。

3. 步幅训练

要求：两步之间的距离以一步为宜，男子走路要大于自己的一个脚长，女子穿不同的服饰步幅有所不同，一般要小于自己的一个脚长。

4. 步速训练

要求：步速即一个人行走的速度，通常取决于人的兴奋程度。兴奋程度高，动作就积极，动作的速度也就快，反之就迟缓。行进过程中，全身的各个部位的举止要相互进行协调、配合，表现得轻松自然，速度要均匀，不忽快忽慢。正常情况下，步速应自然舒缓，显得成熟自信。一般而言，行走的速度标准为：男子每分钟步速为 108-110 步，女子每分钟步速为 118 ～ 120 步。

（四）走姿的校正训练

以下项目在教师指导下训练，各项时间不少于 10 分钟，共用时间约一节课。平时要自我训练。

1. 原地摆臂训练

两脚左右开立与肩同宽，两臂屈肘于腰侧，以肩为轴，用慢动作做前后摆动。前摆时屈肘 90°，拳眼不超过肩高；后摆屈肘大于 90°，上臂摆至与地面平行，肩和腕关节放松。摆臂时，躯干不摇晃，两腿配合摆臂做屈伸振动。

2. 顶书训练

首先是顶书站立训练：将一本书放在头顶，身体立正，平稳，双膝夹住 1 张白纸，尽量站立较长时间，书和纸都不能掉下来。然后是顶书行走训练：头顶上放置书本，进行行走训练，同样书不能掉下来。行走时要头正、颈直，以纠正行走时摇头晃脑的毛病。

3. 直线行走训练

在跑道、大路或是操场上，练习沿一条虚构的直线行走，你的双脚内侧沿着这条直线的外侧移动。交叉步行仍然利用这条想象中的线，通过沿直线两侧交叉移动双足来锻炼臀部，这可迫使你习惯步行时的身体扭摆。

第四节　言谈礼仪

我们常说"言为心声"。言谈是人们运用语言表达思想、沟通信息、交流感情的重要方式。言谈是人们在一定的语言环境中，有目的地以口语表达和肢体语言进行信息传播和交流的一种活动。它包括说话的内容、语气声态及伴随说话时的表情、动作等。它反映一个人的思想水平、知识修养、道德品质，也是礼仪形象的重要体现。

我国自古以来就十分重视"言"与"礼"的关系，言谈是一门古老的艺术。利用有声的礼貌语言来表达思想、传递信息，可以更好地沟通，化解冲突，增进入与人之间的相互理解。常言道："一句话说得使人跳，一句话说得使人笑。"可见说话艺术的重要性。要想在交际中获得成功的语言效果，就必须懂得语言交谈的艺术和规范。

一、言谈的类型

作为社会群体中的一员，很多活动离不开言谈。与人促膝谈心、开展调查研究、进行公务谈判、接待宾客来访等，言谈是最能直接表现自我、与人沟通的方式。言谈的常见类型有：

（一）单向与双向言谈

发表讲话、布置工作、进行演讲等都是单向言谈，按照事先准备的讲稿，或依照讲话的目的与要求，在一定的范围发表讲话，要求说得有条理、有层次，一般是单向灌输，一气呵成，不停顿、不讨论、不交流，把要说的内容说完就结束。询问情况、回答问题、交流看法、进行谈判、会客寒暄等则是双向言谈，则要根据对象、场合和交谈进程，不断调整言谈内容，使交谈不断推进和深入。

（二）正式与非正式言谈

在正式场合涉及公务内容的言谈都可以看作是正式言谈，它要求言谈庄重、严肃，有些甚至代表国家、政党的立场和机关单位的态度。非正式言谈，则是一些非正式场合的言谈，在一些私下场合，会见客人时的寒暄、与熟人相遇时的交谈、同事之间的闲谈等，这类言谈则可以是自由、轻松和随意的。

（三）有声与无声言谈

通过口头语言表达意思的，是有声言谈，包括语气、措辞、语速、语调等。通过交谈时的动作、表情及距离来传达信息、表达感情的，就是无声言谈。动作包括头部、手部的动作，点头、摇头、挥手、握拳等，都传达特定的信息，如图3-15所示。说话时的表情是常见的伴随体语，通过表情表达喜怒哀乐。微笑被认为是人类最美好的语言，是言谈时应该具有的基本表情。眼神也是一种重要体语，目光可以反映心理和情感的变化，传达重要的信息。言谈时还可以通过空间距离反映密切程度，要根据交谈双方的关系来确定，与亲友、熟人和一般工作关系人员的交谈距离就有所区别。

图3-15　倾听与手势

（四）直接与间接言谈

与听者在同一场所进行面对面的交谈，是直接言谈。这种言谈要注意谈吐的仪表，注意听者的反应。电话交谈则是间接言谈，要注意遵守通话礼仪规范。

二、言谈的礼节

言谈体现一个人的礼仪修养，要遵守一定的礼仪规范。主要有：

（一）态度端正

交谈的态度能体现一个人的修养和对交谈对象的基本看法，有时比交谈的内容更为重要。交谈时要尊重对方、谦虚礼让，特别是在正式场合中，交谈的态度更会受到交谈对方的关注。公务活动中的言谈，要注意语态亲切友善、恭敬有礼、不卑不亢。不要表现得心不在焉、敷衍了事或者态度夸张、咄咄逼人，也不要张牙舞爪，对对方指指点点。语气要表现出平等待人，不要在交谈时居高临下、盛气凌人、装腔作势，也不要在语气上显得卑躬屈膝、一味地曲意迎合对方。

正确的言谈态度应该是热情、诚恳、稳重、亲切。热情是言谈的基本要求，冷漠无情、无精打采、有气无力的言谈是没有感染力的，无法收到效果。真挚、诚恳是言谈的基本态度，以诚为本，诚心待人，才能取得听者的信任。虚伪、做作、华而不实，都是不可取的。言谈还必须稳重，稳重是成熟的表现。稳重能给人安全感，增加可信程度，任何轻佻的语言、表情和动作都是应当避免的。亲切能与听话人拉近距离，不能傲慢无礼、狂妄自大、盛气凌人。

（二）神情专注

专注是对人的一种尊重，如图3-16所示。谈话时要精力集中，不能左顾右盼、东张西望，也不能边说边做其他事情，翻书、看报纸、看电视节目、批阅文件，都是不礼貌的。如果表现出漫不经心、心不在焉，也会影响对方的谈话兴趣，打消交谈的热情。

图3-16　交谈时神情专注

（三）内容适宜

谈话内容要根据交谈的实际情形而定。有明确话题时，谈话内容就要相对集中，不能东拉西扯，不着边际；没有明确话题时，则可以选择一些适当的话题。话题必须是健康有益的、对方感兴趣的、令人愉悦的，而不能是低级庸俗的、耸人听闻的、荒诞离奇的、令人反感的。公务人员尤其不能说一些议论领导同事、拨弄是非的闲话。

（四）表达得体

用最恰当的言辞和口吻表达意思，这就是表达得体。在语音方面，谈话的音量要适中，声音过大会影响他人。尤其是在大庭广众之下与别人交谈，要有意识地压低自己的音量，只要交谈对方听得清楚就行。粗声粗气的大嗓门，不仅会遭到他人的反感，也是缺乏修养的表现。但音量也不能过小和含糊不清，那会让对方听不清楚而影响交谈效果。除了读音正确，语言还要合乎语法规范。在口语交流中，要尽可能地使用通俗易懂的语言，说话不要含糊不清。与他人谈话时，讲话的速度要合乎常规。讲话的速度和交谈效果有着直接的联系，既要快慢适中，又要舒张有度。也就是说，语速要保持相对稳定，这样不仅使自己的语言清晰易懂，还可以给人有条不紊、胸有成竹的感觉。不同场合、不同对象、不同内容应当有不同的语气、措辞和语调、声态。是慷慨激昂，还是语调低沉，是慢条斯理，还是加快语速，是措辞严厉，还是用语平和，是直话直说，还是委婉含蓄，都要看具体情形。不管对象、场合，不论谈论什么，都是一个腔调，也是不合适的。

（五）使用谦语和敬语

谦语是表示谦虚和友善的词语，它最大的特点是尊重对方、委婉含蓄，比如"在下""家父""家母""家兄""小女""小婿""欢迎光临！""我能为您做点什么？"等。敬语是表示尊敬的词语，它的特点是彬彬有礼、热情庄重。敬语常用于比较正式的社交场合，如与上级、年长者交谈，会议谈判等公务场合。如"您""先生""小姐""夫人""女士""老奶奶""老大爷""令尊""请问""请多关照""请教""请多包涵""打扰""拜托"等。使用敬语时还包括使用一些比较文雅的词语来代替俗语，比如，用"哪一位"代替"谁"，"您贵姓"代替"您姓什么"，用"不新鲜""有异味"代替"发霉""发臭"，用"洗手间"代替"厕所"等。使用这些礼貌语言，既是对他人的尊重，也是自己有修养的表现。在使用礼貌语言时还要注意语言环境。一位违反交通规则的司机到指定的银行缴纳罚款，在离开银行时，工作人员却说了一句"欢迎下次再来"，让人哭笑不得。虽然使用了礼貌语，但是却忽视了语境。这就是不能根据实际情况，灵活使用礼貌用语的例子。

（六）善于倾听

做一个好的听众，善于倾听他人的谈话，对于一个想要向你诉说的人来说，既是出于礼貌的需要，也是对对方最大的尊重。在倾听的过程中，必须耳到、眼到、心到，表情随对方谈话的内容有相应的变化。适当地点头认可或偶尔提问，以给对方提供你在认真听他说话的信息。适当的提问也是为了鼓励讲话者，是对对方的尊重、赞同和理解。对方从你认真专注的态度上，看到了你的诚恳，体会到了被尊重，因为说话者是希望和你交流，也是希望被你理解的。

在倾听谈话时，既要注视对方，也不能长时间地盯着对方的眼睛，这样会使对方感到紧张。倾听他人的谈话可以缓解他人的心理压力，一个诚恳的听众也同样会得到对方的尊重和信赖。作为一个有思想、有感情的人，都或多或少地有这样或那样的烦恼。向别人诉说心中的烦恼，即使不能解决问题，也能使自己的不良情绪得到宣泄。还能从倾听中分辨是非，总结出如何处理家庭、同事和上下级的关系的方法，更好地为人处世，避免不必要的麻烦。

（七）交谈中应注意的问题

1. 不非议党和政府。

2. 不谈论涉及国家机密和行业机密的话题。

3. 不和陌生人谈论政治及宗教信仰问题。

4. 不非议交往对象的内部事物。

5. 不在背后议论领导、同事与同行。

6. 不讽刺挖苦他人，也不可损害别人的自尊心。

7. 不说长道短，不要在公共场所把朋友的缺点和失败当作谈话的笑料。

8. 不随意打断对方的谈话。

9. 要顾及所有在场的人，不要滔滔不绝，目中无人。

10. 不要对陌生人夸耀自己，例如个人的成就、财富等。

11. 不谈论粗俗的话题，不传播小道消息，不揭他人隐私。

12. 不要大笑失声，不要大声喧哗。

13. 要尽量避免称呼他人的绰号。

第五节　服饰礼仪

服饰是指着装和饰品。在人际交往的最初阶段，服饰往往是最能引起对方注意的，人们常说的"第一印象"的产生，多半就来自于一个人的服饰。行为学家迈克尔·阿盖尔曾做过实验，他本人以不同的装扮出现于同一地点，结果却截然不同：当身着西装的他以绅士模样出现时，无论是向他问路还是问路于陌生人，大多彬彬有礼，这些人看似属上流阶层，颇有教养。而当迈克尔扮成无业游民时，接近他的人以流浪汉居多。这个实验证明，服饰是一种无声的语言，在一定意义上能反映出一个人的修养、性格等特征，在人们初次交往时能给人以鲜明的印象。

一、着装的原则

从礼仪的角度看，着装要规范、得体，它反映一个人文化素养之高低，审美情趣之雅俗。在各种社交场合，得体的着装不仅能体现一个人的仪表美，还能体现良好的修养和独到的品位，增加交际魅力，能给人留下美好的印象。着装应遵循以下原则：

（一）TPO 原则

TPO 原则就是要求人们要因时间（Time）、地点（Place）和场合（Occasion）的变化而穿着不同的服装，这一原则简称为着装的"TPO"原则。

1. 时间

在不同的时间、不同的季节里，着装的类别、款式应有所变化。白天工作时，要面对他人，应穿工作服、套装或较为正统的服装，讲求端庄稳重。下班后回到家里可适当休闲一点，睡觉时就要以舒适为主。冬天要穿保暖、御寒的冬装，夏天要穿透气、凉爽、吸汗的夏装。

2. 地点

从地点上讲，置身于室内或室外，身处于单位或家中，这些变化不同的地点，着装的款式理当有所不同，切不可以不变应万变。例如，穿泳装出现在海滨、浴场，是人们司空见惯的，但若是穿着它去上班、逛街，则非令人哗然不可。在国内，一位少女只要愿意，随时可以穿小背心、超短裙，但她若是以这身行头出现在着装保守的阿拉伯国家，就显得有些不妥了。

3. 场合

衣着要与不同场合的气氛相协调。在喜庆的场合不能穿得太古板，在悲伤的场合不能穿得太艳丽，在庄重的场合不能穿得太随意，在休闲的场合也不必穿得过于正式。在较为正式的场合，如参加会议、庆典等，衣着应正式、稳重，如图 3-17 所示。在舞厅或听音乐会，可穿得华丽、高贵、漂亮，色彩也可以丰富一些。在运动场、和朋友聚会、郊游等场合，着装应休闲、舒适，如牛仔装、运动装、T 恤衫和夹克衫等。去教堂或参加追悼会则要穿得庄严，宜穿黑色、灰色等颜色的衣服。

图 3-17　得体的衣着

（二）协调原则

穿着要和年龄、职业、体型相协调。爱美是人的天性，人们对美的追求是没有年龄之分的，但是，不同年龄的人却有不同的穿着要求。不能盲目地追求时尚，要根据自己的体形、职业合理穿着，扬长避短。年轻人热情奔放，充满着青春活力，可穿着时尚的服装。有的服装穿在少女身上会显得可爱，如色彩鲜艳的超短裙，而年龄稍大的女士却不适合穿着。中老年人则应穿着成熟和稳重的服装。

在教育界、工商界和金融界，服饰穿着要求端庄稳重。教师为人师表，不宜穿得过于新潮，教师的衣着和行为也是对学生的言传身教。服装不一定要高档华贵，但一定要保持整洁、大方、得体。穿着还要因不同体形的人而异，个头不高、体形较胖的人，宜穿款式简单、"V"字领、深颜色和竖条的衣服，因为深色给人收缩感。身材较瘦的人则刚好相反，在颜色上以浅色为宜。

二、男士服饰礼仪

小李刚从大学毕业，应聘到一家公司，被分配到销售部做产品的推销工作。小李早就听说过公司职员的个人形象在业务交往中备受重视，因此他头一次外出推销产品时，便穿上了一身刚买的深色西装、一双黑色的皮鞋、一双白色的袜子，希望自己形象不俗，并因此而有所收获。

让小李大感不解的是，他虽然跑了不少地方，但与接待他的人一见面，对方往往朝他打量几眼便把他支走了。有的大厦的保安，甚至连楼门都不让他进去。后来，经过高人指点，小李才知道自己当时屡屡被拒之门外的原因主要是形象欠佳。小李上门进行推销时，虽然穿深色西装、黑色皮鞋，但却穿了一双白色的袜子。这种穿法，有悖西装着装的基本规则，因而不能为他人所认可。此虽瑕疵，但对商务人员来讲，却是被直接与其所在单位的产品、服务质量等量齐观的。

这一实例表明，在商务往来中，即使在西装的穿着、搭配方法上出一个小小的漏洞，商务人员也很有可能为此而吃大亏。

男士服装相对于女性服装来说，颜色和款式较为单一。在西服传入我国之前，我国男士在正式场合一般穿着中山装。现在最受男士欢迎的正式服装几乎就是西服了。

西服是一种国际性服装，它起源于欧洲，目前是世界上最流行的一种服装，也是商界人士在正式场合的首选服装。一套合体的西服，可以使着装者显得潇洒、风度翩翩、魅力十足，如图 3-18 所示。人们常说"西服七分在做，三分在穿"，那么，怎样穿西服才算得体呢？

图 3-18　男士着装

（一）讲究规格

西服有两件套、三件套之分，正式场合应穿着同色的深色套装。两件套西服在正式场合不能脱下上衣，西服里面最好不穿毛背心或毛衣。如果天气较冷，可在衬衣里面穿低领的保暖内衣，或穿一件"V"字领的薄毛衫，特别注意不要将里面的保暖内衣或毛衣的领口露出来。

（二）注意细节

1.衬衫

衬衫大小要合身，不能有污垢，要熨烫平整，领子要挺括。衬衫不论是单独穿还是套外衣，都要将其下摆扎进裤腰里。衬衫衣袖要露出西装衣袖 1～2cm，领子要高出西装领 1～1.5cm，以显示衣着的层次。在色彩上，正装衬衫必须为单一的颜色。在正规的商务应酬中，白色衬衣是男士的最佳选择。除此之外，蓝色、灰色、棕色、黑色有时亦可加以考虑。但是，杂色衬衫，或者红色、粉色、紫色、绿色、黄色、橙色等穿起来有失庄重之感的衬衫，则是不可取的。

2.衣袋

为使西服在穿着时保持挺括，西服的口袋里尽量少装或不装东西，上衣的口袋只做装饰用，不可放置钢笔等物品，否则会影响西服的美观。有些物品，如名片等，可放在上衣内侧衣袋里。裤子两侧的口袋也只能放纸巾、钥匙包或钱包，但注意体积不要太大，以求裤形美观。

3.纽扣

西服有单排扣和双排扣之分。单排两粒扣的西服上衣，讲究"扣上不扣下"，即只扣上面一粒纽扣。单排三粒扣则扣中间的一粒，或扣上面的两粒。单排扣的西服有时也可以不扣。双排扣的西服上衣要把纽扣全部扣上，以示庄重。穿西服背心，不论是与西服配套还是单独穿，都要扣上纽扣，单排扣的背心的最下面的纽扣也可以不扣。现在的西服裤都是使用拉链，要时刻提醒自己将拉链拉好。

4.鞋袜

与西服配套的鞋子是皮鞋。皮鞋的颜色宜用深色，黑色的皮鞋可以和任何颜色的西服相配。不能穿旅游鞋、布鞋或露脚趾的凉鞋，这些都是与西装"互相抵触"的。皮鞋要注意擦拭光亮，要经常通风，保持无气味。穿西服、皮鞋时要搭配深色或单色的袜子，并且最好是黑色的，不能穿白色袜子和色彩鲜艳的袜子。袜子要经常换洗，以防止有异味。

（三）西服配饰

1.领带

领带是西装的灵魂，一条打得漂亮的领带，如图3-19所示，在穿西装的人身上会发挥画龙点睛的作用。领带要注意与西装的颜色、款式搭配，领带的长度要适当，以达皮带处为宜。系领带时衬衣的第一颗扣子一定要扣好（如果穿西装不系领带，第一颗扣子要解开）。如果佩戴领带夹，一般应夹在衬衣的第三、第四颗纽扣之间，领带结要饱满有形。领带有单色与多色之分。在商务活动中，蓝色、灰色、棕色、黑色等单色领带都是十分理想的选择。在正式场合中，尽量少打浅色或艳色领带，切勿使自己佩戴的领带多于三种颜色。

2.公文包

公文包被称为商界男士的"移动式办公桌"，是其外出之际须臾不可离身之物。公文包的面料以真皮为宜，并以牛皮、羊皮制品为最佳，非真皮包则难登大雅之堂，如图3-20所示。公文包的色彩以深色、单色为好，浅色、多色的公文包不适用于商

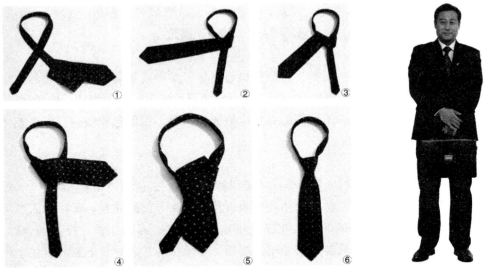

图 3-19　半温莎结　　　　　　　　　图 3-20　男士着装与
　　　　　　　　　　　　　　　　　　　　　　　　公文包搭配

界男士。在通常情况下，黑色、棕色的公文包是最正统的选择。从色彩搭配的角度来说，公文包的色彩若与皮鞋的色彩一致是十分完美而和谐的。在交际场合，男士应注意不能戴帽子和手套，与人握手时，应取下手套，戴手套握手是不礼貌的。向他人致意时，应把帽子取下，以示对他人的尊重。

（四）"三个三"原则

男子在社交场合选择的服饰，要讲究"三个三"原则。

三色原则：即西服套装、衬衫、领带、腰带、鞋袜一般不应超过三种颜色，同一色系算一种颜色，比如深蓝、浅蓝就是一种颜色。这是因为从视觉上讲，服装的颜色超过了三种以上，就会显得杂乱无章。

三一定律：鞋子、腰带、公文包应该统一色彩。通常情况下，以黑色为首选。

三大禁忌：西服左边袖子上的商标不拆、穿着浅色（尤其是白色）的袜子、穿夹克打领带。

总之，男士穿着不求华丽、鲜艳，不宜有过多的色彩变化。不论着何种服装都应该注意做到干净、整洁。

三、女士着装礼仪

相对而言，女士在穿着上比男士有更大的随意性和多变性。在正式场合，我国女士常以旗袍或西装套裙作为礼服。旗袍是中国的传统服装，体现着东方女性的含蓄、典雅。旗袍与其他民族服装比较适合在重大的节庆和文娱活动中穿着。在正式而隆重的场合，穿着典雅大方的西服套装或套裙比较好，如参加商务谈判或出席学术性会议等场合，身着旗袍则显得与环境氛围不和谐。裙装的长度不宜太短，以长及膝盖为宜，否则有失端庄。中老年及职业女性尤为注意，所穿裙子至少应长及膝盖。太露或太透的衣服最好不要在社交场合穿着，以免给人轻佻之感。

帽子与手套在女性衣着中也占有举足轻重的地位。首先，女士戴帽就颇为讲究，如参加宴会、婚礼等喜庆活动，一顶与礼服相配的帽子往往会使女性锦上添花，但在这类活动中所戴帽子的帽檐不应过宽。在正式场合，无论室内还是室外，女士不必刻意取下帽子，与他人握手时，女士也可以不脱帽行礼。至于手套，行礼时最好不戴，但如果是纱型装饰手套，倘若不脱而保持原状，对方一般也不会太介意。

女士鞋袜的选择也应强调与整体装束的匹配。女士在社交场合除了凉鞋、拖鞋外，其他任何类型的鞋子均可选用，只是在色彩、款式及风格上最好能与所穿的衣裙或衣裤相协调。如身着西服套裙应配之以高、中跟皮鞋，女士穿裙子应穿长筒或连裤丝袜，颜色则以肉色为宜，并注意袜口不得露于裙子下摆之外。

四、饰物

在社交活动中，人们除了要注意服装的选择外，还要根据不同场合的要求佩戴戒指、耳环、项链、手链等饰品。

（一）戒指

戒指一般戴在左手，而且最好只戴一枚，至多戴两枚。戴两枚戒指时，可戴在左手两个相连的手指上，也可戴在两只手对应的手指上。戒指的佩戴往往暗示佩戴者的婚姻和择偶状况。戒指戴在中指上，表示正处于恋爱之中；戴在无名指上，表示已订婚或结婚；戴在小手指上，则暗示自己是一位独身主义者，将终身不嫁（娶）；修女则把戒指戴在右手无名指上，这意味着将全部的爱奉献给上帝；如果把戒指戴在食指上，表示无偶或求婚。在西方，人们把结婚戒指戴在左手的无名指上，这是因为古罗马人相信人的无名指上有一条静脉血管直通心脏，将戒指戴在无名指上可以获得永恒的爱情。

（二）耳环

耳环是女性的主要首饰之一，佩戴时应根据自己的脸形来选配。一般来说，圆形脸不宜佩戴圆形耳环，应佩戴有坠子的长形耳环；方形脸也不宜佩戴圆形、方形和菱形的耳环，宜佩戴花形或其他不规则图形的贴耳式耳环；长形脸宜佩戴椭圆形的大耳环；椭圆形脸（俗称"瓜子脸"）适合于佩戴各种款式的耳环。

（三）项链

项链也是比较受女性青睐的首饰之一，佩戴项链在视觉上对脸型有一定的改观作用。佩戴项链应和自己的年龄及体形协调，要根据不同的脸形来佩戴项链，获得令人满意的效果。一般来说，脖子粗短的人，宜戴细长的项链，这样就会使脖子有被拉长的感觉；脖子细长的人，佩戴方形或粗短形项链则比较好；圆形脸和方形脸的人不宜戴由圆珠串成的大项链，因为过多的圆线条不利于调整脸形的视觉印象，如果选择带坠子的项链，可以利用项链垂挂所形成的"V"字形，使脸部的视觉长度加强；长形脸应该选择圆形、扇形的项链坠子，项链长度也不可太长；椭圆形脸在项链款式的选择上几乎不受限制，可依照自己的爱好和场合来选择。

（四）手链

手链是一种佩戴于手腕上的链状饰物。手链和手镯的佩戴相似，与手镯不同的是，男女均可佩戴手链。在一般情况下，只在左手上佩戴一条手链，一只手上不能同时戴两条或两条以上的手镯或手链，不能双手同时戴手链，手链与手镯同时佩戴也是不允许的，并且，手链或手镯不应与手表戴于同一只手上。

此外，胸针、手帕也可作为饰品使用，它们也应与衣服相配，讲究协调，使人显得更有风度。总之，戒指、耳环、项链、手链等的佩戴要因人而异，要注意场合，要大方得体，不要过分耀眼。饰物佩戴也不宜过多，还应顺从有关传统和习惯，扬长避短。

第六节　交往空间礼仪

一、交往空间距离

由于交往性质的不同，个体空间的距离也有所不同，这种距离是由交往双方的关系与场合决定的。美国人类学家爱德华·霍尔博士认为，人在社会中与他人交往而产生的关系，其远近亲疏是可以用界域或距离的大小来衡量的。根据交往关系的不同程度，可以把人际交往空间划分为四种距离，如图 3-21 所示。

图 3-21　交往空间距离图示

（一）亲密距离

亲密距离为 45cm 以内，这是人际交往中的最小间隔。一般来说，关系越密切，个体空间的范围就越小。

最亲密的距离于 15cm 以内，即人们常说的"亲密无间"。交往双方彼此间可以肌肤相触，耳鬓厮磨，相互能感受到对方的体温、气味和气息。这个距离常发生于家庭成员、恋人与密友之间，是为了表现爱抚、安慰、保护等动作所必需的距离。

处于 15～45cm 之间的距离，是身体不互相接触，但可以用手相互触摸到的距离，如挽臂执膝谈心等，多为兄弟姐妹、好朋友之间交往的距离。

亲密距离属于私下情境，在同性之间，往往只限于无话不谈的贴心朋友，可以不拘小节。在异性之间，只限于夫妻或恋人。因此，在人际交往中，不属于亲密距离内的人不要随意闯入这一空间，否则会引起对方的反感或被误解。

（二）个人距离

个人距离为 45～120cm，这是人际交往间隔上稍有分寸感的距离，表现为较少的身体接触。

个人距离的近范围为 45～76cm，这是与熟人交往的空间距离，正好能相互亲切握手，友好交谈。

个人距离的远范围为 76～120cm，这是双方伸直手腕可以互相触到的距离，任何朋友和熟人都可以自由地进入这个空间。

在通常情况下，关系较好的朋友之间交往所保持的距离更趋向于近距离，而关系一般的朋友之间交往所保持的距离更趋向于远距离。

（三）社交距离

社交距离为 1.20～3.60m，超出了亲密或熟人的人际关系，没有直接的身体接触，体现了一种社交性或礼节上的较为正式的关系。

社交距离的近范围为 1.20～2.10m，一般在工作场合和公共场所，人们都保持这种程度距离。

社交距离的远范围为 2.0～3.60m，表现为一种更加正式的交往关系，是会晤、谈判或公事上所采用的距离。如一些身份和地位较高的人与下属谈话时，需要与下属之间保持一定的距离，而常常用一个大而宽阔的办公桌，并将来访者的座位放在离桌子一段距离的地方来保持距离。如国家领导人之间的谈判、上级和下级谈公务性的事情、工作招聘时的面谈等，往往都要隔一张桌子或保持一定距离，这样就增加了一种更为庄重的气氛。

（四）公众距离

公众距离处于 3.60 ～ 7.50m 之间，这是人际接触中界域观念最大的距离。这种距离人际沟通大大减少，很难进行直接交谈，是一个几乎能容纳一切人的"门户开放"的空间。是演讲、做报告、文艺演出时与听众、观众之间应当保持的距离。所以在这些活动的过程中常用手势、动作、表情等辅助行为来加强人际交往的效果，缩短距离，实现有效的沟通。

在人际交往中，亲密距离与个人距离通常都是在非正式社交中使用，在正式社交场合则使用社交距离或公众距离。

二、影响交往空间距离的因素

人际交往的空间距离不是固定不变的，它具有一定的伸缩性，这主要是由民族差异、文化背景、性别、地位、年龄、性格、情绪和环境等因素决定的。

（一）民族差异、文化背景对交往空间距离的影响

同是亚洲国家，日本人要求的空间距离相对较小，而中国人则希望交往距离相对较大；同是美洲国家，北美洲人要求人际交往的距离大一些，而南美洲人交谈时则喜欢距离近一些；同是欧洲国家，法国人喜欢较近的距离，而英国人则不适应近距离。东西方文化的差别对交往距离的影响就更大一些，如美国人喜欢与对方保持三四步远的距离，而日本人则喜欢与对方保持较近的交往距离。

（二）性别对交往空间距离的影响

女性的交往空间距离比男性要小一些，女性之间相聚也比男性的距离小，女性往往坐在她喜欢的异性身边，男性往往坐在他喜欢的异性对面。女性反感陌生男子坐在自己的旁边，而男性反感陌生女子坐在自己的对面。女性通常将坐在她们身边的人视为有意识的"侵犯者"。

（三）社会地位对交往空间距离的影响

地位较高的人总是有意识地与下属保持较大的社交距离，让对方感受到不可轻易接近而保证自己获得足够的权威感。因此，与领导、上级打交道时，最好和他们保持一定的距离，不要"冒犯"他们的威严。

（四）年龄对交往空间距离的影响

年龄较大的人与年龄较小的人相处，双方都会有缩小空间距离的愿望和要求。当我们与老师、家长、领导、长辈相处时，特别是希望得到他们的指教和帮助时，为了表达我们的诚恳与迫切，我们最好站在他们的旁边，而且距离应当尽量近一些。同龄人之间则要求扩大交往距离，特别是初次交往的同龄人之间，在洽谈生意、交

流信息时，应和他们保持远一些的距离，否则，可能引起对方的反感与不快。

（五）性格对交往空间距离的影响

性格开朗外向的人比性格内向的人交往空间距离要小一些。外向的人一般乐意接近他人，对主动侵入者不会很反感；而性格内向的人一般不愿意主动接近他人，而希望他所喜欢的人能主动靠近他们。因此，与外向的人打交道，距离可以近些，与内向的人打交道，距离可远一些，不要触犯他们的防范心理。

（六）情绪对交往空间距离的影响

人的情绪是影响交往空间距离主要的因素。当处于兴奋状态时，交往空间距离会小一些；而当生气或情绪压抑时，交往空间距离会扩大，甚至连亲朋好友也会拒之门外。

（七）环境对交往空间距离的制约

环境也是制约交往空间距离的重要因素。空旷环境里的空间距离比狭小环境里的空间距离大。在空旷的公园或广场，如果有一位和你素不相识的人离你很近，一定会让人觉得紧张不安，甚至会产生疑虑或惊慌。但如果是在拥挤的公共汽车或电梯里，则不会有这种感觉。在人们无法考虑空间距离的时候，往往通过彼此躲避他人的视线来保持距离。

因此，在交往中要学会观察人们所需要的自我交往空间距离，才能有意识地选择与人交往的最佳距离，从而可以很好地进行人际交往。

第四章　社交礼仪

社交礼仪是指在人际交往、社会交往和国际交往活动中，用于表示尊重、亲善和友好的首选行为规范和惯用形式。社交礼仪也是人们在人际交往过程中所具备的基本素质、交际能力的展现。社交在当今社会人际交往中发挥的作用愈显重要。通过社交，人们可以沟通心灵，建立深厚友谊，取得支持与帮助；通过社交，人们可以互通信息，共享资源，对取得事业成功大有获益。

第一节　社交礼仪概述

一、社会交际的含义及特点

社交礼仪作为人们社会交往的规范或准则，是社会进步和社交文明的标志，具有特殊的含义和特征。

（一）社会交际的含义

社交是指人的社会性交往活动和行为。人们有时说"社交"，有时说"交际"，其间并无实质上的差别。交际在汉语中又称为交往，是指人与人之间的往来接触，"社交"则是指社会上人与人之间的交际往来，这里使用"社交"这个词，是因为它更加突出了这种活动的社会性。

因此，所谓社会交际是人们为了满足各自的需要，相互间使用某种媒介（主要是有声语言）进行信息交流与联系的一种行为。这种行为是交际双方互相作用的过程，所以，人们把它称作社会互动行为。它是交际双方求得互相了解，以加强或扩大彼此间的联系与合作为目的的一种社会活动。

需要特别指出的是，尽管社会交往在很多情况下是以物质交往为背景、基础和目的，甚至采取某种物质性手段，例如馈赠礼品、宴请等，但是，社交活动具有区别于其他社会实践活动的独特之处：社交活动和行为主要以信息传播方式，以人们相互间的精神和情感交往为核心内容和重心，以建立、扩大、增强或调整相互关系为行为目的和指向。

因此，不能把社交活动理解得太宽泛，以为人们的一切社会实践活动都伴随着对相互关系的处理，从而将其都视为社交活动。当然也不能把社交活动理解得太狭隘，以为只有联谊会、宴会、谈判、会谈、走访等社交活动，其实这些都是为达到社交目的、负载社交内涵的一些活动和行为形式。

（二）社交礼仪的特点

社交礼仪是社交活动的有机组成部分，是社交活动的某种表现和活动方式。因此，社交礼仪的特点，归根到底是由社交活动的特性、内容和任务所决定的。

1. 规范性强

规范性即标准性，人们在社会交际活动中，无论个人服饰、言谈、举止、行为，还是活动的操作方式、程序安排等，都具有很强的规范性。这就是说在社交活动中，参与者必须遵循一定的标准，这个标准具有广泛的社会认同性。

2. 等级性强

社交礼仪总是根据不同社交对象、不同关系、不同社交任务和内容，来确定不同的礼仪活动的等级、规格、规模。此外，还涉及礼仪活动举行的地点场所以及参加者和主持人、主办单位、礼仪活动的具体安排等。不同级别的社交活动要求有不同的礼仪规模，级别越高，礼仪的形式越庄重肃穆。

3. 形式性强

社交礼仪活动有较稳定的方式和形式，例如会见、会谈、访问、宴会、联谊会等，而且每种方式和形式都有基本的运行模式程序，讲究外在的表现形态，追求一定的形式效应。即使是个人的社交礼仪行为，也十分注意形象效果。当然，形式性强不意味着就是形式主义。一定的形式总是为一定的社交内容和任务服务的，既要讲究科学性，也应当注意实际效益。

4. 策略性强

作为方式和手段，社交礼仪一般都注意策略性。这种策略性表现在对礼仪活动举办的时间、地点和时机的选择，表现在对不同社交对象采取不同礼仪方式，系统考虑错综复杂的相互关系，充分利用社交对象之间的相互关系等方面。在大多数情况下，社交礼仪是以"适合得体"来表现其策略性的。不仅是在社交礼仪活动中，就是在个人服饰、言谈举止行为方面，也十分讲究礼仪的策略性。社交礼仪策略性较强是由社交活动策略性强所决定的，较之一般性礼仪，社交礼仪更富于理智性、智慧性。

二、社交的基本原则

社交活动的根本任务之一就是协调各种关系，其中主要是协调各种利益关系。要想把这些利益关系协调好，就必须遵循一定的社交原则。这些原则，应当能够保证双方利益并为双方所接受，才能调动和激发双方的积极性，以实现和发展这种社会互动过程，完成社交任务。

（一）平等原则

平等原则是社交活动的基础。人们在职务上、经济上以及其他许多方面，可能是有差别的，但作为构成社交的双方——主体和客体，他们的关系和地位却是相同的。这里所说的平等，首先是人格上的平等。要尊重对方的独立人格和感情，也要求对方尊重他人的独立人格和感情，人格平等是社交双方贯彻平等原则的前提。平等还意味着双方权利的平等和机会的均等，这是平等原则的核心。如果社交双方在权利和机会面前不是处于平等的位置，就无法进行正常的利益关系的协调。

（二）信用原则

信誉第一是一条商业原则，也是一条社交原则。要说实话，不要说假话、空话、大话，要言之有据，切实可信。古人云："言之所以为言者，信也。言而无信，何以为言？"说话是要讲信用的。应当做到"言必信，行必果"，说到做到。

社交双方应严守合同、遵守契约，不能翻手为云覆手为雨，出尔反尔，背信弃义。自己没有把握的事，不要轻易做出承诺，轻诺必寡信，失去信誉也就丧失了人的品格，社交就失去了凭据和意义。如果让对方失去了信任感和安全感、就难以继续打交道。

（三）互利原则

社交活动的基本宗旨和根本任务之一，就是协调双方的利益关系，使双方在利益分配上互相得到满足。这就是说，社交要体现获利的双向性。不能只由一方付出，一方获利，这将成为一场对他人不公平的利用活动，违背社交宗旨。这种互利可以是物质方面的，也可以是精神方面的，其中包括感情和友谊。当然这种互利也不是绝对的等质或等量。物质上的获益与精神上的满足，在一定条件下可以互相抵补。同时，互利可以同步实现，也可以稍有先后，不应把互利简单理解为绝对的等价分配或交换。

（四）规范原则

没有规范，社交活动就没有令大家可以认同和接受的行为标准，就没有统一的基础，就会影响社交活动正常、健康地进行，影响和谐融洽氛围的形成和良好关系的建立发展。虽然社交规范在很多方面表现为种种形式和操作性的事项和标准，但都有深刻丰富的法律、道德、伦理、宗教、美学等方面的文化内涵和依据。因此，对于社交规范，我们不仅应当在行为方式上给予运用和遵守，更应该努力学习和加深理解，领悟其中的文化内涵与依据。

（五）相容原则

在社交活动中，社交双方应当有博大的胸怀，宽大的气量，能互相包容对方，要容许对方有选择和判断的自由。同时对不同于自己的思想观点和做法，能耐心公正地容忍，能设身处地替他人着想，善于理解他人，体谅他人。另外，在处理具体问题上，既要有原则性，又要有灵活性；既要考虑眼前利益，又要考虑长远发展。求大同，存小异，不要在次要问题或枝节问题上斤斤计较、纠缠不休。

三、社会交往的类型

由于人们的需要是多方面、多层次的，这就造成人们的社交关系复杂而多变。此外，由于社交关系不同，社交的规律和方式也就不一样。按照不同的标准，人们可以把社交关系分为各种不同的类型。

（一）亲缘关系型

这里所指的亲缘关系，包含血缘关系和姻缘关系两个部分。这两种关系实际上就是我们所说的家庭关系。

1.血缘关系

血缘关系是以血缘为纽带所结成的人际关系，它包含父子（女）关系、母子（女）关系、兄弟姐妹关系、祖孙关系等。血缘关系是先赋的，不是由本人选择的，它是接触频率很高、互相影响极大的一种关系。处理好血缘关系，不仅对家庭而且对社会都是一种责任，在处理好血缘关系的同时，还需要处理好血缘关系利益同他人利益以至社会整体利益的关系，不能侵害社会整体利益或他人利益。

随着社会的发展，人们在相互依存的同时，追求个性独立与发展的思想在逐渐增强。人们的生存对血缘关系的依赖已逐渐减弱，而越来越多地依赖于自身的素质与能力，从而加强了竞争意识和对理想职业、社会地位以及财富等的追求，血缘观念在这种情况下，总的说来已有逐渐淡化的趋势。

2.姻缘关系

姻缘关系是以婚姻为纽带结成的人际关系，姻缘关系主要表现为夫妻关系。在夫妻关系中，爱情应是夫妻生活的基础。但是婚姻问题是个社会问题，它关涉现实中的许多问题，例如家庭财产问题，子女的抚养和教育问题等。因此，它不仅是夫妻之间的爱情和感情问题。

就是在以爱情为基础的平等型夫妻关系中，爱情关系也会发生变化。从蜜月期到哺育期，而后进入中年负重期直至老年依恋期，夫妻的心理和感情都会发生各种不同的变化，因此，需要自觉地及时调整和适应这种变化。不论在哪一时期，夫妻处理彼此的感情关系，都应该摒弃以自我为中心的思想，坚持互敬互爱、互谅互让的原则。当然这些原则的实施，应当建立在互相了解、互相信任的基础上，没有这种了解和信任，就难以保持稳定的夫妻关系。

3.代际关系

代际关系是指上一代同下一代的关系。上一代同下一代之间不仅存在着年龄上和心理上的差异，同时存在着社会经历、成长环境以及知识结构等方面的差异，在思想观念上往往也存在一定的距离。

代际关系是维护家庭和谐的基础。父母应注意提高自身的思想品德修养和科学文化素质，尊敬、赡养老人，关心、爱护子女，以身作则。儿女则应孝顺长辈，学习长辈的优良品德和一切长处，只有彼此加强沟通，互相理解，互相尊重和谦让，方能协调好代际关系。

（二）地缘关系型

地缘关系是以生存的地理空间为纽带结成的人际关系，包含邻里关系和同乡关系等。邻里关系是确定的，而同乡关系则有一定的条件。人们只有离开家乡时才能产生同乡的感情和关系。同乡的范围也有大小之别，离开家乡越远，同乡的范围也就越大。地缘关系的观念是随着社会的发展变化而变化的，社会越封闭地缘关系越强，社会越开放地缘观念就越淡薄。

1.邻里关系

邻里关系是指左邻右舍间的人际关系，一般以家庭之间的联系为表现形式。邻里之间空间距离近，交往比较频繁，相互之间的影响也比较大。俗话说"远亲不如近邻"，说的就是搞好邻里关系的重要性。邻里关系搞不好，常会发生摩擦，带来不必要的麻烦，甚至影响和睦相处，产生不良后果。

邻里之间在交往中难免发生摩擦碰撞，需要有忍让精神，互相协商解决。不顾别人只顾自己，随意妨碍对方，打扰对方，这种邻里关系一般都难以相处。彼此间互相尊重，互相关照，适度来往，互不纠缠，这种邻里关系一般都比较融洽。

当今人们的生活节奏加快，人们从鸡犬相闻、守望相助的传统住房环境，迁入现代相对封闭的高楼大厦，邻里之间的交往已大大减弱。

2.同乡关系

同乡关系由于生长地区的共同性，加上都离乡背井出门在外，自有一股割不断的乡情，从而使彼此萌生出一种特殊的情感，"亲不亲，故乡人"，"老乡见老乡，两眼泪汪汪"。这种亲切感和信任感，使彼此容易开展各种交流与合作。这种凝聚力如果引导得当，能发挥其极好的作用，但同乡关系也容易产生一种狭隘的地方观念，形成一帮一派，以至损害他人和社会整体利益，这是应该避免和防止的。

（三）业缘关系型

业缘关系是以所从事的职业为纽带结成的人际关系，也就是说凡因工作上、业务上的联系所形成的人际关系都可属业缘关系。业缘关系主要有同事关系、同学关系、师生关系、上下关系等。

1.同事关系和同学关系

同事关系是指在一起工作所形成的、没有权力等级差别的人际关系。所谓"在一起工作"，一般是指彼此能够经常发生职业的、面对面的互动联系，其中包括过去在一起工作和现在一起工作两种类型。同学关系是指在一起学习过程中所形成的人际关系，既可以指同班的同学关系，也可指同校的同学关系。同事关系和同学关系既密切又很直接。建立共同的思想道德观念是处理好同事关系和同学关系的核心，处理好合作与竞争关系是处理好同事关系和同学关系的关键。

2.师生关系

师生关系是以教和学为纽带结成的人际关系，它的基本特点是传授知识和接受知识。因此，影响师生关系的主要因素首先是教师的人品和学问。学生一般最敬佩、最信任为人师表、知识渊博的老师，这样的老师很容易与学生搞好关系。同时要看教师的教学水平和教学效果，学生一般喜欢能适应他们的心理要求、教学水平高、教学效果好的老师。老师一般喜欢刻苦用功，学习成绩好，勤思考、爱提问的学生。另外，师生彼此的兴趣和性格，特别是老师的兴趣和性格，也是影响师生关系的重要因素。

3.上下关系

上下关系是指正式组织中根据职务与地位所形成的领导与被领导的关系，主要包括干群关系和上下级关系。

（1）干群关系

在任何一个组织中，干部与群众之间都存在着两种不同的角色关系：一是组织意义上的关系，即工作中领导与被领导的关系；二是非组织意义上的关系，即生活中彼此的平等关系和情感关系。如何处理这两种关系，既是原则问题也是领导艺术问题。

要建立良好的干群关系，关键在领导。领导者能代表群众的利益，全心全意为人民服务，同时具有较高的政治思想修养和领导能力，懂专业知识，作风正派，原则性强，在与群众的交往中能平易近人，以诚相待。这样的干部一般会得到群众的尊敬与爱戴，干群关系必然密切融洽。要建立良好的干群关系，需要群众的密切配合，群众应该积极支持领导的各项工作，积极为领导出谋划策，形成和谐的工作氛围，为实现组织目标而共同努力。

（2）上下级关系

上下级关系既是职务上的序列等级关系，又包括人格上的互相平等、互相尊重的关系。在工作中下级要服从上级，上级则应尊重下级并鼓励下级的自主创造精神。要处理好上下级关系，就要提高干部思想水平、政策水平和科学知识水平，提高干部的组织管理能力。要发扬民主作风，减少对权力的盲目崇拜与服从，对上不谄对下不渎，还要知人善任，善于发现人才、培养人才和使用人才，要依靠科学和人才开展工作，而不应依仗权势独断专行。

（四）泛缘关系型

泛缘关系是指以特定的时间和空间为条件所遇合而形成的人际关系，包括朋友关系、相认关系等。泛缘关系的形成带有偶然性和不确定性，一个社交意识淡薄、不善交际的人，一般很少有泛缘关系，而一个有强烈社交意识的人，他所结识的人就可能很多，泛缘关系也会很充实。

1.朋友关系

朋友关系是以感情、兴趣、利益等为纽带形成的人际关系。他们之间来往密切，信任度高，能互相帮助排忧解难。朋友关系虽然是偶然形成的，而且可能会发生变化，但是，只要都有利益和感情等方面的共同点，就会形成友谊并继续发展。从这方面看，它又带有一定的必然性。

2.相认关系

相认关系的形成缘于偶然相逢而发生的交往。相认关系比较复杂多变，正是这种复杂多变的临时关系，扩大了人们的接触范围，并成为朋友关系的延伸和补充，从而丰富了人们的物质生活和精神生活。相认关系由于接触时间短，彼此间的了解比较少，对对方的认识容易带有片面性。所以，我们既不能轻信盲从，以至上当受骗，但是也不必谨小慎微，处处提防，影响彼此的正常交往。如果有可能便可由浅入深、循序渐进，使这种关系得到正常的发展。

上述各种社交类型，实际上并不是都可以截然分开的，它们可能出现交叉。例如既可以是地缘关系，又可以是业缘关系，既可以是业缘关系中的同学关系，又可以是泛缘关系中的朋友关系等。处理这种复杂的社交关系，应以社交的内容和目的来确定其主体类型，正确扮演社交角色，以避免采取不适宜的社交方式。同时，社交类型也是会转化的。例如，业缘关系在交往中可能转化为姻缘关系，泛缘关系中的相认关系也可转化为业缘关系中的同事关系等。社交类型的转化，说明了人际关系的复杂性和多变性。

第二节　问候礼仪

人总是生活在社会中，而不能作为一个个体单独存在。在日常交往中，我们要注意问候礼仪的运用，注意相互之间称呼的不同。在互相问候的时候，常用称呼来表示关系，有时也被叫作称谓。在人际交往中称呼的运用与对交往对象的态度有着直接的关系。称呼适当与否，反映一个人自身的教养，甚至还体现着双方关系所达到的程度。人际称呼应本着礼貌、亲切、得体的原则，因此，必须学会使用正确的称呼，正确表达自己的问候。

一、表示尊敬的问候

表示尊敬的问候，我们通常可以理解为对他人的敬称。敬称，也是表示尊敬、礼貌的称呼。除了礼貌上的必需之外，使用敬称还可体现一个人的文化修养。敬称一般用于比较正规的社交场合，与师长或身份、地位较高的人交谈时，与人初次见面以及会议、谈判等公务场合。

人际感情能否沟通，关键取决于交际者的谈吐，取决于交际者用什么方式、什么感情交谈。美国哈佛大学前校长伊立特曾经说过："在造就一个有教养的人的教育中，有一种训练必不可少。那就是，优美、高雅的谈吐。"敬语是构成文雅谈吐的重要组成部分，是展示谈话人风度与魅力必不可少的基本要素之一。使用敬语，是尊人与尊己相统一的重要手段。

泛指的敬称主要是指"先生""小姐""夫人"一类可广泛使用的性别称呼，它几乎适用于任何场合。一般来说，对未婚女性称"小姐"，对已婚女性称"夫人"，如果难以分辨对方婚嫁与否，可称呼"女士"或"小姐"。对男性一般统称为"先生"。如果知道对方姓名或职业，也可在称呼前搭配使用，如"张先生""布朗先生""卡特夫人""律师先生""秘书小姐""护士小姐"等，敬称一般用于初次见面或较为正式的场合。

二、表示自谦的问候

表示自谦的问候通常见于人际交往中的谦称。谦称，是向人表示谦恭和自谦的一种称呼。谦称最常见的用法是在别人面前谦称自己和自己的亲属。例如，"愚"，谦称自己不聪明。"鄙"，谦称自己学识浅薄。"卑"，谦称自己身份低下等。

常见的谦称有以下几种：

1. "家"，用于对别人称自己的辈分高或年纪大的亲戚。如家父、家尊、家严、家君：称父亲；家母、家慈：称母亲；家兄：称兄长；家姐：称姐姐；家叔：称叔叔。

2. "舍"，用于对别人称自己的辈分低或年纪小的亲戚。如舍弟：称弟弟；舍妹：称妹妹；舍侄：称侄子；舍亲：称亲戚。

3. "小"，谦称自己或与自己有关的人或事物。如小弟：男性在朋友或熟人之间谦称自己；小儿：谦称自己的儿子；小女：谦称自己的女儿；小店：谦称自己的商店。

4. "老"，用于谦称自己或与自己有关的事物。如老朽：老年人谦称自己；老脸：年老人指自己的面子；老身：老年妇女谦称自己。

5. "拙"，用于对别人称自己的东西。如拙笔：谦称自己的文字或书画；拙著、拙作：谦称自己的文章；拙见：谦称自己的见解。

6. "敝"，用于谦称自己或跟自己有关的事物。如敝人：谦称自己；敝姓：谦称自己的姓；敝处：谦称自己的房屋、处所；敝校：谦称自己所在的学校。

自谦和敬人，是不可分割的统一体。尽管日常生活中使用不多，但其精神无处不在。只要你在日常用语中表现出你的谦虚和恳切，人们自然会尊重你。

在工作中，有时可按职业进行称呼。对于从事某些特定行业的人，可直接称呼对方的职业，如"老师""医生""律师"等，也可以在职业前加上姓氏或姓名，如"张老师""李明医生"等。

三、职务性质的问候

对于具有职称或职务者，直接以其职称或职务相称，相互问候。也可以在职称或职务前加上姓氏，一般适用于较正式的场合，如"教授""上校""总经理""董事长""李程师""张书记"等。在职称与职务中有副职的，称呼时应省去"副"字而直接称呼，如不称"张副校长"，而直接称为"张校长"。

四、一般性质问候

一般性质问候常见于姓名相称。即同事之间、熟人之间、夫妻之间，长辈对晚辈、老师对学生、上级对下级，可直接称呼他人的姓名。如"王勇""山本丽子""川崎太郎"。夫妻之间、关系较亲密的同事之间、熟人之间，可不称姓而直呼其名，夫妻之间还可以用昵称。

五、特殊性质问候

特殊性质问候是指对于皇室成员或神职人员的问候，如"陛下""殿下""皇后""神父""牧师"等。这类特殊性质的问候在西方国家，尤其是有君主制度的国家较我国常见一些。

六、问候的注意事项

（一）合理使用问候语言

问候既要遵循礼仪规范的原则，又要入乡随俗，照顾被问候者的个人习惯。在使用问候语言的过程中，我们掌握各民族和国家的风俗习惯，合理理解和运用问候语言。如"小姐"是对年轻女性的通称，我国在很多服务行业也用来问候女服务员，但在海南等地方不宜这样问候，要问候"小妹"或"阿妹"；"爱人"是中国人用来问候配偶的，而欧美国家的人则问候自己的配偶为"情人"，将"爱人"理解为配偶以外的恋人。

（二）不使用不通行的问候语言

在正式场合，不使用不通行的问候语言。如北京人爱称他人为"师傅"，山东人爱称他人为"伙计"。但是，在南方人听来，"师傅"等于"出家人"，"伙计"肯定是"打工仔"。所以我们在使用问候语言的时候，要避开不通行的问候语言。

（三）不使用绰号问候他人

不要随便使用绰号问候他人，特别是在公共场所，这样不仅会使问候双方都陷入尴尬的境地，也是极不尊重他人的表现。尤其不可问候他人有弱点或生理性缺陷的绰号。

（四）慎用昵称

昵称的使用前提是双方关系十分亲密，所以对不是很熟悉的人不宜问候他人的小名或用爱称。

第三节　鞠躬礼仪

鞠躬即弯身行礼。"鞠躬"起源于中国，商代有一种祭天仪式"鞠祭"：祭品牛、羊等不切成块，而将整体弯卷成圆的鞠形，再摆到祭处奉祭，以此来表达祭祀者的恭敬与虔诚。这种习俗在一些地方一直保持到现在，是一种古老而文明的对他人表示尊敬的郑重礼节。它既适用于庄严肃穆或喜庆欢乐的仪式，又适用于普通的社交和商务活动场合。鞠躬有三种类型，分别是欠身礼、15°鞠躬礼、30°鞠躬礼、45°鞠躬礼，如图4-1所示。目前鞠躬礼在东亚国家流行甚广，如朝鲜、韩国，特别是在日本盛行。

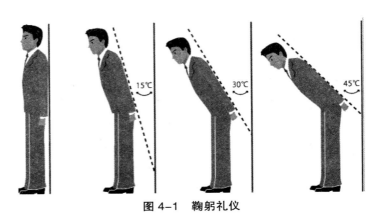

图 4-1 鞠躬礼仪

一、鞠躬礼仪的要求

（一）欠身礼

1.欠身礼：头颈背成一条直线，目视对方，身体稍向前倾。

2.每天与同事第一次见面：问候、行欠身礼。

3.贵宾经过你的工作岗位时：问候、行欠身礼。

4.给客人奉茶时：行欠身礼。

（二）15°鞠躬礼

1.头颈背成一条直线，双手自然放在裤缝两边（女士双手交叉放在体前），前倾15°，目光约落于体前1.5米处，再慢慢抬起，注视对方。

2.在公司内遇到贵宾时：行15°鞠躬礼。

3.领导陪同贵宾到工作岗位检查工作时：起立、问候、行15°鞠躬礼。

4.行走时遇到客人问询时：停下、行15°鞠躬礼、礼貌回答。

5.在公司内遇到高层领导：问候、行15°鞠躬礼。

（三）30°鞠躬礼

1.头颈背成一条直线，双手自然放在裤缝两边（女士双手交叉放在体前），前倾30°，目光约落于体前1米处，再慢慢抬起，注视对方。

2.迎接客人（公司大门口、电梯门口、机场）时：问候、行30°鞠躬礼。

3. 在会客室迎接客人时：起立问候，行 30° 鞠躬礼，待客人入座后再就座。

4. 欢送客人时：说"再见"或"欢迎下次再来"，同时行 30° 鞠躬礼。目送客人离开后再返回。

5. 在接受对方帮助表示感谢时，行 30° 鞠躬礼，并说"谢谢！"。

6. 给对方造成不便或让对方久等时，行 30° 鞠躬礼，并说："对不起！"。

7. 向他人表示慰问或请求他人帮助时，行 30° 鞠躬礼。

8. 前台服务人员接待客人：当客人到达前台 2～3 米处，应起立、行 30° 鞠躬礼、微笑问候。

9. 楼层服务人员接待客人：当客人出电梯口时，应起立问候、行 30° 鞠躬礼，必要时为客人引路、开门。

此外，对日本人来说，鞠躬的程度表达不同的意思。如：弯 15° 左右，表示致谢；弯 30° 左右，表示诚恳和歉意；弯 90° 左右，表示忏悔、改过和谢罪。这一点在与日本友人的交往中值得我们注意。

二、鞠躬礼行礼的距离

日常鞠躬时要注意，如是戴着帽子时，应将帽子摘下，因为戴帽子鞠躬既不礼貌，也容易滑落，使自己处于尴尬境地。行鞠躬礼一般在距对方 2～3 米的地方，在与对方目光交流的时候行礼，且行鞠躬礼时必须真诚地微笑。鞠躬时目光应向下看，表示一种谦恭的态度，不要一面鞠躬，一面试图翻起眼睛看对方。

第四节　电话礼仪

电话是现代人际交往中不可或缺的重要通信工具之一。在日常工作中，电话语言的使用很关键，它直接影响着个人、企业的声誉；在日常生活中，人们通过电话也能粗略判断对方的人品、性格。因而，掌握正确的、礼貌待人的打电话方法是非常必要的。随着科学技术的发展和人们生活水平的提高，电话的普及率越来越高，大多数人离不开电话，每天要接、打大量的电话。打电话是一门学问、一门艺术。因此，应当正确使用电话礼仪，遵守礼仪规范。

一、塑造美好的"电话形象"

一个人的电话形象主要由他使用电话时的语言、态度、内容、举止及时间等方面的因素决定。人们在电话中是靠声音进行交流的，因此，打电话和接电话都应注意音量、语气及谈话的内容，以便给对方留下美好的印象。

（一）声音悦耳

当打电话给某单位，若一接通就能听到对方亲切、优美的招呼声，心里一定会很愉快，双方对话就能顺利展开，打电话的人对该单位就有了较好的印象。在电话中只要稍微注意一下声音形象就会给对方留下完全不同的印象。同样说："你好，这里是 XX 公司。"如果声音清晰、悦耳，吐字清脆，就会给对方留下好的印象，甚至令对方对其所在单位也会产生好感。因此要记住，接电话时，应有"代表单位形象"的意识。

（二）音量适中

通话时声音不要太大，以免妨碍他人或给对方不愉快的感觉；反之，声音太小了，对方就会听不清楚。

（三）语气亲切

通话时切忌语气生硬，那样会令人反感。只有热情诚恳的态度、亲切的语言才能使对方心情愉快。

（四）心情愉悦

打电话时要保持良好的心情，这样即使对方看不见你，但是从欢快的语调中也会被你感染，给对方留下极佳的印象。由于面部表情会影响声音的变化，所以即使在电话中也要抱着"对方看着"的心态去应对。

二、拨打电话礼仪

（一）选择通话时机

一般说来，利用对方便利的时间或双方预先约定的时间进行通话。如果用电话谈公事，尽量在对方上班 10 分钟以后或下班 10 分钟之前通电话，这时对方可以比较从容地接听。若是谈私事，除非重要事情，不要在他人休息时间打电话。如用餐时间、午休时及早上 7 点钟以前和晚上 10 点钟以后，都不适宜打电话，以免打扰他人休息。

（二）掌握通话时间

打电话前，最好先想好要讲的内容，以便节约通话时间，不要现想现说，"煲电话粥"，通常一次通话不应长于 3 分钟，即所谓的"3 分钟原则"。

（三）通话内容合理

拨打电话前要做好充分准备，先想好要表述哪些内容，以便接通电话后直入主题。尤其给陌生人或者上司打电话时，应该给对方以沉着、思路清晰的感觉。电话机旁应备有笔与便笺纸，以备需要记录时用。

（四）使用礼貌语言

通话之初，应说"您好"，在问候对方后，要简明扼要地自报家门。通话中，不使用脏话、粗话。请受话人找人或代转时，应说"劳驾"或"麻烦您"。

（五）留言简洁明了

请求转告时，留言要简洁明了，讲清自己的姓名和电话号码，并向传达者表示谢意。

（六）拨错电话致歉

拨错电话应表示歉意，说声"对不起""打扰您了"等。切忌不作任何解释而直接挂断电话，这是非常不礼貌的。

（七）礼貌终止通话

打电话的一方，应使用礼貌语言，如"拜托了""麻烦你了""打扰您了""谢谢""再见"等来结束话题之后应轻放话筒。

三、接听电话礼仪

接听电话不可太随便，要讲究必要的礼仪和一定的技巧，以免产生误会。接电话时应做到语调热情、大方自然、音量适中，用语礼貌，表达清楚、简明扼要，如图 4-2 所示。

图 4-2　接听电话礼仪

（一）调整心情

拿起电话听筒的时候，一定要面带笑容。不要以为笑容只能表现在脸上，它也藏在声音里。亲切、温情的声音会使对方马上对我们产生良好的印象。如果绷着脸，声音会变得冷冰冰。

（二）及时接听

电话铃响时，要尽快接听，宜在铃声响过两声时拿起话筒。先问"您好"，再自报家门，让对方明白是否拨对了电话。一般来说，电话铃响 3 声时就应接听，5 声后就应道歉："对不起，让您久等了。"如果受话人正在做一件要紧的事情不能及时接听，代接的人应妥为解释。既不及时接电话，又不道歉，甚至表现得极不耐烦，是极不礼貌的行为。

（三）确认对方

对方打来电话，一般会主动介绍自己。如果对方没有介绍或者你没有听清楚，就应该主动问："请问您是哪位？""能为您做什么？""您找哪位？"但是，人们习惯的做法是，拿起电话听筒盘问一句："喂！哪位？"这在对方听来，陌生而疏远，缺少人情味。接到对方打来的电话，拿起听筒应首先介绍："您好！我是XXX。"如果对方找的人在旁边，应说："请稍等。"然后用手掩住话筒，轻声招呼对方找的人接电话。如果对方找的人不在，你应该告诉对方，并且问："需要留言吗？我帮您转告！"

（四）讲究艺术

接听电话时，应注意使嘴和话筒保持4厘米左右的距离；要把耳朵贴近话筒，仔细倾听对方的讲话。通话完毕应让对方先挂断电话，别忘了向对方道声"再见"。

四、移动电话使用礼仪

移动电话是高科技带给人们的又一种通信方式，具有方便快捷的优点。人们在享受高科技通信带来的乐趣的同时，也在忍受着由它带来的种种干扰。越来越多的人表示，对在公共场合不文明使用手机的人表示反感。而在我国，这一现象随着手机用户的高速增长而变得越来越严重。使用移动电话时应注意以下规范：

（一）遵守公德

在上班、开会时，或在图书馆、剧场等公共场所及会见重要客人时，应主动将手机关闭或置于静音状态，以免妨碍他人。如果需要在上述公共场所接听或打电话，应走到无人处。使用手机通话时，应当含蓄文雅，音量适中，不要在公开场所对着手机旁若无人地大呼小叫。在公共场合打电话，要注意长话短说，不要喋喋不休。

（二）保证畅通

使用手机主要是为了保证与外界的联系畅通无阻，要随身带备用电池，以防电池耗尽而导致关机，给自己也给他人带来不便，特别是在紧急情况下。

（三）安全使用

注意手机安全，一是指手机本身的安全，如丢失或被盗、电话号码的秘密性及手机在充电过程中有可能自燃或爆炸等。二是指在使用手机时有可能对自己或外界造成的不良影响。如在驾驶时打电话会分散注意力，有可能导致交通事故的发生；乘坐飞机时使用手机在我国受到了限制，因为手机在通话时会产生高强度的辐射，对飞机的导航系统安全会造成不同程度的干扰。

目前，手机辐射对人体是否有害已成为人们关注的话题。手机散发的电磁波是否影响使用者的健康，尽管目前还没有准确的答案，但是仍有不少人坚信是有害的。

第五节 握手礼仪

握手礼是世界上很多国家常使用的见面礼和告别礼，用以表示欢迎、慰问、感激、祝贺等。双方往往是先寒暄问候，后握手致意。握手礼起源于原始社会。那时，在狩猎和战争时，人们手上经常拿着石块或棍棒，等他们遇见陌生人时，如果相互并无恶意，就要放下手中的武器并伸出手掌给对方看看，表示手中没有任何武器。走近后，互相抚摸对方的手掌心，表示友好。这种习惯逐渐演变成现在的握手礼。今天，握手在许多国家已成为一种习以为常的礼节。通常，与人初次见面，熟人久别重逢，告辞或送行均以握手表示自己的善意，因为这是最常见的一种见面礼、告别礼。有时在一些特殊场合，如向人表示祝贺、感谢或慰问时；双方交谈中出现了令人满意的共同点时；或双方原先的矛盾出现了某种良好的转机或彻底和解时习惯上也以握手为礼。

一、握手方法

握手时，距离受礼者约一步，上身稍向前倾，两足立正，伸出右手，四指并拢，拇指张开，向受礼者握手。掌心向下握住对方的手，显示着一个人强烈的支配欲，无声地告诉别人，他此时处于高人一等的地位，应尽量避免这种傲慢无礼的握手方式。相反，掌心向里同他人的握手方式显示出谦卑与毕恭毕敬，如果伸出双手去捧接，则更是谦恭备至了。平等而自然的握手姿态是两手的手掌都处于垂直状态，这是一种最普通也最稳妥的握手方式。

握手时应伸出右手，不能伸出左手与人相握，有些国家习俗认为人的左手是脏的。戴着手套握手是失礼行为。

男士在握手前先脱下手套，摘下帽子，女士可以例外。当然在严寒的室外有时可以不脱，比如双方都戴着手套、帽子，这时一般也应先说声："对不起"。握手者双目注视对方，微笑，问候，致意，不要看第三者或显得心不在焉。

在商务洽谈中，当介绍人完成了介绍任务之后，被介绍的双方第一个动作就是握手。握手的时候，眼睛一定要注视对方的眼睛，传达出你的诚意和自信，千万不要一边握手一边眼睛却在东张西望，或者跟这个人握手还没完就目光移至下一个身上，这样别人从你眼神里体味到的只能是轻视或慌乱。那么是不是注视得时间越长越好呢？并非如此，握手只需几秒钟即可，双方手一松开，目光即可转移。

握手的力度要掌握好，握得太轻了，对方会觉得你在敷衍他；太重了，人家不但没感到你的热情，反而会觉得你是个老粗，女士尤其不要把手软绵绵地递过去，显得连握都懒得握的样子，既要握手，就应大大方方地握。

握手的时间以 1～3 秒为宜，不可一直握住别人的手不放。与大人物握手，男士与女士握手，时间以 1 秒钟左右为原则。

被介绍之后，最好不要立即主动伸手。年轻者、职务低者被介绍给年长者、职务高者时，应根据年长者、职务高者的反应行事，即当年长者、职务高者用点头致意代替握手时，年轻者、职务低者也应随之点头致意。和年轻女性或异国女性握手，一般男士不要先伸手。在工作场所男女是平等的，女士在与人打招呼时最好先伸出手。多人相见时，注意不要交叉握手，也就是当两人握手时，第三者不要把胳膊从上面架过去，急着和另外的人握手。

在任何情况下拒绝对方主动要求握手的举动都是无礼的。但手上有水或不干净时，应谢绝握手，同时必须解释并致歉。恰当地握手，可以向对方表现自己的真诚与自信，也是接受别人和赢得信任的契机。

二、顺序

握手时的先后顺序应遵循"尊者在先"的原则。握手时，应先打招呼后握手。

1. 地位高的长辈、上级主动伸出手，晚辈、下属后伸手。

2. 在宾主之间，主人应向客人先伸手，以示欢迎。

3. 在男士与女士之间，男士要等女士先伸手后才能握手，一般只宜轻轻握女士的手指部位，如果女士无握手之意，男士则应鞠躬或点头致意。

4. 在平辈同性朋友之间，相见时先伸手为敬。

5. 如果需要和多人握手，握手时要讲先后次序，先尊后卑，先长辈后晚辈，先上级后下级，先女士后男士。如果人数较多，可以只和几个主要的人握手，向其他人点头示意。

三、握手的禁忌

1. 握手时切忌用左手，尤其是对阿拉伯人和印度人，因为他们认为左手是不洁净的。

2. 同多人握手应遵循顺序进行，忌交叉握手，尤其是对基督教信徒，两手同时和另外两人相握成交叉状，这种形状类似十字架，在他们眼里这是很不吉利的。

3. 和女士握手，只轻轻握女士的手指部位，如图 4-3 所示，时间要短，不要长握不放，让对方无所适从，这是很失礼的行为，如图 4-4 所示。

图 4-3　男士与女士握手示范

图 4-4　握手失礼行为

4. 切忌戴手套、墨镜、帽子握手。除非女子地位较高或所戴的为装饰性手套。

5. 握手时左手不要插在衣袋里，或毫无表情、东张西望、漫不经心，这种表现是很不礼貌的。

6. 不要拒绝和他人握手，在特殊情况下，如果因做事手上有水或不干净时，应向对方致歉并微笑或鞠躬致意。

7. 有时为表示特别热情和尊敬，也可用双手相握，但初次见面忌用双手。

握手，它是人与人交际的一个部分。握手的力量、姿势与时间的长短往往能够表达出不同礼遇与态度，显露自己的个性，给人留下不同的印象，也可通过握手了解对方的个性，从而赢得交际的主动。美国著名盲聋女作家海伦·凯勒曾写道：手能拒人千里之外；也可充满阳光，让你感到很温暖……事实也确实如此，因为握手是一种语言，是一种无声的动作语言。我们了解握手礼仪，对日常交际至关重要。

第六节　名片礼仪

名片是人们在社会交往中的一种介绍性媒介物，人们交换名片常常在见面之初。因此，也被称为见面时的致意礼仪。

一、名片的历史渊源

名片产生历史比较久远，但是真正意义上的名片最早产生于英国、法国、俄罗斯等封建国家的宫廷社会中。文艺复兴时代，上流社会的社交活动日益频繁，那些有身份、有地位的贵族，为了结识更多的达官贵人便制作了名片，并在工业文明和资本主义时期得到了广泛的应用和传播。

在我国古代，有类似于现在的"名片"功能的物件。根据清代学者赵翼在《陔馀丛考》"名帖"中说：古人通名，本用削木书字，汉时谓之谒，汉末谓之刺。汉以后虽则用纸，而仍相沿曰"刺"。按照他的说法，汉代的名片是木质的，有字，名称叫作"谒"，汉末改叫为"刺"，汉以后则用纸代替木，仍然叫作"刺"。时至明清时代，民族资产阶级发展壮大，交际日益频繁。每逢春节，商户们都要制作大量的红纸名片，写上商号广为散发，以示恭贺新春。这里面当然有"多多光临"的意思，收到名片的人家就把它贴到墙上，以烘托喜庆的气氛。

在现代交往中，名片已不仅仅用于拜访。人们用它做自我介绍，介绍友人相识或托人取物，也可以作为简单的礼节性通信往来，表示祝贺、感谢、劝慰、吊唁等。随着社会文明的发展，小小的名片在人们之间的信息传递中，扮演了一个不可缺少的角色，如图4-5所示。正如一位名人所说："在现代生活中，一个没有个人名片，或是不会正确地使用个人名片的人，就是一个缺乏现代意识的人。"

图4-5 递送名片

二、名片的规格

最早的名片比我们现在使用的名片要大很多，目前，我国通用的名片长为9厘米，宽为5.5厘米，是很规则的长方形。还有一种常见的规格，是长10厘米，宽6厘米，多为境外人士使用。至于其他形状名片，例如，树叶型、心型、苹果型或者开合式、折叠式等虽具有标新立异的个性特色，但是不适合在比较严肃的社交活动中普遍使用。在颜色的选择上可以多种多样，一般男士的名片要比女士的名片颜色素雅一些。

三、制作名片材质与色彩

在材料的选择上，应采用抗折、耐磨、利于环保的纸制名片，不需要采用昂贵的材料做名片。印制名片的纸张，应该以白色、米色、淡蓝色、淡灰色为宜，并且一张名片以一种颜色为宜。如果用多种颜色以不超过三种为宜，三种颜色之内包括图案、公司、标志、徽记等。

四、名片的文字

名片要用铅印或打印的为宜，即使自己的字体很漂亮，也不要用手写，商务名片中可提供办公电话、邮箱地址、手机电话等，私宅电话可以不写，注意保护隐私。当自己的电话号码有变动，不要用笔涂改，应重新制作名片。头衔要主次分明，不可罗列太多。当然，如果真有许多的头衔，而且社交时都有与他人交换名片的必要，可以将头衔分开来印，根据自己参加的何种社交场合而决定带哪种名片。名片要方便携带，尽量不要做成折叠的。

五、名片的版式

名片一般分为横式和竖式两种版式。在现代的礼仪交往中，中文名片往往采用横式版本的名片。

（一）横式

横式版式是采用行序由上到下，字序由左到右的书写方式。主要分三个部分：第一部分为名片持有者的工作单位，一般在第一行的顶格位置书写。有的名片则将本公司的标志放在第一行的顶格后面再接单位名称。第二部分为持片人的姓名，用较大的字号书写在名片中部较为显眼的位置，有职务、职称的通常用小字标在名字后面。第三部分为持片人的详细地址和电话、传真、邮编等，如图 4-6 所示。

某某股份有限公司

某某经理

电话：13920110000
地址：某某市某某街 666 号
邮箱：2533695@163.com

图 4-6 横式名片

（二）竖式

竖式版式是采用行序由右到左，字序由上到下的书写方式。主要分三个部分：第一部分为名片持有者的工作单位，一般在右侧第一行的顶格位置书写。有的名片则将本公司的标志放在第一行的顶格后面再接单位名称。第二部分为持片人的姓名，用较大的字号书写在名片正中，有职务、职称的通常用小字标在名字下面。第三部分持片人的详细地址、电话、传真和邮编等，在名片的右侧位置。

六、递交名片

递交名片给他人时，名片的持有者在递交名片时动作要洒脱、大方，态度从容、自然，表情要亲切、谦恭。应事先将名片放在身上易于掏出的位置，取出名片后应郑重地拿在手里，然后再得体地交给对方。递交名片时，要起身站立双手递过，以示尊重对方。用拇指夹住名片，其余四指托住名片反面，将名字正对对方，以便对方观看。若对方是外宾，则将印有对方认得的文字的那一面面向对方，同时讲些"请多联系""请多关照""我们认识一下吧""有事可以找我"之类友好客气的话。递交名片的时间，一般在见面之初。但是也有特殊情况，如果名片持有者与他人事先有约，一般可在告辞时再递上名片。如果双方只是偶然相遇，则可在相互问候，得知对方有与你交往的意向时，再递交名片。与多人交换名片时，要注意讲究先后次序，或由近而远，或由尊而卑，一定要依次进行，切勿采取"跳跃式"。

七、接受名片

接受他人名片时，应双手捧接，面带微笑并道感谢。接受之后应当首先认真地看名片上所显示的内容，必要时可以从上到下，从正面到反面重复看一遍。有时可把名片上的姓名、职务读出声来，再加上谦辞敬语，例如"您就是张总啊。"以表示对赠送名片者的尊重，同时也加深了对名片的印象，然后把名片细心地放进名片夹、笔记本或工作证里夹好。

在接受别人的名片后，如有不认识或读不准的字要虚心请教。请教他人的姓名，丝毫不会降低自己的身份，反而会使人觉得你是一个对待事情很认真的人，增加对你的信任。同时，须将自己的名片回敬对方，表示有来有往。切忌接过他人名片后一言不发，看也不看就装入衣袋或弃之一旁，这是失礼的行为。

八、交换名片

交换名片体现了双方感情的沟通，表达了互相友好交往下去的意愿。在收到了别人的名片后，也要记住回送自己的名片，因为只收别人的名片，而不拿出自己的名片，是不礼貌的表现。需要注意的是，最好在收到对方的名片之后，再递自己的名片，不要一来一往同时进行，交换名片时一般是地位低者、晚辈或客人先向地位高者、长辈或主人送上名片，然后再由后者予以回赠。若上级或长辈先递上名片，下级或晚辈也不必谦让，礼貌地用双手接过，道声"谢谢"再予以回赠。

第五章 家庭礼仪

家庭是指婚姻关系、血缘关系或收养关系基础上产生的，亲属之间所构成的社会生活单位。家庭是幸福生活的一种存在。家庭礼仪是指夫妻和有血缘关系的人之间的礼仪，家庭礼仪是家庭和睦的保证，是社会和谐的基础。

第一节 家庭礼仪概述

一、家庭礼仪的含义及特点

家庭是社会生活的基础，为人们提供社会生活的最基本的环境和条件。良好的家庭生活可以使家庭成员心情愉悦、努力进取。家庭和谐幸福，家庭成员事业蓬勃，会更加促进社会向健康稳定的方向发展。因此，研究家庭礼仪具有十分重要的意义。

（一）家庭礼仪的含义

所谓家庭礼仪，就是指人们在长期的家庭生活中，用以沟通思想、交流信息、联络感情而逐渐形成的约定俗成的行为准则和礼节、仪式的总称。其含义主要体现在三个方面：

1. 家庭礼仪是维持家庭生存和实现幸福的基础

良好的家庭礼仪，可以使家庭成员和谐相处，为家庭的幸福和美满奠定稳定的基础。特别是夫妻之间遵守一定的礼仪规范，可以减少双方的摩擦，增进夫妻之间的感情，其行为举止也会影响家庭其他成员的行为和情感。俗语中"相敬如宾，白头偕老"阐述的就是这个道理。所以，家庭礼仪是创造和谐的家庭氛围，维系家庭幸福的基础。

2. 家庭礼仪是促进家庭成员健康成长的重要途径

家庭礼仪是提高个人素质，提高家庭成员人生质量的保障。良好的个人素质受到家庭环境的影响和熏陶，对个人的品质和思想的形成起着重要的作用。同时每个人的一生都离不开家庭，人生质量的高低、好坏都与家庭环境密切相关，个人素质的提高，也有利于家庭成员对人生观、价值观都有较高程度的认识，也有利于家庭成员对未来生活的选择更加趋于合理、科学。

3. 家庭礼仪有利于社会的安定和谐

家庭是社会的细胞。和睦幸福的家庭，其成员都会有健康、进取、积极的生活态度。带着这样的人生观和价值观投入到社会工作中，必然带来积极、向上的良好社会风气，促进社会的文明进步，保证社会的安定和谐。

（二）家庭礼仪的特点

1. 以婚姻关系为基础

家庭礼仪作为一个社会活动的基本组织形式，既是家庭成员栖息的稳定的"港湾"，也是家庭成员对外联系的重要枢纽。许多礼仪、礼节都在家庭中进行，家庭礼仪与其他礼仪相比，具有自己的特点，婚姻是以男女两性的结合为特征，为当时的社会制度所确认的夫妻关系。就其本质来说，婚姻是以两性结合为特征的一种社会关系。婚姻和家庭是统一的，婚姻是产生家庭的前提，家庭是缔结婚姻的结果。婚姻双方构成了最初的家庭，由此又使家庭关系的范围扩大，产生出父母、子女等其他家庭成员之间的关系。家庭礼仪就是为了维护和增进这种关系，对组成家庭的成员提出的行为规范和各种礼节。可见，家庭礼仪是以婚姻为初始和基础的。

2. 以血缘关系为纽带

家庭是以人们的婚姻关系为起点，以血缘关系为纽带的社会生活的组织形式。它是存在于一定的范围内的亲属之间组成的天然的关系网络，是基于血缘关系而发生的，表现为同辈人或几辈人之间的思想感情的交流和传递。家庭成员之间的关系，尤其是父母子女、兄弟姐妹之间的血缘关系，是社会关系中最稳定、最基本的关系。因此，作为调节这种关系的家庭礼仪以血缘关系为纽带，具有天然性、特殊性和相对独立性的特点。

3. 以相互关爱为原则

家庭是人们情感的寄托，是维系家庭和谐的纽带。家庭成员之间的关爱是无私的奉献、无微不至的关怀。不论家庭的成员在事业上受到多大的挫折、工作中受到多少委屈，家庭都是给予他最真挚关怀的场所。这里包括了母爱的无私、父爱的含蓄、兄弟的真诚和姊妹的温馨等。要衡量一件事或某一行为是否符合家庭礼仪要求，应该首先分析一下双方之间是否存在相互关爱的成分。

4. 以增进亲情为目的

家庭礼仪的主要职能，并非以个人形象的塑造为侧重点，而是通过种种习惯形成的礼节、仪式来进一步沟通感情，以增进家庭成员之间的亲情。例如，婚嫁喜庆、乔迁新居、寿诞生日等种种快乐，就是通过礼仪的传播，可以使更多的人体会和享受，这一传播过程的最终目的就是加强感情联系。因此，家庭礼仪是在长期的社会生活中，逐渐形成的一系列家庭生活准则，它以家庭生活的传统习惯、内心信念等力量把家庭成员的亲情联系起来，促进家庭的和睦和幸福。

5. 以社会效益为标准

家庭是社会的细胞，是社会生活的基础和必不可少的组成部分。家庭以社会为背景，必然受当时社会历史条件的影响。而家庭礼仪也必然受当时各种社会习俗、规范的制约。不同的时代环境、不同的区域、风俗，使礼仪存在着很大的差异性。而且家庭活动中的许多礼节、礼仪规范也是变化发展的，例如，封建社会的婚礼有拜堂入洞房等繁文缛节，而当今社会出现了许多集体婚礼、旅游结婚等新的婚礼程序。说明家庭礼仪随社会物质生活的文明和睦与否影响社会的和谐和稳定。要评判某一种家庭礼节、仪式是否是进步的、合乎礼仪规范的，要看它对社会是否产生积极影响，以社会效益作为评价家庭礼仪的标准。

第二节　家庭成员礼仪

一、家庭成员的责任

家庭的每一个成员对家庭都有一定的责任，承担一定的义务。在家庭成员中，每个成员在家庭中所扮演的角色是多重的。例如，男主人在家庭中对父母来说是儿子，对妻子来说是丈夫，对子女来说是父亲。因此，在家庭生活中扮演好自己的角色，承担起家庭所赋予的责任和义务是尤为重要的。

（一）父亲角色的责任

父亲的角色形象不仅是和母亲一起管理家庭的家长，更是子女心目中的强者、朋友，他对子女的思想、学习、生活的成长，在一定程度上起决定性的影响。父亲在执行上述角色功能中，需要克服自身的不足，成为子女心中的榜样。对待子女要讲平等，不能以"家长"身份压制子女，也不能用打骂的暴力方式对待子女，更不可以因工作上的不顺心，将子女作为"出气筒"；要克服传统的大男子主义、唯我独尊的观念，能细心倾听子女的意见，以和蔼的态度与子女交流各种问题；还要必须从各方面修养自身，事事处处为孩子做出榜样。

（二）母亲角色的责任

母亲不仅给了子女美好的生命，抚养子女成人，更重要的是应懂得如何教育好子女，把子女培养成社会需要的人才。要懂得如何尊重子女，并按子女的特点把他们培养成具有独立人格的人；要细心观察和研究子女在各个发展阶段的生理与心理的变化，因势利导，施之以教；还要在子女需要得到帮助时，无论是因疾病、学习、思想、精神、心理，都能给予无条件、无保留的关怀和鼓励。同时，母亲也是和子女接触最多、对子女成长影响最大的人。她的思想品德、性格乃至言行举止都潜移默化地影响着子女。因此，母亲本身的楷模作用是非常重要的。

（三）子女角色的责任

在传统家庭中，儿子的角色责任非常明确，其家庭地位仅次于父亲，不仅要为家庭延续"香火"，更是法定的财产继承人，他有赡养父母、为父母养老送终、创造财富、维持一家人生计的责任。在现代家庭里，女儿对家庭承担的责任、义务和权利与儿子是同等的。这是社会提倡男女平等的原则在家庭中的反映。他们要尊敬父母，接受父母的教育，承担家务劳动，关心父母的生活，长大成人后，要赡养父母，孝敬父母，让父母过一个快乐的晚年等。为此，子女应该从以下方面来设计自己的角色形象：要从小严格要求自己，学习长辈的美德，为将来胜任繁杂的人生义务打下良好基础；要尊重父母的人格和教诲，珍惜父母的心血，关心兄弟姐妹，为家庭文明、幸福尽自己的责任；婚后无论是否与父母同住，都应承担起赡养父母、孝敬父母、让父母安度晚年的家庭义务。现在我国家庭基本上是独生子女，他们的成长凝聚了父母无私的爱，因此，独生子女在家庭中也要承担起子女应承担的角色义务。

二、家庭成员之间的礼仪

（一）夫妻之间的礼仪

夫妻是原本没有任何血缘关系的相对独立的"社会人"，通过一定的法律程序，缔结成具有婚姻关系的"亲密爱人"。缔结婚姻以后，双方的角色、生活空间都发生了改变，夫妻关系成了家庭生活的主体和核心，营造和谐美满的家庭生活，同样需要遵守夫妻之间的礼仪。

1.夫妻之间应互相尊重

互相尊重是夫妻感情长久的前提条件，也是家庭和睦幸福的基础。家庭生活是夫妻双方共同努力经营的，双方都为美好的家庭生活而努力奔波，所付出的努力是一样的。因此，夫妻之间相互尊重的前提，应该是双方处在平等的位置上，不论双方是什么职业、什么地位、什么学历、挣多少工资，都应尊重对方的思想、信念、生活习惯、人格和爱好。在生活中不要说有损对方自尊的话，也不要做出有损对方尊严的举止，更不能拿自己丈夫（妻子）的缺点与别人的丈夫（妻子）的优点相比。

2.夫妻之间要相互爱护

真正恩爱的夫妻，其爱情的模式应该是相互爱护的。夫妻是因为爱而组建家庭，也是因为爱，愿意彼此给予对方无私的呵护，不仅在工作上、事业上互相关心，分担痛苦和快乐，在生活中，一句"你今天真漂亮""你今天辛苦了"的简单语言，足以表达夫妻之间细心观察和绵绵的爱意。当然，爱护不应该只局限在言语上，一个拥抱、一个眼神、一个细微的小动作，足以表达夫妻之间相濡以沫的情感。丈夫在公共场合讲话，妻子总是很专注地看着他，妻子打了喷嚏，丈夫就将外套脱下披在妻子身上等，无时无刻不在流露着夫妻之间细致的爱护。爱护对方要懂得迁就对方，能够包容对方的缺点，了解对方的喜好，培养双方共同的兴趣和爱好，让对方快乐不伤害对方，这样才会让双方得到精神上的愉悦，感受到家庭的温暖和幸福。

3.夫妻之间要相互理解

夫妻之间最难得的是能够相互理解，俗语说"金无足赤，人无完人"，每个人都有自己的缺点和不足，作为妻子或丈夫，必须对对方的缺点和不足予以包容，达成双方的相互理解，尽量减少夫妻之间的摩擦。在现代社会里，夫妻二人要共同承担一定的社会责任，例如，担任一定的社会工作，以获得报酬；参加社会活动，充实自己的人际关系；参加聚会以获得友谊和受人尊重的心理需要等。同时还要在家庭中扮演好自己的家庭角色：做个好丈夫或好妻子、好儿女、好父亲或好母亲等，在社会和家庭的双重压力下，难免会因为一些琐事而情绪低落甚至发脾气，对此，夫妻之间要相互理解，不能说"过头的话"或做"过头的事"，更不能翻旧账或将"战火"波及双方的家庭和父母，让父母为此操心。

4.夫妻之间要相互勉励

人的一生不可能事事完美，时时顺意，生活所带来的困难是需要夫妻双方共同面对的。夫妻是彼此的精神支柱，遇到挫折时应给予对方最大的鼓励，不论什么时候，都要做对方最坚强的后盾，永远都是最懂得欣赏对方才华的人。当然，对于对方的坏习惯，彼此也应该是对方的一面镜子，给予真诚地劝诫，帮助对方克服缺点，使之更加完美，从而更利于事业的发展。相互勉励的夫妻不仅有利于家庭的和睦，而且也会更加巩固夫妻之间的感情，为家庭生活的幸福添上更加浓重的一笔。

（二）子女与父母相处的礼仪

中国古代关于子女对父母的礼仪规定是非常严格的，古时就有"父母在，不远游"的说法，在现代社会中，子女与父母相处的礼仪既要批判地继承中国传统的家庭礼仪，又要根据时代的发展，增添新内容，主要体现在：

1. 尊重父母

做子女的应体谅父母的良苦用心，听从父母的教诲，凡事多与父母沟通。父母的人生阅历比较丰富，对人、事、物的看法要比子女想得更加周到全面，所以，在面对人生的重大决策时，子女应与父母商议，征求他们的意见并认真考虑，听父母的教诲要有一个谦恭的态度，不可以漫不经心，也不可表现出不耐烦的样子，即使父母教诲中有不足取的部分或过于严厉，也不应顶撞、吵闹，应该在事后大家都心平气和时，再向父母解释以消除误会。

2. 孝敬父母

孝敬父母是我们中华民族的传统美德，回报父母的养育之恩，是子女应履行的义务，父母年轻时对子女细心照顾，抚养他们长大成人，到年老时没有了工作能力，作为子女的义务，照顾父母以报答他们的养育之恩更是自己的天职。"谁言寸草心，报得三春晖"，是子女应做的事情，也是家庭礼仪中最基本的要求。孝敬父母不仅在生活上、物质上给予扶助和照料，在情感上更要给予父母慰藉。许多子女在组建家庭之后，生活的重心也发生了改变，工作、家庭、子女常常摆在前面的位置，往往忽略与父母交流和沟通。甚至常常以工作太忙为借口，爽约与父母周末短暂的相聚，这样的子女应该反省自己的行为，要"常回家看看"。

（三）父母与子女相处的礼仪

1. 要以身作则

作为父母要以身作则，做子女的好榜样。在对子女的教育中，父母是孩子的第一任"老师"。好的榜样有利于子女的健康成长，反之子女见样学样，容易染上不良习气。在家庭中，父母经常告诫子女不许这样做，应该那样做，但是往往在要求子女的时候，自己却不能够做到上面的要求。例如，家长经常要求子女说"不可以吸烟，因为吸烟有害健康。"但是家长却经常在家里吸烟，这样的做法自然会降低子女对家长的信任度，引起逆反心理，并且可能造成子女对将来的社会生活采取不负责任的态度，对他人产生多疑的心态。

2. 要尊重子女

父母作为长辈也要尊重子女，要认真倾听他们的想法，子女是父母生命的延续，他们是在前一辈人经验的积累下逐渐成长起来的，通过这些经验，他们来处理和对待现在的人和事，在属于他们的时代中发挥聪明才智，不断创新，对于他们的"新奇"想法，父母要有一个包容的态度，不可以没有听完子女的想法就全盘否定。例如，子女大学毕业之后，并不是按照父母的想法找到一个稳定的工作，而是自己创业办公司，作为父母应该尊重子女的选择，相信子女有独当一面的能力。即使失败，也相信他们会在失败中吸取教训，为成功打下基础。对于他们的想法，父母应该根据自己的人生阅历，给予正确的引导，提出适当的建议。

3.正确对待子女在求学期间的正常交友

望子成龙、望女成凤是每位父母的心思，孩子的求学过程，实质上也是在完成父母儿时的梦想。也正是因为这种强烈的愿望，使得父母们特别不愿意自己的子女在求学路上受到任何因素的干扰，"交友"便成为子女求学路上的禁忌。在交友问题上，父母要有一个正确的态度，不能全部的否决禁止交友，也不能不闻不问放任自流，应该在思想上加以正确的引导，给子女当好参谋，帮助子女寻找可以信赖、共同进步的朋友。

4.婆媳翁婿相处的礼仪

婆媳、翁婿的关系在家庭生活中，也占有十分重要的位置。公婆、岳父母作为孩子的长辈，应该爱护儿媳、女婿，将其看待成自己的子女。夫妻不和时，不可以偏向自己的子女，不要在公开场合或背后说儿媳、女婿的缺点，造成双方误解产生隔阂，尽量看到他们的优点，要经常给予称赞。小夫妻之间的事让他们自己处理，不要过多地干预"小两口"的事。作为儿媳、女婿要孝敬公婆、岳父母，要协助自己的伴侣尽儿女的孝道。不可以将自己的父母和配偶的父母差别对待，要真诚地给予关心。当公婆、岳父母过生日或其他节日时，可以送一些小礼物以增进彼此之间的感情。

第三节　邻里交往礼仪

邻里关系是人们在社会交往中非常重要的社会关系，和谐的邻里关系有助于家庭生活，也有助于人们的各项社会活动。因为互助、互谅、互让的邻里关系环境，能够提高人们的生活质量，促进和谐社会的发展。

一、邻里间要为他人着想

俗话说："远亲不如近邻。"邻里关系是人们生活中谁都会碰到的一种普遍的关系。邻里间出现问题要互相谅解。邻里之间频繁的接触是增进友谊的基础，也是积累矛盾的土壤。邻里发生矛盾时，最好的办法就是不斤斤计较，站在对方角度多谅解。

邻里间使用公共环境及空间不应该有先下手为强心态。有些人把自己的居室装修得富丽堂皇，对公共环境不管不顾，特别是把楼道和院里弄得像垃圾站。在公共环境及空间的使用上，应有公德意识，不能奉行先下手为强。如果你想在院里盖一间小棚子，一定要征得邻居的同意。否则，邻居们有异议，你解决了自己的困难，却妨碍了别人也是不道德的。所以，在大院里或楼道里存放杂物，占用公共地方，都要以不影响邻居的活动为前提。

邻里间借用物品要慎重考虑。一般的物品可以向邻居家借用，用完了立刻送还，并表示感谢。对比较贵重的东西，不应该理所当然地去借用。如果你急需此物，借来后一定要倍加小心。如果别人向你借贵重物品的时候，你想拒绝，一定要讲究方式。因为别人向你张口借该物，肯定也是考虑了又考虑，你直接回绝，会让邻居失了颜面。所以，邻里间相处要注意礼仪。

邻里间不可随便议论他人。到处议论他人，对邻里关系影响很大。所以当邻居们在一起聊天的时候，不说伤和气的话，不做损害他人的事儿。当听到有人传闲话时，既不去好奇地打听，也不偏听偏信。

二、邻里之间要主动沟通

邻里间要注意沟通。互相之间的交流，不仅能获得别人的帮助，还能化解生活中的不愉快。邻里间有以下几种沟通方式：

（一）寒暄式

新老邻居的首次交谈很重要，双方都会对交谈留下深刻的"第一印象"。老住户虽然还不知道新邻居的姓名，仍应主动打招呼："你是刚搬来的吧？""搬个家不容易呀！"等等，主动打招呼，会使人感到你这个邻居很热情。

（二）讨教式

新住户可主动找话题，如问孩子入托、买菜打油、道路交通等问题，请老住户指点。你的敬重谦恭，能使对方产生好感，拉近彼此的距离。

（三）探询式

"您家几口人？""您老高寿？"这类探询能使双方较快融洽起来。但应记住：不能连珠炮式地不断询问，像"查户口"一样；不能问得过深，如"您女儿有男朋友吗？"等等，初来乍到，问这类问题，会使交谈陷入尴尬局面。

三、邻里之间要以理服人

邻居蛮横无理也是时常遇到的。有些"常有理"的邻居，处处不让人，逞能霸道。对此，绝不能以不文明对付不文明。在你有能力做工作的情况下，还是争取以理服人。办法有三：首先是用舆论制约，邻里间团结一致，用公正的舆论，促使其讲理；其次是当众论理，心平气和，有理有据地说服对方；再次是通过单位领导、社区组织等部门的协调，促其转变。当这位"常有理"的邻居态度有所转变时，大家应因势利导，表示出欢迎的姿态。在这位邻居家有困难时，要主动帮助，热情关心，不能幸灾乐祸。相信中国那句老话："人心都是肉长的"，困难时的帮助和慰问会使他感动。

第四节 宴请礼仪

一、常见的宴请形式

在社会交往中，宴请是最常见的交际活动。宴请可以根据不同的标准具体划分为多种形式，每种形式的宴请在菜肴、人数、时间、着装等方面也有许多不同的要求。就目的看，国际上宴请主要分为宴会、招待会、茶会和工作进餐等四种形式。

（一）宴会

宴会是最正式、最隆重的宴请。宴会为正餐，坐下进食，由服务人员按顺序上菜。宴会种类繁多，按举办时间划分，可分为早宴、午宴、晚宴，以晚宴档次最高。按餐别划分，可分为中餐宴会、西餐宴会、中西合餐宴会。按性质划分，可分为工作宴会、欢迎宴会、节庆宴会。按礼宾规格划分，可分为国宴、正式宴会、便宴和家宴。一般情况下，宴会持续时间为两个小时左右。

1.国宴

这是国家元首或政府首脑为国家庆典或欢迎外国元首、政府首脑而举行的规格最高的正式宴会，宴会厅内要悬挂国旗，并由乐队演奏国歌和席间乐。国宴由国家元首或政府首脑主持，席间由主人和主宾致辞和祝酒。国宴的礼仪要求极为严格，参加国宴者必须着正装，座次按礼宾次序排列。

2.正式宴会

其规格仅次于国宴，除了不挂国旗、不奏国歌以及出席人员的规格不同外，其余的安排大体与国宴相同。礼仪要求也比较严格，宾主按身份排席次和座次，许多国家还在请柬上注明对客人的服饰要求。席间一般也有致辞和祝酒，有时也设乐队演奏席间乐，正式宴会对服务人员以及餐具、酒水和菜肴的道数均有一定的要求。

3.便宴

便宴不属于正式宴会，比较亲切、随便，更适合于日常友好的交往。便宴形式简便，偏重人际交往，而不注重规模、档次，可以不排座次，不做正式讲话致辞，菜肴的道数也可以根据出席宴会人员的具体情况而定。

4.家宴

在家庭中设宴招待客人，是便宴的一种形式。家宴往往由主妇亲自下厨烹调，家人共同招待客人，显得亲切、自然，让人产生"宾至如归"的感觉。西方人士喜欢采用这种方式，以示友好、融洽。

（二）招待会

招待会指不备正餐、较为灵活的宴请方式，它备有食品、酒水、饮料，由客人根据自己的口味选择自己喜欢的食物和饮料，然后或站或坐，与他人一起或独自一个人用餐，招待会一般不排座次，可以自由活动。常见的招待会有冷餐会、酒会等。

1.冷餐会

冷餐会又可以叫自助餐宴会，是一种非常流行、灵活、方便的宴请形式。根据主客双方的身份，冷餐会规格隆重程度可高可低，常用于官方的正式活动，以宴请人数众多的宾客。冷餐会一般在中午12时至下午2时、下午5时至7时左右举办。菜肴以冷食为主，也可以用热菜，连同餐具陈设在桌子上，客人不排座位，可以按食品类别顺序多次取食。酒水陈放在桌子上，供客人自取，也可由服务人员端送，食品、饮料应按量取食，不可浪费。

2.酒会

酒会也称鸡尾酒会，规格可高可低，适用于各种节日、庆典、仪式及招待性演出前后。酒会的形式活泼，便于宾客之间广泛的接触和交流，酒会以酒水为主，佐以各种小吃、果汁，不用或少用烈酒，食品多为三明治、面包、小香肠、炸春卷等，不设刀叉，以牙签取食。食品和酒水由服务人员用托盘端送，或部分放置在小桌上由客人自己取。酒会一般采取站立的形式，不设座椅，仅设小桌或茶几，以便客人随意走动，广泛交流，酒会举办的时间比较灵活，中午、下午、晚上均可。请柬上往往注明整个活动延续的时间，客人可在其间任何时候到达或退席，来去自由，不受时间约束。

（三）茶会

茶会是一种简便的接待形式，通常安排在上午10时或下午4时左右在客厅举行，内设茶几、座椅。备有茶、点心或地方风味小吃，请客人一边品尝一边交谈。茶会不排座次，如果是为贵宾举行的活动，入座时应有意识地将主宾和主人安排坐在一起，其他人员可随意就座。茶会对茶叶的品种、沏茶的用水和水温以及茶具都颇有讲究，茶叶的选择要照顾到客人的嗜好和习惯，茶具要选用陶瓷器皿，不要用玻璃杯，也不要用热水瓶代替茶壶。欧洲人一般用红茶，日本人喜欢乌龙茶，美国人用袋装茶，外国人参加的茶会还可以准备咖啡和冷饮。

（四）工作进餐

工作进餐是现代生活中一种经常采用的非正式宴请形式，是利用进餐的时间和形式，边用餐边谈工作。按用餐时间可分为工作早餐、工作午餐和工作晚餐。此类活动不请配偶和与工作无关的人员参加，工作进餐一般不排座次，大家边吃边谈，不必过分拘束，形式较为灵活。如果是双边正式工作进餐，往往要排座次。为便于谈话，常用长桌。工作进餐可以由做东者付费。在国外，工作进餐经常实行"AA制"，由参加者各自付费。

二、宴会的组织

宴会是一种非常重要的社交活动，对宾客来说是一种礼遇，务必要根据宴会的规范和礼仪要求认真组织好。为使宴请活动取得圆满成功，宴会要做好如下准备工作：

（一）确定宴请的目的、名义、对象、范围与形式

1. 宴请的目的

宴请的目的多种多样，既可以为某个人举行，也可以为某件事举行，例如庆祝节日、纪念日、迎送外宾、为展览会开幕、闭幕等。举办宴会的目的一定要明确，师出无名会对宴会和活动的举办者带来不良的影响。

2. 宴请的名义

确定宴会以谁的名义邀请和被邀请的对象。确定邀请者与被邀请者的主要依据是主宾双方身份对等。在外国人眼中，以谁的名义举办宴会关系着宴会的档次，身份低会使对方感到冷淡，身份过高亦无必要。对外举办宴会，如果邀请主宾携夫人出席，主人应以夫妇的名义发出邀请。国内的宴会邀约客人时，可以以主办宴会的单位最高负责人的名义或主办单位的名义发出邀请。

3. 宴请的范围

宴请的范围是指宴请哪些方面的人士出席，多少人赴宴，什么级别，主办方需要多少人出席作陪等。确定宴请的范围，主要取决于宴请的性质、主宾间身份、国际的惯例、双方的关系以及主方习惯做法等。多边活动要考虑相互关系，对于对立国、对立方人士发出邀请尤其要慎重。宴请的范围一经确定，即应草拟具体邀请名单，被邀请人的姓名、职务、称呼等一定要准确，并适时向客人发出邀请。

4. 宴请的形式

以何种形式举办宴会要视具体情况和本单位的习惯做法而定。一般正式的、规

格高的、人数少的以宴会的形式为宜，人数较多则以冷餐会或酒会更为合适。我国的宴会基本上采用中餐宴会。

（二）确定宴会的时间、地点

1.宴会的时间

宴会的时间应对主、宾双方都合适，尤其要照顾来宾方面。按国际惯例，晚宴被认为是规格最高的。安排宴会的时间要注意避开重要的节假日、重要的活动日和双方或一方的禁忌日。如对西方人士不要选 13 日，更不要选 13 日同时是星期五的日子。伊斯兰教徒在斋月内白天禁食，宴请宜在日落后进行。宴请活动时间要与主宾单位商量，主宾同意后，确定时间再约请其他宾客。

2.宴会的地点

宴请的地点要根据活动的性质、规模、宴请的形式、主人的意愿以及实际可能而定。越隆重的活动越要讲究环境和条件，因为它体现了主人对宾客的礼遇。官方正式的宴会，应安排在政府、议会大厦或高级宾馆内。民间的宴请可以在酒店、宾馆，也可以安排在有独特风味的餐馆。

（三）发出邀请

宴请活动均应向客人发请柬。这既是出于礼貌，也是对客人的提醒和备忘。请柬一般提前一周或两周发出，以便被邀请人早做安排。

请柬上要将宴会活动的目的、名义、邀请范围、时间、地点等写清楚，重大的活动还要注明着装的要求及其他附加条件。口头约定的活动，仍应补送请柬，并在请柬右上方或左下方注上"备忘"字样。需要安排座位的宴请活动，为确切掌握出席情况，以便做好准备，还要求被邀请者答复是否出席，请柬一般注明"请答复"字样。如果只需要不出席者答复，则注明"如不能出席请答复"字样，并注明电话号码以备联系。请柬发出后，也可以用电话询问对方能否出席。主办方要及时落实出席情况，以调整安排好席位。

在请柬的信封上，被邀请人的单位、姓名、职务要书写清楚准确。国际上习惯给夫妇两人发一张请柬（如图 5-1 所示），在国内需要凭请柬入场的场合要注意每人发一张。

图 5-1　宴请夫妇

（四）确定宴会的菜单

组织好宴会，菜单的确定至关重要。要根据宴会的规格和形式，在预算标准之内予以安排。选菜主要考虑主宾的口味、喜好和禁忌。例如伊斯兰教徒用清真席、不喝酒，印度教徒不吃牛肉等。千万不要以主人的喜好为准，让客人"客随主便"。不要以为中国人喜欢的或是名贵的菜肴也都适合外国人，例如海参、动物内脏，许多欧洲人都不喜欢。确定菜单还要考虑菜肴的荤素搭配、营养搭配和酒水搭配，以适应客人的习惯和爱好。菜单确定后即可印制。正式的宴会上，菜单至少每桌一份。讲究的可以每人一份，以便大家用餐时心中有数各取所需，菜单也可留作纪念。

（五）安排好席位

凡正式的宴会均应事先为每个赴宴者安排好桌次和位次，并且事先通知到每个人，以便心中有数。也有的只安排部分主要宾客的席位，其他人只排桌次或自由就座。

不同形式的宴会，席位的排列各有不同。排列的依据主要是国际惯例和本国的礼宾顺序，除此之外还应考虑客人之间的政治关系、身份地位、语言沟通、专业兴趣等因素。但是无论如何排列，都应先把主宾夫妇和主人夫妇置于最为尊贵的位置。

桌次高低以距离主桌位置远近而定，右高左低。同一桌上，席位高低以离主人远近而定，右高左低。

国外的习惯是男女穿插就座，以女主人为准，主宾在女主人右上方，主宾夫人在男主人右上方。我国习惯按职务排列以便于谈话，如果夫人出席，常常把女士排在一起。

译员一般安排在主宾右侧，如果遇到特殊情况还可以灵活处理。为了保证全体赴宴者临场不乱，都能迅速找到自己的席位，应在请柬上注明桌次，还可以在宴会现场悬挂桌次图，在每张餐桌上放置桌次牌、座次牌或姓名牌。宾客入场时，应安排领台员引导客人入座。

（六）宴会现场的布置

宴会成功与否不仅仅取决于菜肴的质量，环境和气氛也是至关重要的，如果环境不佳、气氛不好，往往会直接降低宴会的档次，影响宾客的食欲，影响宾主之间的交流，宴会的效果就会大打折扣。

宴会现场的布置取决于活动的性质和形式。

官方的正式宴会布置应该严肃、庄重、大方，可以少量点缀鲜花、刻花等，不要用红红绿绿的霓虹灯作装饰，宴会环境要安静、高雅、有文化气息，同时要整洁卫生，要注意宴会厅色彩的运用和灯光的调节，如果有席间音乐，乐声宜轻，以便身心得到调节和放松。

（七）宴请的程序及服务

宴会的组织者要安排好工作人员，尽可能周到地做好宴会的各项准备工作，为来宾提供完善的服务。

宴会开始前，主人应在门口迎接客人，如果规格较高，还要由少数主要官员陪同主人排列成迎宾线。其位置宜在客人进门更衣以后，入休息厅之前。双方相互握手后，由工作人员引入休息室或直接进入宴会厅。有些国家官方的隆重场合，客人到达时，设有专人负责唱名。

休息室内应有相应身份的人员照料客人，并有服务人员送饮料。主宾到达后，由主人陪同进入休息室与其他客人见面。如果客人没有到齐，迎宾线不宜撤掉。

主人陪同主宾进入宴会厅，全体客人就座，宴会即可开始。如果休息室较小，宴会规模大，也可以请主桌以外的客人先入座，主桌人员最后入座。

有时候设有正式讲话，各国安排的时间不尽一致。一般正式宴会可在热菜之后，甜食之前，先由主人讲话，然后客人讲话。也有的一入席，双方即讲话。

宴会最后上水果，吃完水果，主人与主宾起立，宴会即告结束。宴会结束后主宾告辞，主人送至门口，主宾离去后迎宾人员顺序排列，与其他客人握手告别。

第五节　中西餐礼仪

餐饮礼仪是餐饮文化中的重要内容。随着时代的变迁和人类的进步，随着餐饮文化的不断发展和成熟，最终形成了具有各国、各民族、各地区特点的餐饮礼仪文化。改革开放以来，我国同世界各国的交往日益增多，与外国人的交往也日益频繁。商务邀宴是非常具有潜力的商业工具，中西餐是其主要形式，餐饮礼仪中又有中餐礼仪和西餐礼仪的区别，中餐礼仪在中国有着很多年的发展历史，西餐礼仪随着世界经济的接轨，在中国也开始流行。两种不同饮食文化相互冲突碰撞，东方与西方进餐的习惯多有不同，特别是正式的西餐宴会规矩颇多。如果对此一无所知，难免贻笑大方，所以我们对其了解和研究十分必要。

一、中餐礼仪

（一）中餐基本知识

我国的烹调技艺和菜肴面点如同古老的中国文明史一样源远流长，是我国文化遗产的重要组成部分。《古史考》上有这样的记载："古者茹毛饮血，燧人钻火，始裹肉而燔之，曰'炮'；神农时食谷，加米于烧石之上而食之；黄帝时有斧甑，饮食之道始备。"由此可知，早在五千年前的黄帝时代，烹调技艺就在中国开始萌芽。中国的菜肴逐步形成菜系是在先秦时期，到战国时期，中餐菜系的南北风味已初见端倪。例如，屈原的《楚辞·招魂》和《吕氏春秋·本味篇》中记载了南方菜系的口味特点和用料品种。随着历史的发展和进步，南北两种菜系都得到了不断发展，最终发展成以川、鲁、苏、粤、浙、闽、徽、湘为代表的八大菜系。现代社会，菜系种类繁多，已远远超过以上的八大系类。

1.中餐菜肴的特点

近现代社会，中国菜肴以其品种多样、烹调特别、调味丰富、选料讲究等特点饮誉全球。凡品尝过中餐菜肴的人，无不赞不绝口。

（1）菜肴品种丰富。品种丰富多彩是中餐菜肴的一大特点。有史以来中餐菜肴就以菜肴风格各异、品种繁多享誉世界。从风味上来讲，有珍品罗列的宫廷风味、制作考究的官府风味、各具特色的地方风味、各民族的独特风味以及民间家肴风味；就菜式品种而言，有精彩纷呈的宴会菜式、具有乡土气息的民间菜式、经济方便的大众菜式以及能疗疾健身的药膳菜式等。据有关资料查证，中餐菜肴中，不同风味的地方菜、风味名菜多达五千多个，花色品种上万。

（2）烹调方法多样。中餐菜肴的烹调方法很多，历史源远流长。周代的"八珍"，就是当时厨师发明的八种珍贵烹调技术。在众多的烹调方法中，热烹、冷制、甜调是各菜系中较集中使用的三类烹调技术，每类烹调技术中还有各种不同的烹调方法。

（3）选料讲究。选用好的原材料是烹制出美味佳肴的必备条件之一。选料不当，再精湛的烹调技术也无法做出美味佳肴，因此，选料是中餐菜肴中非常重要的一道工序。选料考究是历代中餐菜肴的传统，古今厨师对待选料都极其严肃认真，从不马虎。中餐选料不仅讲究时令，而且讲究鲜活，不同的菜肴有不同的选料要求。

（4）刀工精细小餐菜肴对原材料的加工十分讲究，要求加工后的原料要大小、长短、厚薄一致，以保证在烹制时能使原材料受热均匀。因此，对菜肴的制作来说，刀工是一道非常重要的环节。中餐菜肴的刀工有直刀、斜刀、花刀、平刀等多种刀法，根据菜肴的制作要求，用不同的刀法将原材料切成丝、片、条、块、丁、段、粒、茸、末等各种形态，使菜肴外形达到便于烹调和美观的目的。

（5）配料巧妙。为了使制作出来的菜肴种类丰富多彩、滋味调和独特，中餐菜肴除选好主要原材料以外，还要求选好各种配料来辅助拼配。

（6）善于调味。为达到去除异味、增加滋味、丰富口味的目的，中餐菜肴历来重视原料相互搭配、交互融合。因此，善于调味是中餐菜肴烹饪的一大特点，也是形成丰富多彩的中餐菜肴的重要因素之一。

中餐厨师不仅能够用改变调料配比的方法来调出各种美味，还能巧妙地使用不同的调味方法来调制口味。例如，有的在加热前调味，有的在加热中调味，还有的在加热后调味，采用不同的调味方法可调出不同的口味。

（7）善于运用火候。善于运用火候是中餐菜肴风味各异、千姿百态、让人回味无穷的重要原因之一。中餐菜肴烹饪对火力、火势、火时、火度等因素均有讲究。例如，要使菜肴鲜嫩，就要求旺火，即大火力、高火度、广火势、短火时；煨煮的菜肴，要求小火力、文火。烹制有些菜肴，要求开始使用旺火，之后使用文火。

2.中餐菜肴介绍

中餐菜肴是一个复杂庞大的体系，由宫廷菜、官府菜、多种地方菜、少数民族菜等组成，其具有悠久的历史传统和明显的民族文化特色。

（1）宫廷菜。中餐宫廷菜来源于供帝王享用的菜肴，至今已有3千多年历史。宫廷菜的主要特点是，"稀贵、珍奇、古雅、怪异"。烹饪工艺要求选料严格、制作工艺精致、盛装器皿考究、菜肴形色美观。总之，宫廷菜在各个方面都充分体现出皇帝贵族雍容华贵的气质。由于宫廷菜有史以来都仅限于宫廷之中，烹饪技术很少在民间流传，因此限制了宫廷菜烹饪技术的发展。由于掌握宫廷菜肴烹饪技术的厨师不多，因此只有少数饭庄能制作地道的宫廷菜。

（2）官府菜。官府菜是中国历代王朝文武官员享用的菜类。官府菜虽没有宫廷菜那样雍容华贵的气质和考究的器皿，但官府菜也颇具特色。许多传世的烹调技艺和名贵菜肴来自官府菜，地方菜系中有许多名菜也来自官府菜。

（3）地方菜。地方菜是中餐菜肴的主体，是各个地区的民间菜。地方菜充满着浓厚的地方特色，例如，北京烤鸭、西湖醋鱼、云南汽锅鸡等。

（4）少数民族菜。中国有56个民族，各个民族都有自己独特的烹饪方法和别具风味的传统菜肴。早在600多年以前，少数民族菜就在中餐菜系中占有一席之地。随着历史的发展、各民族杂居现象逐渐扩展，各民族文化相互影响和交融，许多少数民族菜也逐步被其他民族，包括汉族所接受。例如，回族菜系已基本被汉族接受；蒙古族的烤羊肉、维吾尔族的羊肉串等深受其他民族的欢迎。

（5）素菜。素菜是指以植物类及菌类为原材料烹饪而成的菜肴。素菜是中餐菜系中的重要组成部分，也是中餐菜系烹饪方式的一大流派。素菜的用料特殊，制作精致，品种繁多，对烹饪技术要求高，口味清鲜爽口，在中餐菜系中独树一帜。素菜主要有寺院素菜、民间素菜和市肆素菜三大类，素菜营养丰富，含有大量的维生素、植物蛋白、有机盐类、矿物质等营养素，并且脂肪及胆固醇低，具有一定的医疗保健作用，深受人们的喜爱。古代人就对素菜赞不绝口，有"素菜之美，能居肉食之上"的说法。

（6）地方小吃。地方小吃是中餐中的一个重要组成部分。小吃既可作为菜肴品尝，又可作为主食食用，是餐桌上必不可少的一部分。各地的小吃各具特色，例如，四川的担担面、红油抄手；云南的大救驾、饵丝、小锅米线；北京的豌豆黄、油炒面、油茶等。

3.中餐菜系及其特点

在选料、加工、烹饪、调味等方面独具特色，有浓厚地方色彩，并构成了一个较完整体系的菜肴系列被称为菜系。有一定代表性的、著名的中餐菜系主要有四川菜系（川菜）、江苏菜系（苏菜）、山东菜系（鲁菜）、广东菜系（粤菜）、福建菜系（闽菜）、浙江菜系（浙菜）、湖南菜系（湘菜）、安徽菜系（徽菜）、北京菜系（京菜）、上海菜系（沪菜）、湖北菜系（鄂菜）等。过去，一般只称前八种为中餐中的著名八大菜系，随着各地区饮食文化的不断发掘和发展，目前形成菜肴系统的已远远不止这些，下面对这其中的一部分做简单介绍。

（1）川菜。川菜历史悠久，盛名中外。川菜主要由成都菜和重庆菜组成。由于四川境内气候为夏季潮热、冬季潮冷，人们的饮食习惯和口味就多以麻、辣为主，其体现了巴蜀文化的内涵。川菜的烹调技术博大精深，调味品纷繁复杂并富有特色。川菜形成的菜系素有"一菜一格、百菜百味"的美誉，主要名菜包括：夫妻肺片、鱼香肉丝、红油兔丁、宫保鸡丁、灯影牛肉、麻婆豆腐等。川菜口味多样，菜品约有三千多种，麻、辣、酸、香、鲜、嫩、脆、咸、甜等味味具备。

（2）苏菜。苏菜菜系包含苏州菜、南京菜和淮扬菜三大流派。苏州菜主要包括苏州和无锡两地的菜肴，其特点是：做工精细、用料考究、口味浓中带甜，侧重酥烂鲜香，例如，叫花鸡、松鼠鱼、无锡酱排骨都是苏州名菜。南京菜主要以烹制鸭子盛名，其特点是：滋味柔和、原汁原味、咸淡适度、酥嫩鲜香，其中南京盐水鸭、南京扒鸭、煨三鸭、清炖八宝鸭等最具特点。淮扬菜包括镇江、淮安及扬州一带的菜肴，其特点是：以油重味浓为主，烹饪时很少用酱油，力求保持原汁原色，菜肴浓而不腻。淮扬名菜有扬州锅巴、清蒸鲥鱼等。

（3）鲁菜。鲁菜菜系主要由济南菜和胶东菜组成。华北、东北等地区的菜肴均受鲁菜的影响，因此鲁菜菜系是中餐北方菜系的代表。最有名的济南菜是以清汤和奶汤调制的菜。其中，清汤调制的菜，汤清色亮；奶汤调制的菜，汤白味醇。胶东菜主要以烹饪海鲜类出名，菜肴味鲜色美、原汁原味。鲁菜中的油爆双脆、德州扒鸡、锅烧肘子、糖醋黄河鲤鱼是最受欢迎的名菜。

（4）粤菜。粤菜菜系一般指广东、潮州、东江三个地方菜。粤菜以用料广泛、新奇著称，蛇、狗、猫、猴等动物都能被烹饪为美味佳肴。自从生态环境保护被列入国家重大保护项目后，这些美味佳肴已被豆制品等原材料替代。粤菜菜肴主要以清淡、生脆、爽口为特点，其中烤乳猪、白切鸡、东江盐烧鸡、龙虎斗等是传统的粤菜名菜。

（5）闽菜。闽菜菜系主要由福州、泉州及厦门等地方菜组成，其中福州菜最有代表性。闽菜烹饪的原料主要为海鲜类，菜肴特点体现为味鲜而清淡、咸中略带酸甜，同时色彩绚丽。代表性的名菜有：佛跳墙、福寿全、太极明虾、鸡汤川海蚌等。

（6）浙菜。浙菜菜系主要由杭州菜、绍兴菜及宁波菜组成，其中以杭州菜为代表。早在南宋时期，杭州菜就已基本形成菜系，菜肴制作要求刀工讲究、制作精细。杭州菜的口味特点是清淡、细嫩和香脆，其中，西湖醋鱼、杭州酱鸭、龙井虾仁是脍炙人口的名菜。绍兴菜主要以烹制河鲜、家禽出名。绍兴菜肴极富乡土气息，香酥绵糯、滋味浓重的口感是绍兴菜的特点。宁波菜以海鲜类为主，菜肴的特点是鲜香、清淡、酸甜。宁波名菜有丝瓜卤蒸黄鱼等。

（7）湘菜。湘菜至今已有两千多年的历史，主要由长沙地区、湘西区和洞庭湖区的地方菜组成。长沙地区菜由长沙菜、衡阳菜和湘潭菜组成。在中国历史上，长沙一直是官府衙门的集中地，也是名人荟萃、商家云集的地区，湖南的官府菜也发源于长沙，由此，长沙菜成为湘菜的代表。湘西区地方菜主要以烹饪山珍野味、各种菌类菜肴及烟熏腊味为主。洞庭湖区地方菜以常德、岳阳两地地方菜为主，以烹制河鲜为主。湘菜历史悠久，名菜很多。例如，相传在清代同治年间，长沙人就开始烹制的麻辣仔鸡，其具有麻、辣、香、鲜、外焦、内嫩的独特风味。又如，发丝百页，其特点是精工细做，选料精良，刀工精细，使百页细如发丝、白如银丝，烹饪时配以冬笋、红辣椒丝和韭黄，使之色泽鲜艳、脆嫩、香辣、微酸的口感，极为爽口。

（8）徽菜。徽菜发源于安徽的徽州，以擅长烹制山珍和各种河鲜为名，其口味特点是：重油、重色、重火功。葫芦鸭子、雪冬烧山鸡、蟹黄虾盅是最有特色的徽菜名菜。

（9）京菜。京菜是由元、明、清等朝代的宫廷御厨和王府家厨逐步演变而来的。京菜选料广、刀法精、造型美观、烹调讲究。口味是以咸为主，其他口味相应配合。京菜菜名朴实、经济实惠，重视色、质、味、器的相互协调。北京烤鸭、北京涮羊肉、蜜汁樱桃肉等是相传至今的名菜。

（10）沪菜。沪菜起源于上海，至今约有两百多年历史。由于上海一直以来都是中国最大的工商和进出口重镇，南来北往，中外人士云集，因此，沪菜除有上海菜本地特色外，还融汇了西餐菜肴风味而自成体系。上海菜的口味特点是：重视原味，汤醇厚，雕刻华美。上海特色菜有炒毛蟹、双色鸡片、椒盐蹄髈、茄汁虾仁等。

（11）鄂菜。鄂菜菜系主要由武汉、荆州、黄冈三种地方风味菜组成。鄂菜汁浓、芡稠、口重、色纯，鄂菜重刀工、重造型、善配色，菜肴有浓厚的乡土气息。武昌鱼、糖醋麻花鱼、双黄鱼片、粉蒸肉为鄂菜名菜。

（二）中餐礼仪

中餐礼仪是中国饮食文化的一个重要组成部分。据记载，中餐礼仪始于周公，经过千百年的演进，终于形成现今大家都能普遍接受的一套中餐礼仪体系。中餐礼仪既是古代饮食礼制的继承和发展，也是现代社会交流和沟通的需要。中餐礼仪包括进餐礼仪、宴请礼仪、赴宴礼仪等内容，这些内容不仅存在于上层社会的社交活动中，同时也存在于民间的日常生活中。

1.个人进餐礼仪

进餐是人们生活中不可缺少的个人活动。通常情况下，在工作时间，人们多在食堂或小餐馆进餐，有时也会在办公地点与同事们一起吃快餐；下班或假日，有条件的人都回家用餐。无论在哪里用餐，行为举止都要文雅和礼貌。

（1）到食堂、餐馆进餐要遵循公共场合的礼仪。在食堂或餐馆用餐，用餐者首先要懂得尊重服务人员。例如，使用餐盘的用餐者，餐后要主动将餐盘送回指定地点，不要吃完就走；使用一次性餐盒的用餐者，用完后要将废弃餐盒放到指定地点。其次，到食堂用餐的用餐者应相互尊重，用餐人多时，要排队按顺序购买食品，相互谦让，不要拥挤。

（2）进餐时要有正确的坐姿。不论是在食堂、餐馆还是在家吃饭，都应养成良好的坐姿习惯，不能出现趴在饭桌上、蹲在凳子或椅子上、一只脚跷在凳子或椅子上等姿势。

（3）用餐时不能乱吐残渣。进餐时，一般不能将进口的食物再吐出来，如有骨头、鱼刺、菜渣等需要处理时，不能乱吐，用餐者应将骨头等残渣放在食堂或餐馆提供的备用盘里。

（4）进餐时不能发出响声。无论是吃东西，还是喝汤或酒水饮料都要尽量做到不发出响声。进餐的良好习惯要从平时培养，如果认为没有旁人在场可以无所谓的话，碰到社交场合也将很难控制自己进餐的行为习惯。

（5）进餐时不能狼吞虎咽。进餐要文雅，不能狼吞虎咽。特别是女士，每次进口的食物不宜过大，应小块、小口地吃，以食物进口后不会使自己嘴巴变形为原则。

（6）进餐时不要喝水。不要一口饭、一口水地用餐。这种习惯不仅对消化不好，影响身体健康，同时吃相也不好，使人有狼吞虎咽的感觉。

（7）口中有食物时，勿张口说话。当口中有食物时，不要说话。含着食物说话，食物容易从口中喷出。如适值旁人问话，可等口中食物咽下去后再回答。

2. 中餐宴请礼仪

中餐宴请，是我国社交中最普遍的交流方式，宴请的形式和内容很多，小到家宴，大到国宴。在宴请的过程中，主、客双方人员的修养和气质都能在进餐的整个过程中充分体现，因此，了解中餐宴请礼仪的知识，对每一个人都是很重要的。

（1）宴请主人的礼仪

① 主人应在门口迎接宾客。宴会开始前，作为主人应将一切准备妥当，着装得体大方，保持一定的风度，站立于门前迎接宾客。主人应分别依次招呼每一位来宾，并安排固定人员为宾客引座，座次应按照宾客的职务和辈分的高低提前安排好，不可疏忽。大部分客人到齐后，除留一两个人在门口接待外，主人应回到宴会场地招呼和应酬宾客。

② 热情对待每一位宾客。宴请主人应以热诚的态度对待所有宾客，不可厚此薄彼。例如，如果你正和某客人应酬着，碰到另一些客人进来，不能分身时，可先对原来的客人道歉，再抽身前去接待，千万不能因忙乱而怠慢了客人。一旦发觉有的来宾孤单无伴，就要找朋友为他们介绍认识，以免使客人感受到冷落。如请的客人较多，宴请主人应分坐到各桌间招呼客人。

③ 上菜前应为宾客先斟茶。在客人还没到齐前，应为先到的客人斟茶，或上一些瓜子之类的零食，不能上菜。特别要注意，每到一位客人，都应快速将茶斟上，不可有所怠慢。

④ 主人应主动为宾客敬酒。上菜后，主人应先向同桌的客人敬酒，说一些感谢光临的话，然后请客人"起筷"。在宾客较多的情况下，主人要亲自到每一桌去敬酒，并一一致意。

⑤ 主人应为宾客送行。席散后，主人应回到门口，等待客人离去，并一一握手送行。如是小型宴会，可让小辈送长辈和路远的客人一程，或给他们叫出租车，以示主人的情意。

⑥ 家庭宴请，主人应保持风度。如计划在家中宴请客人，首先应将房间打扫干净，并做适当布置，以体现出主人的文化修养和内涵。在家中宴请客人，一般都是女主人亲自下厨，但在入席前，女主人应换上得体的服装再陪客人一起用餐，不要穿着在厨房烹制菜肴的衣服就入席。男主人应在席间多应酬，还应适时地关照女主人，体现出男士的绅士风度，千万不能对女主人不管不顾。

（2）赴宴者的礼仪

① 赴宴者的仪表礼仪。宴会是一种社交活动，赴宴者应注重自己的仪表和形象。在接到请柬时，应先了解清楚宴会的档次和内容，如是较高档次的宴会，男子就应穿得正式一些，如只是一般的应酬宴会，男子只需将自己打扮得整齐大方即可；而对于女子来说，无论是什么档次的宴会，都应穿得漂亮和华丽一些，外加适当的化妆，使之显出女子的秀丽。不管是男子还是女子，参加宴会时都要保证身上没有异味。另外，男子还要修饰头发和胡须。

② 赴宴者的馈赠礼节。当收到一张请柬时，最好先看清楚宴请的性质（寿酒、喜酒还是孩子满月酒等），在决定赴宴后，要考虑"送礼"的问题。送礼的多少，可以看你和主人相交的感情深浅如何，感情深的，礼自然就要厚一些；感情浅的，礼便可以轻一点。送什么礼物要根据宴席的性质而定。公务宴请，一般不用赠送礼物。

③ 进入宴会场所时的礼节。赴宴者到了宴会地点时，见到主人首先要说一些祝贺或感谢的话。如一时未见到主人可先与相识的朋友交谈，或找座位静坐等候，千万不要到处窜着找主人。如看见主人在与其他客人交谈，可先示意让主人知道你的到来即可，不要勉强打断主人与他人的谈话。

④ 参加宴会不能迟到。参加宴会，切记不要迟到。迟到是对主人和先到宾客的不尊重。万一迟到了，在坐下之前，要先向所有在场的人微笑打招呼，同时还要表示歉意。

⑤ 按主人安排的座次入席。赴宴者应按主人指定的座位入座。在没有特殊安排的情况下，可不必拘泥这一点，入座前切记要用手把椅子往后拉一点再坐下。男士应主动为同去的女士将椅子拉好，女士不必自己动手拉椅子。入席后要坐得端正，双腿靠拢两足平放在地上，不宜将大腿交叠，双手不可放在邻座的椅背上或桌上。

⑥ 用餐前的礼仪。菜未上桌时，不可玩弄餐具或频频起立离座，也不可给主人添麻烦。进餐前，服务员送上的第一道湿纸巾是擦手的，不要用它去擦脸；菜上桌后，要等主人招呼后才能动筷。

（3）进餐时的礼仪

① 席间不宜高谈阔论。进餐时，不宜高谈阔论；吃食物时，尽可能将嘴巴闭合，不要发出声音。夹菜要文明，应等菜肴转到自己面前再动手；一次夹菜不可太多；用餐时动作要文雅，不要将菜、汤弄翻；喝汤时不要发出声响。

② 使用水盂要文雅。上龙虾、水果等时，会送上一只水盂，这不是饮料，是洗手的。洗手时只能两手轮流沾湿指头，轻轻刷洗，不要将整只手放进去。

③ 不可对着餐桌打喷嚏。席间万一要打喷嚏、咳嗽，应马上掉头向后，拿餐巾

或纸巾掩口。如果伤风咳嗽，最好不去赴宴会。

④ 主人致辞时应表示尊重。席间如有主人向宾客致辞，应停止进食，正坐恭听。主人致辞完毕应鼓掌致谢，这是对主人的尊重。在主人致辞时，千万不可交头接耳、左顾右盼或搬弄餐具。

⑤ 注意席间的礼节。席间夹菜时，筷子不可在碟中乱翻或不顾及他人，大吃、特吃自己爱吃的食品。进餐时，筷子和汤匙不能整段塞进嘴里，筷子夹菜送到牙齿，汤勺仅沾唇边即可。当菜掉到碟外后，只能将其夹来自己食用或放于残渣碟中，切记不可重放于原碟中。

⑥ 不要中途退席。在宴会过程中，最好不要中途离去。若万不得已要先离去，应向同桌人说声"对不起"，同时还要郑重地向主人道歉。如有长辈在场，最好先后退两步再转身离去。

⑦ 注意剔牙时的举止。用牙签剔牙应用手或餐巾纸掩住嘴巴，不要将自己的牙床全露出来，这样有失雅观。

⑧ 宴会告辞礼仪。宴会完毕告辞时，应走到主人面前握手说一些感谢的话，话要简单、精练，千万别拉着主人的手说个没完，妨碍主人送客。

（4）其他礼仪

① 中餐餐具的摆放。中餐餐具主要包括杯、盘、碗、筷、匙等。在宴会上，水杯放在菜盘上方，酒杯放在右上，筷子与汤匙则放在专用的座子上（也可放在纸套中），公用的筷子和汤匙最好放在专用的座子上。酱油、醋等作料一桌可放数份，每桌备有牙签盒。中餐宴会是允许吸烟的，因此，还要备有烟灰缸。如有外国朋友参加宴会，应准备刀叉，提供给不会使用筷子者使用。

② 中餐的上菜顺序。中餐上菜顺序一般为先凉后热，先炒后烧，咸鲜清淡的先上，味浓味厚的后上，最后是甜品和水果。宴会上的桌数再多，每桌都要同时上菜。有一定档次的宴席，热菜中的主菜，例如燕窝、海参、鱼翅等应该先上，即档次较高的热菜先上。

③ 中餐中使用筷子的礼仪。使用筷子是中国人值得骄傲和推崇的科学发明。有位名人说："中国人早在春秋战国时代就发明了筷子。如此简单的两根木棍，却高妙绝伦地应用了物理学上的杠杆原理。筷子是人类手指的延伸，手指能做到的事，它都能做，且不怕高热，不怕寒冷，真是高明极了。"

在长期的生活实践中，人们对筷子的使用形成了一些礼仪上的忌讳，用餐及安排宴会时要特别注意。第一，忌敲筷。不管是在等待就餐还是在就餐中，任何时候都不能坐在餐桌边，拿筷子随意敲打。第二，忌掷筷。在餐前发筷子时，要把筷子一双一双理顺，轻轻放在每一位就餐者面前，不能随手将筷子掷在桌上。用餐者用餐期间或用餐结束时不能将筷子随意掷在桌上。第三，忌叉筷。筷子不能两根交叉摆放，也不能相互颠倒摆放；筷子要放在碗边，不可放在碗上。第四，忌插筷。在用餐中，如中途有事需暂时离开时，要将筷子轻轻搁放在桌上或餐碟边，不可将筷子插在饭碗中。第五，忌挥筷。夹菜时，不能用筷子在菜盘里挥来挥去，上下乱翻；遇到旁人也夹菜时，要注意避让，谨防"筷子打架"。第六，忌舞筷。在餐桌上说话时，不能拿着筷子在餐桌上乱舞；在请别人用菜时，不要把筷子戳到别人面前。

二、西餐礼仪

现代社会，国际交往日趋平凡，中西方文化不断交融，西餐文化也走进了中国和东方各国。要使自己能在任何交际场合都能得心应手，必须了解和掌握西餐礼仪。本书主要通过介绍西餐文化知识，引导学习者学习和掌握西餐礼仪。

（一）西餐文化介绍

在中国，西餐原本是一种贵族文化。在这种所谓的"贵族文化"还没有放下架子时，"麦当劳""肯德基"就伴随着年青的一代人成长起来，并以先入为主的印象，使很多人对西餐的概念局限于"比萨""麦当劳"与"肯德基"上。实际上，不论"麦当劳""肯德基"还是"比萨"，都只是西餐中的快餐食品。一位西餐厅的经理这样评价美式快餐："西方没有什么饮食文化，要么就是中餐，要么就是快餐，根本没有自己的餐饮文化。"这其实是对西餐文化的一种片面看法。实际上，西方各国的餐饮文化都有各自的特点，各个国家的菜式也都不尽相同。例如，法国有法国菜，英国有英国菜。

1. 西餐简介

我们所说的西方，一般是指欧洲地区和国家，以及由这些地区和国家为主要移民的北美洲、南美洲和大洋洲的广大区域。西餐也主要是指以上区域的餐饮习惯和文化，是中国和其他部分东方国家及地区对西方国家菜点的统称。广义上讲，也可以说西餐是对西方餐饮文化的统称。

2. 西餐的特点

西餐主要分为两大类，一类是欧美菜，另一类是俄式菜。不论是哪一类西餐，都有共同的六大特点，也是人们通常称的六个"M"。

（1）"Menu"（菜单）。当你走进西餐馆并在服务员引领你入座后，服务员会马上送上菜单。菜单被视为西餐馆的门面，老板也一向重视。通常，菜单所使用的材质都非常好并印刷精美，有的甚至用软羊皮打上各种美丽的花纹。看菜单主要不是看菜的价格，而是看这个餐厅菜单上的传统和文化，这是吃西餐的一个必不可少的程序，是一种生活方式。吃西餐不看菜单，说明用餐者对西餐文化的了解浅薄。

（2）"Music"（音乐）。豪华高级的西餐厅，一般都有乐队演奏一些柔和的乐曲，一般的小西餐厅会播放一些美妙的乐曲。西餐厅中对音量有比较严格的要求，即音乐的音量要达到"似听到又听不到的程度"。也就是说，当用餐者集中精力和友人谈话时要听不到音乐，想休息放松一下时要能听到音乐。

（3）"Mood"（气氛）。吃西餐讲究环境雅致，气氛和谐。餐具洁净、透亮，餐桌摆放典雅，营造着浪漫、清雅的气氛。

（4）"Meeting"（会面）。在我国，与亲朋好友或趣味相投的人才会一起吃西餐。吃西餐主要是为联络感情，很少在西餐桌上谈生意，所以，西餐厅内一般没有面红耳赤的场面出现。

（5）"Manner"（礼俗）。这里的"Manner"也称之为"吃相"或"吃态"。"吃相"或"吃态"应遵循西方习俗，勿有唐突之举。特别在手拿刀叉时，若手舞足蹈，就会"失态"。西餐宴会，主人都会安排男女相邻而坐，讲究"女士优先"的西方绅士，都会表现出对女士的殷勤。中国人用西餐也应学习西方的礼节和礼貌，在西餐厅，无论男女都要格外注意自己的言行举止。

（6）"Meal"（食品）。一位美国美食家曾这样说："日本人用眼睛吃饭，料理的形式很美；西方人是用鼻子吃，所以我们鼻子很大；只有中国人才懂得用舌头吃饭。"这说明了中餐是以"味"为核心，而西餐主要是以"营养"为核心。西餐的味道是无法与中餐相提并论的。

3. 西餐的餐具介绍

西餐宴会所需的餐具可分银器、瓷器、玻璃器皿、上菜盘和厨房用具等五大类。这里主要介绍供用餐者使用的前三类。

（1）银器。银器包括大小刀叉、铲、夹、汤匙、布丁匙、咖啡匙等。在正规宴会中，上述器具是配套的。吃西餐，餐具中不可少的是一套分菜用的餐匙和一把锋利的切肉刀。这里要说明的一点是，西餐餐具中所谓的银器不一定是由金属银制作的。

① 刀：西餐中的刀分水果刀、奶油刀、鱼及生菜刀、肉刀等，各类刀长短不一，形状、大小不等。用餐时，各类食品对应使用不同的刀具，不可混用。

② 叉：叉分肉叉、鱼及生菜叉、水果叉、蚝叉等，各类叉长短不等，叉齿不一，各有不同的用途。用餐时，使用叉来获取，获取食物要根据食品的类别来选用相应的叉，叉不能混用。

③ 夹和铲：夹分方糖和冰块夹、硬壳果夹、田螺夹等，它们都是特定的夹子。铲分点心铲和派铲等，铲的作用是将点心之类的食品铲到用餐者盘中。

（2）瓷器。瓷器有餐盘、汤盆、汤碗、奶酪或色拉盘、咖啡壶、奶油杯、咖啡杯及杯托等，分大、中、小号。在正式宴会上，所有的瓷器都要配套，非正式宴会要求不严。

（3）玻璃器皿。玻璃器皿主要是指各类杯子。西餐用的酒杯很讲究，不同的酒类所使用的酒杯不同。所以，酒杯包括红酒杯、香槟酒杯、鸡尾酒杯、白兰地酒杯、啤酒杯、甜酒杯及水杯等多种类型。正式宴会，餐中一般使用红酒杯，餐后的甜酒用甜酒杯。

4.西餐菜肴和面点

（1）西餐菜肴

西餐分为欧美式和俄式两大类，其中，欧美式西餐菜肴又以英国菜、法国菜、美国菜和意大利菜较为著名。

英国菜的特点是：油少，口味清淡，很少用酒作调料，调味品都放在桌上。著名的菜有：薯烩烂肉、薄荷沙司、烧鹅苹果沙司、冬至布丁、烤羊马鞍等。

法国菜的特点是：选料广泛，用料新鲜，烹调讲究，花色品种繁多。法国菜的选料除一般原料外，还选用蜗牛、马兰、鹅肝、椰树心、洋百合等。法国菜烹调用酒很重，食品一般只煮三四成熟即食用。法国名菜有：鹅肝冻、马赛鱼羹、红酒山鸡等。

美国菜的特点是：口味咸里带甜，常用水果作为菜肴的配料。点心和色拉大多用水果制成，调料大都是用色拉油沙司和鲜奶油，一般不放辣味。美国名菜有：丁香火腿、蛤蛎浓汤、美式火鸭等。

意大利菜的特点是：味浓，以原汁原味闻名。意大利菜以炒、煎、炸、红烩、红焖等方法著称。饭和面条只烧到六七成熟就吃，这是区别于其他国家的一个明显标志。意大利特色名菜有通心粉素菜汤、铁扒干贝、红焖牛仔肘子等。

俄菜的特点是：油大味重。肉类和家畜菜要烧到很熟才吃，咸鱼和熏鱼多生吃。多用酸奶油、奶渣、柠檬、酸黄瓜、小茴香等做调味品。著名俄菜包括青鱼饺子、冷菜果汤、串烤羊肉、酸黄瓜汤、果酱酸奶油汤等。

（2）西式面点

西式面点的品种较多，主要有吐司、三明治、布丁、蛋糕和面包等。

① 土司：是一种以面包片配上肉、鱼、蛋和蔬菜丁、泥，经过炸或烘烤而成的食物。

② 三明治：是在两片面包中夹上其他原料的一种食品，夹心中用的是什么原料就称为什么三明治。

③ 布丁：是用面粉、鸡蛋、水果、牛奶和糖为原料经调制后放入布丁盒内蒸制

而成的一种食品，一般有面包布丁、水果布丁等。

④ 蛋糕：是用鸡蛋、面粉和糖为主料，经认真调制后，放入各种形状的蛋糕盒内蒸制成的一种点心。

⑤ 面包：是以面粉为原料，配以鸡蛋、糖、盐等，经发酵后烘烤而成的一种食品。面包是西餐中的主食，有各种不同的形状和风味。

（二）西餐桌上的礼仪

中西方因为深受不同的社会文化、历史文化和各种社会背景的影响，从而导致两种不同文化的产生，餐桌礼仪文化业因此应运而生，餐桌礼仪文化是饮食文化的一部分，中西饮食文化的不同是中西民族文化差异的重要组成部分。每个国家、每个地区的每种民族都在饮食中自觉不自觉地透露着自己深刻的文化背景。总体来说，西餐礼仪与中餐礼仪有很大区别。对于现代人来说，应了解和掌握西餐的用餐礼仪。

1. 西餐入席礼仪

参加西餐宴会时男女宾客都应穿戴整齐、美观，特别是女性，应稍做化妆，让人感觉清新和高雅。入席时，同桌的男士应先照顾女士入席，等女士和长者坐定，再入座。无论男女入座时都应由椅子的左方入座，离席时也应由椅子的左方退出。坐姿要端正，脚不可任意伸直和交叠，身体与餐桌间应保持一定距离。

2. 认识餐具及餐桌上物品的摆放

西餐餐桌上铺有桌布，并以美观、清爽为原则。按传统，正式的宴会用白色的桌布。餐具主要包括银器、杯具和盘具等，如图5-2所示。其中银器的摆放方法为：叉具放于左侧，刀具和匙放于右侧，用餐者应按上菜顺序，由外向里启用餐具。大多数西餐或西餐宴会上只饮一种酒，酒杯置于餐刀的正上方。在宴会中，酒杯的摆放不很严格，严格的是喝什么酒要用什么酒的杯具，所以，如有多种酒杯，则说明本次宴会中有多种酒。西餐中一般是喝凉水或冰水，而没有茶，所以，餐具中包括水杯。在叉的左侧一般置有一白色托盘，当奶酪或菜送上后，用餐者可将盘挪到自己的正前方。

为了营造气氛，增添浪漫情趣，西餐餐桌上都放有小烛台。一般来说，蜡烛越长，使用的烛台越矮。餐桌上都放有一套调味品，用来盛装胡椒粉、白糖、芥末粉、盐等。西餐餐桌上一般不摆放烟灰缸。

图5-2　西餐餐具

西餐餐桌上的餐巾可以折叠成各种形状，例如，"僧帽形""三角形""长方形"等。折好的餐巾可放在白托盘中。无论是正式宴会的大餐桌，还是一般的朋友会面的小餐桌，为了营造出一种浪漫的气氛，西餐桌上都放有短茎的鲜花。

3.西餐餐具的使用方法

（1）以右手持刀

使用刀具时，应将刀把的顶端置于手掌中，用拇指抵住刀柄的一侧，食指按在刀柄背上，其余三指顺势弯曲，稍用力即可切割食品。食指不可触及或按在刀背上。刀除了可以用来切割食品外，还可以用来帮助将食品拨到叉上等。

（2）以左手持叉

与刀并用时，以左手持叉。持叉时，手应尽可能地握在叉柄的末端，叉柄依在中指上，中指以外部的无名指和小指做支撑，不要抓住整段叉柄。在不与刀并用时，叉齿可向上以铲的姿势取食品。与刀并用取食品时，正确的使用方法是：以右手持刀，左手持叉，叉齿向下，用叉固定食物，用刀切割，然后以左手用叉将食物送入口中。欧洲式的吃法是：切一块吃一块，每块不宜过大。美国式的吃法则是将食物切割好，将刀放下，右手改持叉，用右手将食物送入口中，甚至可以叉齿向上，将食物铲着送入口中。

（3）中止用餐时刀叉（匙）的摆放

暂停进餐，不需要撤盘时，可将刀叉摆成八字形，或交叉置于盘内，刀口向里，叉齿向下；刀叉并排放在盘子的右侧，刀口向里，叉齿向上或向下表示此道菜用完盘子可以撤走；刀叉平行摆放在垫盘上，刀口向外，叉尖向上，表示停止用餐。汤匙横放在汤盘内，匙心向上，也表示用汤餐具也可以撤走。

总之，西餐餐具很多，关键是掌握好刀叉的使用方法，其他餐具使用频率不高，如碰上不会使用时，可先看看别人怎样使用后再动手。

4.吃西餐的礼仪

（1）西餐座次

西餐的餐桌为长方形。宴请客人，主人应安排座次。安排座次的基本原则是男女宾客相邻交叉而坐。例如，一边将女宾置中间，两边各为男宾；另一边则将男宾置中间，两边各为女宾。这样每个人的左右对面都是异性，以便相互交谈。夫妇一般不安排坐在一起。

（2）餐巾的使用

入座后，待主人先摊开餐巾，客人方可使用餐巾。餐巾应放在双膝大腿上，切勿挂在领口或其他地方。餐巾除起到防止在席间弄脏衣服的作用外，还可用来擦嘴及手。如中途要离席，切忌将餐巾随意放在桌上，因为那是表示你不再回来了。应将餐巾放在椅子上，用餐完毕后餐巾应大致叠好，放在桌上或托盘中，切忌乱扔。

（3）用餐时的礼节

用餐时要注意刀叉的取用顺序。刀叉的取用顺序是先用摆在餐桌最外侧的，吃一道菜，用一副刀叉，刀叉用毕应并排放在盘中央。当盘中食物需要推移时，可用刀推移，切忌转动盘子。

咀嚼食物时，要闭嘴，不要发出响声。喝汤时，汤匙由内向外舀出，每次舀汤不宜过多；喝汤时不要出声，也不要用汤匙搅汤和用口吹，特别切忌端起碗来喝汤。面包不能用口咬着吃，要用手撕成小片吃，切忌用刀子切割面包。

（4）西餐水果的吃法

美国人习惯用手拿着吃；欧洲人则习惯用水果刀切开，用叉子叉着吃。不管什么习惯，在正式宴会中，是不能用手拿着整个水果啃着吃的。吃完水果后，应先在洗手钵中洗手指再用餐巾擦干，不要直接用餐巾擦。

（5）进餐中的举止

在进餐过程中，餐具必须随时保持整齐；身体不能紧靠餐桌，或把胳膊放在餐桌上；不能随意脱下上衣、松开领带或把袖子挽起；如从大托盘中取菜，一定要用公用的叉子；手弄脏了不能用嘴去吸吮；敬酒以礼到为止，切忌劝酒、猜拳及吆喝；席间不宜抽烟。

（6）离席时的礼仪

用餐结束离席时，应等男、女主人表示离席后方可离席。离席时男子应帮助邻座的女士和长者拖拉椅子，如图5-3所示；离席时要向男女主人表示感谢。

图5-3　离席礼仪

第六节　传统节日礼仪

节日礼仪是指各个国家、各个地区、各个民族庆祝传统节日活动的礼仪。它是节日与礼仪的统一。节日是指各个国家、各个地区、各个民族在生活中传统的庆祝和宗教祭祀的日子。节日是民族习俗的一部分，是民俗文化的重要组成部分，也是民族文化的组成部分。

在各个国家、各个地区、各个民族的发展历史中，人们往往把对自己国家（或地区）、自己民族的生存、发展和变革最有影响、最有意义的日子记录下来。每逢这个日子，便以不同的心理、仪式、活动、规模等，予以庆祝，以示纪念。斗转星移，这种对特定日子的纪念心态便积淀下来，变成了习惯，最后形成各个国家（或地区）、各个民族的传统节日，被一代一代地继承下来。

中国是一个多民族的国家，除汉族之外，还有蒙古、藏、回、满等55个少数民族。大部分民族都有自己的语言和文字，都有自己的风俗习惯、伦理道德、传统节日及其礼俗。有人统计，中国的节日有100多种。其实不止，还有许多具有地方特色的节日没有统计进去。如广东龙川一带的农村里过"二月二"的习惯，这个"二月二"节日，时间是农历的二月初二，标志春耕生产的开始。再如广东兴宁一带正月初九到十八的"赏灯"，也是隆重的传统节日，"赏灯"是客家方言"添丁"的谐音，即"添丁"的意思，虽然有"重男轻女"之嫌，但它也是流传已久的传统节日，其礼俗主要有：拜祠堂、放鞭炮、宴请亲戚朋友。且以正月十二、十三日两天最为隆重。像这样地区性的节日，数不胜数。下面主要来介绍我国的传统节日礼仪。

一、春节

（一）春节的起源

春节是中国民间古老且隆重的节日，是农历的新年，故春节俗称"新年"。相传在古时候有个名叫"年"的孩子，为替乡邻驱除腊月三十晚上必来村中夺食人畜的"夕"，不畏艰险，用其聪明和智慧终于赶走了"夕"，为人们争来了一个欢天喜地的正月初一。为了纪念这个叫"年"的孩子，人们就称农历正月初一为过年，而腊月三十晚被称为"除夕"。这就是"过年"和"除夕"的来历。那么，"春节"之名又从何而来呢？

很久很久以前，节令很乱，弄得庄稼人无法耕种。相传有一位名叫万年的青年，决心把节令定准。万年在树影移动的启发下，制造了一个日晷，测日影计算一天的长短。可是，云阴雾雨，影响测记。后来，他又受崖上的泉水有节奏滴落的启发，制成了五层漏壶。从此，他测日影，计水滴，算时令，终于发现每隔三百六十多天，天时长短就会从头重复一遍。那时的天子叫祖乙，由于节令的失常，就召集百官，朝议节令失常之因。节令官阿衡说是人们做事不慎，得罪了天神，只有虔诚跪祭，才能得到天神的宽恕。于是乎，祖乙斋素沐浴，领百官去天坛祭天，并传谕全国，设台祭天，但祭来祭去，不见收效，时令照样乱，百姓为建祭台更是苦中加苦。

这时，万年看在眼里，痛在心头，毅然带着他的日晷和漏壶去见天子，并讲述了日月运行的周期。祖乙听罢，心中大喜，即令在天坛前修建日月阁、日晷台和漏壶亭。有一天，祖乙让阿衡去日月阁询问制历的情况，万年指着草历说"日出日落三百六，周而复此从头来。草木枯荣分四时，一岁月有十二圆。"阿衡听后，甚觉在理，但又怕失宠，就起歹心要除掉万年。于是，阿衡派人把一个善射的刺客请到家里，设宴款待，并许以重礼，刺客答应当晚就去行刺万年。天交二鼓，刺客趁酒兴向日月阁奔去。万幸的是，刺客喝酒过多，眼睛不好使，飞箭只射中万年的胳膊。服侍万年的童子见状急呼抓刺客，卫士闻声赶到，捉住刺客，扭送给天子处理。祖乙问明实情，传旨将阿衡收监，又立即出宫登上日月阁看望万年。万年非常感激，指着申星说："申星追上了蚕百星，星象复原，夜交于子时，旧岁已完，时又始春，望天子定个节吧。"祖乙说："春为岁首，就叫春节吧！"万年说："太阴历虽然草创，但还不十分准确，岁尾还剩有点滴时辰。如不把这岁末尾时润进去，日月如梭，过来过去又会错历。臣负众生所望，深受天子之恩，愿潜心日月阁，细心推算，把草历定准。"

星移斗转，年复一年，经过万年的不懈努力，终于把岁尾时长积日成月润了进去，通常说"闰月"或"闰年"，制成了太阴历，并把它献给天子祖乙。祖乙望着日夜操劳的万年，眉也白了，须也白了，深受感动，于是就把太阴历定名为万年历，还封万年为日月寿星，后来，人们把"春节"称作年。每每过年之时屋里悬挂上寿星图，象征新岁添寿，也是对功高德重的万年寄以怀念之情。

（二）春节的主要礼仪

春节的时间：一是指农历正月初一那天；二是指从农历十二月二十三日到正月十五日。腊月二十三日，民间称为"小年"，从此人们开始进入过年的准备阶段：大扫除，洗被帐，办年货，做新衣，排节目，写春联，买年橘，蒸年糕，炸油果，磨豆腐，宰猪羊等，城市和农村都呈现一片准备过年的繁忙景象。

几千年来，中国春节已形成了形式多样、内容丰富的节日礼俗，主要有以下方面：

1. 贴春联

春节来临，无论是城市，还是乡村，都有张贴红色春联的习惯，表达对来年的祝福。

2. 贴年画

新春佳节，家家户户在居室大门、墙上张贴年画，以示辞旧岁，迎新春。年画的题材十分广泛，如"关公把门""金童玉女""招财进宝""迎春接福""一帆风顺""五谷丰登""六畜兴旺""花开富贵""竹报平安"等，都反映了人们美好的祝愿，具有浓厚的生活情趣。

3. 贴福字

除夕那天，一般把"福"字倒贴于大门、房门或墙上，以示"福到了"。在中国民俗中，人们最理想的幸福生活包括五个方面：长寿、富贵、康宁、好德、善终，俗称"五福"。民间有许多以"福"为主题的吉祥图案，如"五福临门""福寿双全""多福多寿"等，充分体现了人们追求幸福生活的良好愿望。

4. 拜年

春节期间，男女老少，互相走访，祝贺新年。晚辈向长辈拜年，祝愿长辈健康长寿，长辈们通常要给孩子发"压岁钱"。古代压岁钱用来压恶驱邪，现代变成一种祝福，通常叫"利是"，祝孩子新的一年顺顺利利，平平安安。它也是亲友之间团结和睦的象征。

5. 买桔买花

春节前，家家户户都有买年橘买花的习俗，把桔和花摆放在厅的适当位置，既增添节日的气氛，又增加家庭的温馨。年橘意味新年大吉，桃花象征着来年好运，康乃馨祝愿家人健康，兰花以示富贵，竹塔表示步步高等。各种花卉均有良好的祝愿和深刻含义。岭南的"广州迎春花市"，更是春节期间一道亮丽的风景线。

6. 欢度除夕

腊月三十的晚上是农历除夕，这是一年中最隆重的一个夜晚，全家欢聚一堂，吃团圆饭，熬夜守岁，叙旧话新。古时守岁还进行猜谜、下棋、打扑克、弹琴、跳舞、唱歌、行酒令、赋诗作词、对对联等活动，热闹非常。现代人也沿袭了古人习俗，在除夕之夜开展各种形式的文化活动。改革开放以来，随着人民生活水平的不断提高，城里人有到酒楼预订席位吃团圆饭的习惯，使酒楼生意兴隆。吃罢团圆饭，各自回家。家人围坐在电视机旁，收看中央电视台现场直播的"春节联欢晚会"节目或其他电视台欢庆春节的节目，用这样的形式来欢度除夕之夜，等待新年的钟声。

春节期间，我国农村文体节目更加丰富，如舞狮子、耍龙灯、骑竹马、踩高跷、划旱船、扭秧歌、唱大戏、对山歌等，锣鼓喧天，载歌载舞，节日的气氛较城市更加浓烈。

二、元宵节

（一）元宵节的起源

元宵节也称上元节。我国从唐代起，每逢元宵节必张灯结彩，故又称灯节。元宵节源于汉武帝时对一名叫"泰一"的天神的祭祀活动。相传汉武帝迷信神仙，对超越众神以上的"泰一"神大为祭祀，且在正月十五日祭祀时，自黄昏始，通宵达旦，灯火通明，辉煌如昼。到汉明帝时，为了弘扬佛法，敕令在正月十五日夜晚"燃灯礼佛"，从而形成神仙方术与佛教礼仪相结合的正月十五张灯结彩的习俗。这一习俗一直流传至今。

（二）元宵节的主要礼仪

1. 吃汤圆

元宵节既是春节的尾声，又是新年的高潮，因为这天晚上是大地回春，一元复始的第一个月圆之夜。这一天南方吃糯米粉包馅的小团子，俗称"汤圆"；北方吃摇成的小圆子，俗称"浮圆子"，寓意团团圆圆，圆圆满满。

2. 观灯会

元宵灯会是全国各地重要的文化娱乐活动。民间常从春节开始到元宵节前夕，人们用竹、藤、麦秆、绫绢、纸等材料制成各式各样的灯笼。灯的制作十分讲究，加上利用现代科学技术，各式彩灯千姿百态，形象生动，灯会已成为展示中国传统艺术的平台，人们观灯会是一种美的享受。此外，灯会设有猜灯谜的活动，更增添灯会的文化气息。

3. 闹灶火

元宵节在民间有"闹灶火"的习俗。形式多种多样，活泼有趣，热闹非常。如：舞狮子、耍龙灯、骑竹马、踩高跷、划旱船、扭秧歌、唱大戏、对山歌等，给节日增添了欢乐的气氛。

4. 看节目

当今的元宵之夜，各地电视台隆重推出"元宵晚会"。节目丰富多彩，人们观看元宵晚会已成为一种习俗。

5. 探亲戚

中国农村元宵节有探亲戚的习俗，到正月十六为止。探完亲戚后，意味着春节结束，准备春耕。农村中小学大都是过了元宵节才开学。

三、清明节

（一）清明节的起源

清明节在每年的阳历4月5日前后，是二十四个节气之一。旧时在清明节前一天，为晋文公哀念介子推这位忠臣而定的"寒食节"。相传晋国发生内乱，公子重耳被迫逃亡国外，介子推是当年晋国的贤臣，他不畏艰难困苦，一直跟随重耳。在流亡魏国途中公子重耳病了，贫病交加，十分困苦。平时，重耳靠从臣们采摘野果野菜充饥。这天他病了，野果野菜再也咽不下肚，病情加重。这时，介子推在自己腿上割下一块肉，熬成肉汤，献给重耳吃，使重耳渡过了难关。后来重耳做了国君，叫晋文公。一次，他对随从他流亡的功臣们进行封赏，竟然忘记了介子推。介子推十分难受，决心不再见这个忘恩负义的君主。于是，他便背着年迈的母亲，逃进家乡附近一个大山里过隐居生活。有一天，晋文公发现自己左右少了一个介子推，并回想起自己忘了赏赐这个"割肉奉君"的贤臣，非常愧疚，便亲自去介子推隐居的山里寻找。他在山顶上呼唤，只听见山谷的回音，不见介子推出山相见。晋文公想，介子推是个大孝子，如果放火烧山，他一定会背着他母亲逃到山外来，这样就可以带他回宫领取奖赏。于是，晋文公下命令放火烧山，烧了三天三夜，把一片青山烧成焦土，但仍然不见介子推出来。人们在山火熄灭后才看见介子推和他的老母亲相抱在一起，被烧死在深山老林中。

介子推宁死也不愿见晋文公的事传出后，人们都尊敬和怀念介子推。因为介子推是被火烧死的，人们在这天不忍心生火，而吃冷食，所以叫寒食节。最早时，寒食节为一个月，后来渐渐变成了三天。日久天长，加上人们不习惯吃冷食，寒食节的原义已被湮没，逐渐与清明节融为一体，所以悼念先人也成为清明节一项重要习俗。

（二）清明节的主要礼仪

1. 扫墓

晋代，清明节前后，晋国百姓家门上挂柳枝，人们还带上食品到介子推墓前野祭、扫墓、以表怀念。晋国为诸侯盟主，这些风俗很快就传到了其他诸侯国，从此以后，清明节扫墓习俗一直流传至今。旧时民间还通行携带煮熟的全鸡、猪肉、水果、酒、糯米糍等称"三生五贡"，到墓地祭供祖宗。北方则在坟头压上三张黄表纸以表示死者的后人对祖先的缅怀，南方还有烧纸钱、烧香、敬酒、跪拜之习惯。目前这些习俗在城乡还有保留。而学校、机关、企事业单位常组织青少年集体去烈士陵园扫墓，送花圈，表达对先烈的哀悼和缅怀之情，这一习俗也成为中小学校爱国主义教育的一项重要活动。

2. 踏青

《东京梦华录》载："清明日，都市人出郊，四野如市，往往就芳树园圃之间，杯盘酬劝，抵暮而归。"这种活动后来被称作踏青。清明时节，若天气晴朗，绿草茵茵，人们三五成群来到郊外游玩，在春气中，舒展沉寂了一冬的身心，振奋精神。

3. 放风筝

在清明节，我国民间还有放风筝的习俗。风筝又称纸鸢、纸鹞，它的历史已超过两千年。山东潍坊市在清明节期间，举办"国际风筝节"，成为国内外风筝爱好者大展身手的平台。

除此之外，清明节还有吃青团子、抛球、拔河、荡秋千等习俗。

四、端午节

（一）端午节的起源

中国的端午节又叫端阳节，民间俗称"五月节"。

关于端午节的起源，近代学者闻一多先生认为，端午节是四五千年前居住在南方的吴越族的节日。吴越族的图腾是龙，为了得到龙的保护，表明龙子的身份，他们每逢农历五月初五这天，就要举行盛大的图腾祭。他们文身刺龙，将各种食物装在竹筒中，或裹在树叶里，一面往水中扔，献给龙吃，一面自己吃。为了给龙、也为了给自己取乐，他们还在锣鼓声中划着刻成龙形的独木舟，在水面上做竞渡游戏。所以，端午节实际是一个龙的节日。在数千年的历史发展中，大部分吴越人已经融合到汉族中去了，其余部分就演变为南方许多少数民族，于是，端午节就成了中华民族的传统节日。大量出土文物和考古研究均证实了闻一多先生的考证。

当然，关于端午节的起源还有许多说法，其中以纪念屈原一说流传最广。

屈原是两千多年前战国末期楚国的大臣，他学识渊博，治国有方，忠贞保国，深受楚国人民的爱戴。可是楚国的国王和王后只知道吃喝享乐，不知道治国安邦。屈原关于治国安邦的良策一直得不到朝廷的采纳。当时，秦国一心想吞并楚国，就设计把楚平王骗到秦国，逼他割地献城，楚平王后悔没听屈原的劝告，后来气死在秦国。楚平王死的消息传到楚国，屈原又上书新国王，提出自己的建议，但是，新国王不仅不采纳屈原的计策，反而宠信奸佞，听信谗言，把屈原削职赶出朝廷，流放到今湖南汨罗江附近的地方。屈原在流放期间，想到奸臣当道，朝廷昏庸，国家危机，民不聊生，心里悲愤难平，每天在汨罗江边徘徊悲叹，写下了抒发自己忧国忧民情怀的著名诗篇《离骚》等。当他听说楚国都城郢都被秦国攻破，痛不欲生，于公元前278年农历五月初五早晨怀抱石块，纵身投入滚滚的汨罗江。后来，人们为了纪念这位伟大的爱国诗人，把五月初五这一天定为端午节。

（二）端午节的主要礼仪

1. 吃粽子

屈原投江以后，楚国人民对他非常怀念。为了悼念这位伟大的诗人，每逢端午节那天，大家都驾着船，带着饭，划到汨罗江中，把饭投入江里来祭祀屈原。这样过了一两年。有一天晚上，楚国人民同时梦见屈原来了：头上戴着高高的云冠，腰间挂着一把长长的宝剑，身上还佩戴着一些珍珠和美玉。大家都很高兴，一一向他行礼。屈原笑着赶上来，对大家说："乡亲们，你们对我的好意我知道，非常感谢。从你们的行动可以看出我们楚国人民都是爱国的，都是爱憎分明，坚持正义的。"大家见屈原仍很消瘦，就关心地问他："三闾大夫，我们给您的米饭，您都吃了没有？""谢谢你们！"屈原感激地说，可是，接着又叹了一口气："你们送给我的米饭，都被那些鱼虾龟蚌等水族吃了。"大家听了很气愤，说："不能让它们吃呀！"屈原苦笑了一下："我总不好和它们争着吃吧！"大家就问："怎样才不至于被水族吃掉呢？"屈原说："如果你们用箬叶包饭，做成有尖角的角黍（即俗称'三角粽'），水族见了，以为是菱角，它们就不敢吃了。"次年端午节，人们都做尖角的角黍来祭祀屈原。虽然这是传说，但年复一年，端午节吃粽子祭奠屈原的习俗一直流传到今天。

2.划龙船、赛龙舟

次年端午节过后，屈原又给人们托了一个梦，说："谢谢你们送给我的角黍，我吃到了不少；可是，还有不少仍然被水族吃了。"人们又问屈原："还有什么办法可使？"屈原说："有，你们在用船送角黍时，把船装扮成龙的样子。因为一切水族部属于龙王管辖，它们看见是龙王送来的，就一个也不敢吃了。"从此，人们一年一年照着这样去做，于是就留下了端午节划龙船的习俗。

关于端午节吃粽子、划龙船的传说，只不过是表达人们对屈原的热爱和怀念。其实，端午节本是一个龙的节日，它的习俗本来早已有之，与屈原没有关系。但是，"节分端午自难言，万古传闻为屈原"。几千年来，人们却偏要盛传着、相信着五月初五就是屈原投江殉难日，把划龙船、吃粽子等融入纪念屈原这个能为广大群众所接受的美好愿望上去。这就说明屈原已不只是那个作为楚国逐臣的屈原了，他已被悠久的节日文化和民族心态推崇、升华成一种人格力量。这种爱国忧民、刚正不阿的人格力量是铸造中华民族魂的重要组成部分。端午节就是中国人民敬仰和向往这种人格力量、民族英魂的节日。端午节前后我国有许多地方都举行"赛龙舟"的活动来纪念爱国诗人屈原。现在人们把"赛龙舟"作为一项重要体育竞赛项目，有的地方还成立了"龙舟协会"，举办"国际龙舟节"。

五、中秋节

（一）中秋节的起源

中秋节，时间在农历八月十五日，又称仲秋节，俗称"八月十五"。有些学者称之为"东方的情人节"。相传，远古时候，后羿娶了个妻子叫嫦娥。嫦娥心地善良，常把丈夫射来的猎物接济乡亲们。有一天后羿射猎途中碰见一位老道士。这位老道士钦佩后羿射下九个太阳的神力和同情受苦的百姓、为民造福的品格，赠给他一包"仙药"，吃了之后，就能长生不老，成仙升天。可后羿舍不得自己心爱的妻子和父老乡亲，不愿自己一人上天，回家后，就把"仙药"交给妻子保存，嫦娥把药藏在了床头首饰匣里。

那时向后羿拜师学艺的人很多，其中有一个叫蓬蒙的，是个奸佞小人，想吃后羿的"仙药"，企图自己成仙。这一年的八月十五日，后羿又带着徒弟们出门射猎去了。天近傍晚，蓬蒙却偷偷回来，闯进嫦娥的住家，逼嫦娥交出"仙药"。嫦娥在迫不得已的情况下，把"长生不老"的"仙药"全部吃下去了。嫦娥身轻如燕，冲出窗口，直上云天。但她一心还是恋着自己的丈夫，就飞到离地球最近的月亮上安了身。后羿回家后，不见了妻子嫦娥，忙向侍女打听，才知道事情的经过。他焦急地冲出门外，只见天上的月亮比往日格外亮，格外圆，就像心爱的妻子在看着自己。他心如刀割，拼命朝月追去。可他追三步，月亮退三步；他退三步，月亮近三步，怎么也到不了跟前。后羿无可奈何，只得命令侍女在院内月下摆放桌子，上面摆放嫦娥最爱吃的各种水果，遥祭远去的妻子。乡亲们知道此事后，也都在各家院内摆桌子，并在桌子上摆放各种水果，遥祭善良的嫦娥。

第二年八月十五日晚上，是嫦娥奔月的日子，月亮又是格外明，格外圆。后羿和乡亲们怀念善良的嫦娥，都早早地在院中月光下摆上水果祭月，寄托对亲人的思念。以后年年如此，世代相传。因八月十五日时值仲秋，所以，人们就把这一天定为仲秋节。这只是一种传说，根据有关资料记载，至宋代才确立了中秋节。

中秋节起源第二种说法是关于"吴刚与嫦娥的爱情故事"。除此之外，还有一种说法，相传农历八月十五日晚上月亮最明最圆，是天上银河两岸的情人相恋的日子。所以，有些学者称中秋节为"东方的情人节"。

（二）中秋节的主要礼仪

1.祭月、拜月

每逢中秋佳节，人们在月光下，摆出丰盛的果品、月饼祭月。有的地方还进行拜月，表示对月中嫦娥的怀念，对美好生活的向往。

2.赏月、吃月饼

中秋时节，正值桂花开放，花香四溢，加上十五月亮正圆，秋高气爽，分外明丽，由此，"花好月圆"是中秋节一大特色。早在唐代就有饮酒对月、泛舟赏月、登台观月的活动。现在人们每逢中秋之夜，全家老少，或与亲戚朋友，到野外高处，或在院内或在门前或在阳台的月光下赏月，吃水果，吃月饼，谈天说地，或打牌下棋，或高歌一曲，共度良宵。

六、重阳节

（一）重阳节的起源

古代以六为阴数，九为阳数。九月九日正好是两个阳数相重，所以，人们称九月九日为重阳节，也叫重九。相传很久很久以前，汝南县汝河两岸瘟疫流行，很多人都病了，轻的不能起床，重的丢了性命。尸横遍野，也没有人埋葬。汝南县有一位叫桓景的人，小时候听大人说，汝河里住着一个瘟魔，每年都要到人间走走，它走到哪里就把瘟疫带到哪里。他决心访仙求道学法术，战胜瘟魔为民除害。后来打听到终南山中住着一个名叫费长房的大仙，他便收拾行装起程进山拜访。

桓景历尽千辛万苦，加上得到鸽子的帮助，终于来到费长房仙居。他虔诚地跪在门外，一直跪了两天两夜。第三天大门开了，只见一位白须飘飘的老人笑眯眯地说："你为民除害心诚意切，快随我进院吧。"

费长房给桓景一把降妖青龙剑。桓景不分昼夜地刻苦练剑。有一天，费长房走到他跟前，并对他说："今年九月九日，汝河瘟魔又要出来，你赶紧回乡为民除害，普度众生，我给你茱萸叶子一包，菊花酒一瓶，让父老乡亲登高避祸。"仙翁说罢，用手一指，古柏上的仙鹤展翅飞来，落在桓景面前。桓景跨上仙鹤向汝南飞去，回到了家乡。

九月九日那天，桓景领着妻子儿女、乡亲父老登上了附近的一座山，分给每人一片茱萸叶子，并说："带上这叶子瘟魔就不敢近身。"接着又把菊花酒倒到碗中，每人喝一口，并嘱咐道："喝了菊花酒，不染瘟疫，大家不要恐慌。"他把乡亲们安排好后，就带着他的降妖青龙剑回到家中。

不一会儿，只听汝河怒吼，瘟魔出水走上岸来，走东家窜西家，不见一人。忽然抬头望见人们都在高山上欢聚，它迫不及待地窜到山下，只觉得酒气刺鼻，茱萸呛喉，不敢近前登山，又转身往村里走去。只见一人正在屋中端坐，它吼叫一声向前扑去，桓景舞剑迎战。斗了数个回合，瘟魔自知斗他不过，拔腿就跑。桓景用力抛出降妖青龙剑，直向瘟魔刺去，刺穿瘟魔的心脏，瘟魔顷刻化为泥土。

从此以后，汝河两岸的百姓再也不受瘟魔侵害了，而每年九月九日登高避祸的习俗却一直留传至今，这就是重阳节的来历。

（二）重阳节的主要礼仪

1. 外出登高

每逢农历九月初九，人们图取吉利、避祸、消灾、长寿不老，就有了合家外出登高的习俗。近年来，随着我国人均寿命的增长，老年人数量迅速增加，国家又将重阳节确立为"老人节"。这天社会各界举行各类文体活动，如集体登高、球类比赛、文娱晚会、茶话会等，以各种各样的形式表示对老人的尊敬。

2.佩戴茱萸

茱萸是一种草药。佩戴茱萸或插茱萸是为了防止恶浊气味的侵袭、防病健身，也有辟邪消灾的意义。唐代诗人王维在《九月九日忆山东兄弟》一诗中写道："独在异乡为异客，每逢佳节倍思亲。遥知兄弟登高处，遍插茱萸少一人。"这首诗是重阳节全家登高、佩戴茱萸（或插茱萸）习俗的佐证。

3.赏菊、喝菊花酒

菊花是历史悠久的名花，重阳节正值秋季，是菊花盛开的时节。毛泽东同志在《采桑子·重阳》一词中写道："人生易老天难老，岁岁重阳，今又重阳，战地黄花分外香……"这首词说明了重阳节时"黄花（即菊花）分外香"，十分宜人观赏。菊花除供人观赏之外，还具有药用价值。喝了用菊花酿成的酒可以祛寒保暖，消除疾病。因此，观赏菊花、品尝菊花酒，是"九月九"重阳节的一项传统礼俗，也是一项利于身心健康的活动。

4.吃重阳糕

重阳糕是用江米或黍米，杂以芝麻、胡桃肉、豆沙、白糖制成的一种节令美食。九月九日正是五谷丰登之时，农民怀着丰收的喜悦，制成美味糕团，平原地区的人们无山可登，无高可攀，吃重阳糕，以示登高（"糕"的谐音）避祸消灾之意。总之，重阳节新旧礼俗均寄托了人们对美好生活的向往和追求，重阳登高使身心陶醉于自然之中，既可锻炼身体，强健体魄，又可陶冶性情，调节精神。因此，重阳节实在是一个使人心旷神怡的佳节。

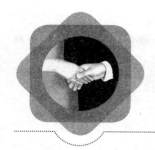

第六章　学校礼仪

学校是一个按照一定的程序、有一定的场所，专门用来教育特定对象，传授知识和价值体系的地方。学校是学生和老师学习、工作的场所。师生在课堂上，在活动中，在互相相处过程中都要遵守一定的礼仪。

第一节　学校礼仪概述

一、学校礼仪的含义

学校礼仪是指学校师生员工之间在和睦相处时待人接物的礼貌行为及应有仪表仪态和仪式的总称。

（一）学校礼仪是学校师生员工在交往中的行为规范

学校是教育的载体，其成员应该具有礼貌行为及仪表仪态，礼仪的教育和运用在学校中应受到高度的重视。学校礼仪是学校全体成员调节相互关系的行为准则，它已成为学校各成员间必须共同遵守的准则。

学校礼仪是学校生活中相互交往时的一种行为规范。师生员工间相互来往，要讲究礼节，注意礼貌，遵循一定的礼仪规范行为，使学校生活有秩序地、和谐地进行。《礼记》曰："人无礼则不生，事无礼则不成，国无礼则不宁。"这就是说，如果没有公共的道德和礼貌，没有礼仪的规范，人们就无法正常生活，社会就会丧失秩序，国家就得不到安宁，自然就事事无成。学校是培养人才的地方，更需要有良好的秩序。为了这一目标，要求所有师生员工学礼仪、行礼仪，在美好的礼仪氛围中，学校全体成员和睦相处，成为和谐社会的重要组成部分。

（二）学校礼仪是学校文明校风的显著性标志

学校礼仪是整个学校文明发展程度的反映和标志，同时学校礼仪也反作用于校园文明。校园里讲礼仪的人越多，学校环境就会越和谐，在维护学校秩序方面，礼仪有着校规所起不到的作用。学校礼仪通过评价、劝阻、示范等教育形式来纠正师生员工不正确的行为习惯，倡导人们按礼仪规范的要求去协调人际关系，维护校园正常生活，遵守学校礼仪的人客观上也起着榜样的作用，无声地影响着周围的人，大家互相影响、互相促进，共同加强校园精神文明建设。

（三）学校礼仪是培养理想人格的本质要求

随着我国改革开放的深入和市场经济的发展，面对激烈的市场竞争，学校必须培养高素质的人才。一个合格的人才需要掌握一定的专业理论知识，具有高超的操作技能，同时还应该有非凡的人格魅力和高尚的道德品质。而礼仪修养则是培养理想人格的必备条件。因为从业者在工作和其他社会活动中，言谈举止反映了他的文化素养。作为新世纪的青年，应该为将来的发展做好准备。具有良好的道德品质，学会改善和协调各方面关系，与同事之间相互沟通，减少摩擦，求得顺利发展，这些很大程度上依赖于良好的文明礼仪。因此，学校礼仪对于培养理想的人格更显重要。

二、学校礼仪的特点

学校礼仪在长期的发展过程中受着社会生活的影响和社会文化的熏陶，同时也受着社会历史条件的制约。学校礼仪是社会特有的一种文化现象，具有鲜明的特点。

（一）学校礼仪的共同性

学校师生员工在交往中都需要运用礼仪，不论哪个国家、哪个民族，学校礼仪都受到高度的重视。学校礼仪是同一学校中全体成员调节相互关系的行为规范。所以，它逐渐成为学校中各个成员都必须共同遵守的准则，正因为如此，学校礼仪作为人类文明的一种表现，一种象征，有极其明显的共同性。

随着经济全球化的发展，各国之间交往越来越密切。同时高校之间的交往也愈加频繁，在学术交流的同时也在进行文化交流，相互之间取长补短。其中学校礼仪的借鉴和潜移默化的影响也在进行着。在相互交往的过程中，逐渐地形成了许多既蕴含各国学校礼仪内容，又形成了不同国家学校可以通用的共同性礼仪，这是学校礼仪共同性的重要含义。

（二）学校礼仪的地域性

学校礼仪虽具有共同性的特点，但不同地域、不同国家，由于历史文化传统、风俗习惯、语言、文字、地理特征以及长期历史发展过程中形成的心理素质特征的不同，使各国的学校礼仪具有地域性色彩。例如，美国的学校一般没有院墙，是开放式的校园环境，学校的教室布置各有特色，不拘一格，教师上课所采取的分组合作学习是最多的形式。德国大学实行"学术自由"，拒绝"保姆式教育"模式，在课程设置上除少数必修课外，学生完全可以根据专业要求和自己的志趣，安排学习计划和选修课程。日本和韩国的学校礼仪相对比较复杂，上学见到老师要主动行礼问安，就是学弟学妹遇见师兄师姐也要鞠躬问好。我们应该把握学校礼仪地域性特点，熟悉掌握其他国家或地区学校礼仪的程序、方式、方法，并运用和借鉴这些知识开展对外活动，以获得更多机会，促进我国文教事业的发展。

（三）学校礼仪的继承性

学校礼仪规范是将学校各成员交往中的习惯，以准则的形式固定下来并沿袭下去，甚至形成某些学校礼仪的传统性，这就形成了继承性的特点。学校礼仪的继承性是学校在不断发展中逐渐积累形成的，是维护正常学校生活秩序的经验结晶，是文明进步的表现。

学校礼仪继承了社会和学校传统礼仪，这种继承不是全盘接受，而是吸收其积极内容，摒弃消极成分。礼仪的发展不能脱离历史进行。同样，学校礼仪的发展也具有历史继承性。它根植于传统学校礼仪，在很大程度上受民族传统学校礼仪的影响，任何学校都不能超脱于传统学校礼仪之外。同时它还要继承本校优秀传统礼仪文化，它是学校在长期礼仪实践中逐渐发展形成的，凝聚了学校几代人的心血，并成为学校全体成员引以为豪和值得弘扬的一种文化。例如，有的学校"实事求是"的校训，并没有简单地受当时的教育思想和政策的影响，更没有人云亦云，而是继承了学校的传统礼仪文化的精髓，形成了本校的礼仪文化特色，并将之代代相传。

（四）学校礼仪对象的特定性

学校礼仪有其特定的对象，主要是指同学之间、师生之间以及与学校员工间的礼仪。学校中的学生、教师是一个特殊的群体。教师礼仪具有不同于其他行业的特性，担任教育下一代、传承文明礼仪的重任。学生是未来，需要培养文明礼仪，形成良好的习惯。因此，在学校中礼仪更多了一些人文性，教师不仅要以教育感染、影响学生，还要让学生学有所悟地展示出来，而学生也需要培养自己的人际交往能力，注意提高自己各方面的修养。学校礼仪的主体不单是在校师生的个体，又是学校组织的整体，学校是有组织、有计划、有目的地利用一定设施和规范，进行系统教育和培养人才的机构。因此，全校的师生员工都要遵守学校礼仪。

三、学校礼仪的原则

学校礼仪的原则是学校内部处理人际关系的出发点和指导原则。

（一）尊重原则

在教师、学生和员工之间的人际交往活动中，必须尊重对方的人格尊严，尊严是学校礼仪的情感基础。人与人之间只有彼此互相尊重，才能保持和谐愉快的人际关系。

苏格拉底曾言："不要靠馈赠来获得一个朋友，你须贡献你诚挚的爱，学习怎样用正当的方法来赢得一个人的心。"先哲的话指出了真诚和尊重在人际交往中的重要性，真诚和尊重是相辅相成的，只有真诚待人才是尊重他人，只有真诚尊重，方能创造和谐愉快的人际关系。真诚是对人对事的一种实事求是的态度，是真心实意待人的友好表现。真诚和尊重，首先，表现为对人不说谎、不虚伪、不侮辱人，所谓"骗人一次，终身无友"。其次，表现为对于他人的正确认识，相信他人、尊重他人，只有相互真诚尊重，才能使双方心心相印，友谊地久天长。

（二）适度原则

要获得校园社交的成功，必须讲究礼仪，明晰交往中的基本礼貌、礼节等。把握其中的技巧和艺术，以增进交际双方的友谊，交流思想，加深感情，特别是要把握与特定环境相适应的人们彼此间的感情尺度。

在校园社交中，无论是见面时的称呼、介绍，还是相互间的交谈等，都要遵循一定的礼节，恰到好处地营造出交际中友好、亲切、和谐的气氛。要做到不失礼，必须顾及各种技巧、表现方式与表现手段。采取灵活多样、新鲜生动的交际方式和交际技巧，在社交中起到事半功倍的效果。同时，要注意在交往时不能轻浮浅薄、过分自卑，更不能狂妄自大、盛气凌人。

（三）平等原则

平等是建立良好人际关系的必要条件。在学校礼仪面前，学校成员人人平等，不论职务高低，不论家庭贫富，人格总是平等的，应当一视同仁平等交往。

讲究学校礼仪，就不能嫌贫爱富。对于富者，我们应当保持自己的尊严和人格。对于贫者，我们应当尊重他们，热情地帮助他们，关心他们，切勿让自己的不当言行挫伤他们的自尊心。在礼仪上，只有辈分、长幼、主宾的不同，而无贫富之别。讲究学校礼仪，也不能以权取人，不要对学校领导阿谀逢迎、献媚取宠，对学生趾高气扬、不屑一顾。孔子早就告诫人们要"上交不谄，下交不渎"。否则，就成了"势利眼""巴结脸"，被人所不齿。不嫌贫爱富，不趋炎附势，是自古以来中华民族所崇尚的一种高尚品格。

（四）规范原则

学校礼仪是学校成员在长期交往活动中，逐渐形成的用来协调学校成员相互交往关系的行为准则，因而规范原则是学校礼仪的基本原则。学校礼仪的规范性，主要表现在对本校成员的行为有一定标准要求，也有一定的制约性。但是对违反了学校礼仪规范的学校成员，不能用强制性的方法让他执行，特别是中小学学生属于未成年人，说服教育是基础。那么，是不是可以说，学校礼仪是约定俗成的，就可以自然而然地得到人们重视和遵守呢？对违反了学校礼仪规范的人就束手无策呢？当然不是，任何一个规范都带有约束性，但不可能指望得到全体学校成员的一致认可和自觉遵守，因为人与人之间是有差异的，对规范的认识态度、觉悟都会有差异。另一方面，学校对规范所开展的宣传教育的广泛、深入的程度，学校成员对规范接受的状况以及校园风尚、校园舆论等，都是影响规范是否能够被遵守的重要因素。对于违反学校礼仪规范的行为，会受到学校甚至社会舆论的谴责，受到"道德法庭"的审判，使他的良心受到鞭笞，以唤起他的良知，规范他的行为，从而使全校成员的言行举止都符合学校礼仪的标准。

四、学校礼仪的作用

古人云："人无礼则不生，事无礼则不成，国无礼则不宁。"由此，我们可以看出礼仪的重要性。学校礼仪作为一种应用科学，其内容非常丰富，它所发挥的功能作用也相当广泛，学校礼仪的重要作用可以体现在以下三个方面。

（一）学校礼仪有助于塑造学生的文明形象

英国哲学家约翰·洛克说过："礼仪是儿童与青年应该特别小心地养成习惯的第一件大事。"要使学生健康成长和全面发展，礼仪教育是不可缺少的内容，然而，现在相当一部分学校在礼仪教育方面还十分欠缺。一些学生对师长出言不逊，对同学态度粗暴，行为野蛮无理，处处盛气凌人，毫无礼仪修养，这不能不引起我们的关注。而学校礼仪就可以培养学生讲究礼貌，注意个人的仪表，衣着打扮方面得体整洁，朝气蓬勃，积极向上，或活泼，或典雅秀气、朴素大方，塑造一个知书识礼的良好形象，会使学校这块教育圣地显得更加神圣。"一个人的礼貌是照出他的肖像的镜子"，学生在日常生活中注意学习礼仪，应用礼仪、使自己举止得体、表现不俗、温文尔雅，自然会塑造出自己的美好形象。

（二）学校礼仪有助于提高学生自身综合素质

"教养体现于细节，细节展现素质"，日常生活中的一言一行、一举一动都会被人们与个人素质联系起来。如果在社会生活中表现得中规中矩，往往会获得积极肯定的评价。所以，学生不仅要学习科学知识，还要培养道德素质，讲究文明，这就必须学习礼仪，并用之于生活、用之于社会，塑造完美的自我。因此，加强学生的礼仪教育，不仅能有效地加强学校管理工作，促进学校德育工作的升华，而且更重要的是能够继承和发扬优良传统文化，培养学生理解、宽容、谦让、诚实的待人态度和庄重大方、热情友好、谈吐文明、讲究卫生的举止行为，成为德智体美全面发展的人。

（三）学校礼仪是建设和谐校园的基础

和谐校园是和谐社会的重要组成部分，而构建和谐校园的基础是和谐的人际关系。学校礼仪是学校师生员工交往过程中的润滑剂、调节器，是协调交际关系的纽带和桥梁。在同学或师生之间发生了不快、误会或摩擦时，通过一句礼貌用语、一种礼貌行为，便会化干戈为玉帛，重新获得彼此的理解和尊重。通过学校礼仪教育能使师生互相尊重谦让，完善自己，教育他人，形成和谐的校园人际关系，创建有利于学生成长、教师发展的环境和氛围，实现人的全面发展和学校的和谐发展。

第二节　教师礼仪

中华民族是礼仪之邦，优良的教师职业道德源远流长。而这一切的产生与发展，与教师的文明礼仪的进步有着密不可分的联系。教师职业是平凡的，教师职业更是伟大的。他们肩负着教书育人的使命，是人类文化科学知识的传播者、开发人类智能资源的先锋队、塑造人类灵魂的工程师、协调人际关系的艺术家、平衡学生心理的保健医生。正是由于深知教师职业如此重要，他们才时时以教师礼仪严格要求自己，处处为莘莘学子树立令人敬仰的师道风范。

一、加强教师礼仪的必要性

对于当代教师而言，人际关系与学识、才能同等重要，社会交往和工作、生活已融为一体。因此，一个合格的教师，不仅要有高尚的品德修养、广博的知识经验、现代化的教育能力和健康的身心，还要有为人师表、受人尊重的外在形象。

（一）加强教师礼仪教育是教师教育深化发展的必然要求

当今世界，各国对教师和教师教育都十分重视。"教师在推进现代化和提高现代化水准方面，是最重要的资源。教师的采用、训练、配置及其素质能力实质性提升，是任何教育制度取得成功的极其重要的因素。"因此，教师是影响学生人格和个性发展的最重要的人，家长、教科书、电脑和大众传媒都不能代替教师的作用。教师的外在形象和言行、举止必然会对学生产生深刻影响。那些爱岗敬业、爱生如子、严谨求实、无私奉献、以身作则、表里如一的教师，总是会得到学生肯定并影响学生终生。

（二）加强教师礼仪教育是我国教育形势发展的必然要求

当前，我国处在由应试教育向素质教育转型的时期，第八次基础教育新课程改革正在全面展开。"建设高素质的教师队伍，是全面推进素质教育的基本保证。"因此，教师在礼仪推广和普及过程中，扮演着为人师表、率先垂范的重要角色。作为学校和教师，无论在显性课程教育还是隐性课程教育方面，都要对青少年尤其是儿童纯净、稚嫩的心灵负责。我国儿童教育家孙敬修老人说得好：老师的一言一行对孩子都是很有影响的，孩子的眼睛是"录像机"，耳朵是"录音机"，脑子是"电子计算机"，录下来的信号装在电子计算机里储存起来，然后指导他的行动。教师最大的力量就在于他自身树立的榜样，所以，教师必须严格要求自己，用美的语言、美的行动、美的心灵来影响受教育者。加强对教师的礼仪教育，就是要规范教师的言谈举止、仪容仪表，以对学生人格和品质产生积极的影响。

（三）加强教师礼仪教育是教师职业道德建设的必然要求

教师的职业道德，是教师在从事教育教学工作中必须恪守的道德准则，是教师职业素质的灵魂所在。教师礼仪是教师在教育教学工作中待人接物，为人处世的行为规范，是教育从业者所应具有的职业道德的重要内容。教师礼仪的根本含义是为人师表，以身作则，为学生、为社会树立良好的榜样。它具有示范性、审美性、综合性的特点。无论在我国传统上，还是西方传统上，都很重视礼仪的教化作用，人们总是对教师寄予很高的期望，把礼仪修养作为教师必备的基本素质之一。《荀子》曰："礼者，所以正身也；师者，所以正礼也。无礼何以正身？无师吾安知礼之为是也？"说明礼仪是规范人的行为的，教师则是修正礼仪的，没有礼仪怎么能修正人的行为？没有教师又怎么能知道礼仪的正确与否呢？因此，我们应当把教师礼仪教育作为加强教育职业道德建设、提高教师基本职业素质的重点工作来抓。

二、教师应为人之楷模

教师应为人之楷模，因其担负着教育、培养、造就人才，促进人类社会发展前进的重任。教师在教学活动中，所显示的自身的礼仪修养是一种"隐性礼仪修养"。这些隐性礼仪修养往往是通过教师的言谈举止、仪表风度体现出来的。学生最易接受这种信息，学生都具有向师性，在他们的心目中，教师就是榜样，通过耳濡目染、潜移默化，使学生产生一种学习和模仿老师的意向。因此，教师遵守自身职业需要的礼仪规范，对学生的成长有着重要的作用。教师礼仪是心灵美和仪表美的完美结合。对教师的礼仪要求应该是两方面的。一是内在的素质要求；二是外在的仪表要求。相比之下，内在的素质要求更高。

（一）教师的内在素质

对教师的内在素质要求主要包括以下几个方面：

1. 要有正确的政治态度。政治态度是一个人一生中最重要、最基本的态度，是通过政治现象和政治行为所表现出来的政治意识和政治倾向性，在很大程度上影响着人生的价值与意义。任何人都有自己的政治态度，没有鲜明的政治态度保证，个人在社会变化流动中就可能丧失自我定向的基点，犹如远航中丧失了航灯的指向。学生正处于生理心理趋向成熟，不断接受新的知识，由被动地受外在世界观、价值观影响逐渐形成个性的关键时期。而教育是德政教化的手段，以符合时代精神的正确的政治观点去影响、教育、引导学生，是教育的根本目的。所以，教师必须有正确的政治态度，才能教育和引导学生形成正确的价值观。

2. 要具备广博的知识。教师的基本职能和任务，就是教书育人，即"师者，所以传道、授业、解惑也"。教师的知识和能力，是教师素质的重要方面，即才为礼之内核。具体说来，教师的才表现为丰富的知识内容和合理的知识结构，较高的教学水平和科研能力，并且在本专业领域内有一定的理论造诣，只有这样，教师的礼仪才会表现出一种理性的完美，而不仅仅是外在的虚饰，因此，教师要想体现出良好的礼仪修养、礼仪风度、礼仪举止就必须不断充实自己、完善自己，丰富知识，培养能力，提高业务素质，增长业务才干，使礼仪表现出一种内涵丰富的美。

3. 要具备高尚的道德情操。高尚的思想情操和美德，不仅是人民教师应有的品格，而且作为"人师""表率"，它本身就是一种教育、感染、激励学生奋发向上、锐意进取的力量和手段。从某种意义上讲，教师的道德和智慧，比他的学问更有价值。教师的礼仪应基于对交往对象的相互尊重、以诚相待、表里如一，应以高尚的道德修养为内在理念，应有忠诚于教师事业，学而不厌、诲人不倦、热爱学生、甘为人梯的乐业敬业精神。

4. 要爱护学生诲人不倦。教师的工作对象是学生，目的是要把学生培养成为国家的有用之才，因此，教师对教育工作的热爱，就是对学生的热爱。爱护学生，要做到对学生循循善诱，诲人不倦。古人云："学贵有疑，小疑则小进，大疑则大进。疑者，觉悟之机也，一番觉悟，一番长进。"教师应善于向学生揭示疑点，启发他们积极思考，鼓励他们具有创新精神。

（二）教师的外在仪表

教师仪表是教师整个风范的重要组成部分。教师是人类灵魂的工程师，承载着教书育人、为人师表的光荣职责。教师的音容笑貌、举止文明、作风正派、知识渊博、风度儒雅、衣着发式，都无形中成为学生和社会上学习的楷模。教师仪表的好坏，对于学生审美观的形成起着重要的示范作用。因此，教师的仪表对学生的成长有着重要的作用。

1. 要求具有职业美，即衣着、发式要整洁、端庄和大方。所谓整洁，即整齐和清洁，教师的衣服不论其质量好差、新旧如何，都要做到妥帖、干净，每粒扣子都应扣好，不要披衣散扣。这样，即使衣着朴素、款式陈旧、质料一般，但仍会给人以清新、高雅之感，会使学生感到尊敬可亲，无形中成为学生学习的榜样。如果衣冠不整，甚至穿着短裤和背心、拖鞋去上课，就会给学生留下不修边幅、修养素质差的印象。所谓端庄大方，就是服饰、发式方面不要过分追求时尚美。一般说来，教师的服装式样宜庄重、明快和自然，衣服色彩不宜太鲜明太刺眼，应以素雅、含蓄为好。如果教师经常打扮得油头粉面、花枝招展，不仅会给学生留下不端庄的印象，还会分散学生学习上的注意力，并有可能成为某些学生议论的话题，这样会影响教学的效果和自己的威信，所以是不可取的。

2. 要求具有风度美，即气质、举止稳重、姿态落落大方。所谓风度，是指一个人的精神气质、举止行为以及姿态等方面的外在表现，即美好的举止、姿态。教师的举止姿态，应是稳重端庄和落落大方。所谓稳重即言语、举动沉着而有分寸；端庄，即举止、神情端正庄重、落落大方，即人的行为潇洒自然不拘谨，又不矫揉造作。例如，要求学生遵守课堂纪律自己就不能迟到、早退。讲课时不能抽烟，也不能打开手机接听电话，又如在公众场合，要十分注意自己的谈吐和动作，不能一面讲话一面抠鼻子，不能随地吐痰和乱扔烟蒂。否则，就会影响自己的教师形象。总之，教师在任何场合都应自觉地保持良好的仪表，这样才能得到学生的好感与社会的敬重。

三、教师礼仪培养

教师的礼仪素质的培养并非一朝一夕就可以完成，必须要经过长期有意识的学习、实践、积累才能逐渐形成，同时要有行之有效的方法和途径。

（一）自觉加强思想道德修养是培养礼仪美的基础

一个思想道德修养良好的人，才会有美的心灵，一个有着对教师职业充满责任感与成就感的人，才会自觉地去学习礼仪知识，力求做到礼仪美。因此，礼仪与道德密不可分，思想道德修养是礼仪的内在基础，而礼仪是道德修养的外在形式，必须把不断地加强思想道德修养作为培养教师礼仪美的基础，不断提高道德水平，升华道德境界，才能自觉地遵循礼仪，做到"为人师表"。

（二）加强必要的学习和严格的训练

礼仪不是生来就有的，也不是一蹴而就的，是经过认真学习和实践锻炼而形成的。因此，教师应主动努力学习礼貌礼节知识，注意仪表仪容，进行适当的形体训练，规范各方面的行为，言谈举止都要符合一定的标准，这对培养教师礼仪是不可缺少的一环。

（三）勇于实践是实现礼仪美的根本

在教师礼仪的培养过程中，学习和训练只是强化礼仪的意识及基础，关键在实践，要见诸行动。教师要在日常生活、工作中体现礼仪精神，要以积极主动的态度，注重从小事做起，培养礼仪观念，养成良好的礼仪习惯，树立礼仪意识，只要坚持不懈，持之以恒，教师礼仪是一定会形成的。

第三节　学生礼仪

一、尊师礼仪

（一）尊重老师，信任老师

老师是学生的启蒙者，是值得尊敬和信任的，要理解老师，服从老师的正确管理和教育。教育是一个师生相互配合的过程，学生是这个过程的最终受益者，应该尊重老师。这种尊重不仅是表面礼节上的尊重，对老师有礼貌，见到老师主动热情打招呼，课前把讲台擦干净、课间擦好黑板等，还要尊重老师的劳动，即上课认真听讲、积极回答问题及时完成作业。尊重还应包括说话时语气要温和，语调要平稳，不要指手画脚。对老师的尊重，更要表现在尊重老师的人格方面，同学们要理解老师的苦心，服从老师的管理和教导，当有不同意见时，也应以诚恳的态度、恰当的方式向老师提出。

（二）勤学好问，虚心求教

老师几乎把所有知识无私地、毫无保留地教给学生。如果他们希望得到什么回报的话，就是希望看到学生成长、成才，在知识的高峰上越攀越高。因此，学生要向老师虚心求教。勤学好问不仅直接使学习受益，还会增多、加深和老师的交流，无形中就缩短了与老师的距离，每个老师都喜欢肯动脑筋勤思考的学生，对虚心求教的学生往往产生良好的印象。因此，向老师请教问题往往是师生间交往的第一步，常向老师请教学习上的问题会加深师生彼此的了解，增进师生之间的感情。学生在向老师求教的过程中，可以巩固和增长知识，为将来攀登科学高峰奠定坚实基础。

（三）正确对待老师的过失

世界上没有完人，根本不可能存在没有缺点的人。老师也不是完美的，有时也会出现偏差。例如，老师有的观点不正确，或误解了某个同学，甚至有的老师"架子"比较大，或是太严厉，这都是可能的，发现老师的不足要持理性的态度，向老师提意见语气要委婉，时机要适当。如果老师冤枉了你，不要当面理直气壮地顶撞老师。这样不但无助于问题的解决，可能会激化师生的矛盾，正确的方法是暂时放一放，等大家都心平气和时再与老师诚恳交谈，这样既维护了老师的尊严，又得到了老师的理解，甚至还会使老师向学生公开道歉。

（四）勇于承认错误

有的同学明知自己错了，受到批评，即使心里服气，嘴上也死不认错，与老师的关系搞得很僵。有的人则相反，受过老师的批评心里就特别怕那个老师，认为他对自己有成见，从此不愿意和老师接近和交流，这都是没必要的。应该主动向老师承认错误，改正了就是好学生。老师不会因为学生有一次没有完成作业，有一次违反了纪律就认为他是坏学生，就对他有成见，相信老师是会全面、客观地评价学生的。

二、同学礼仪

在同学之间的交往过程中，只有友爱的良好愿望是远远不够的，更要注意情感的交流与沟通。与同学交往要遵循交友原则，讲究礼仪才能与同学友好地相处。

（一）热情待人，相互帮助

热情待人，相互帮助是与同学相处的一个基本原则。很难想象一个为人冷淡、口是心非、不关心别人的人，会有人愿意与他交往和他做好朋友。俗话说"与人方便，与己方便"。关心别人的人常常会得到别人更多的关心。当同学生病的时候，要主动关心，热情照顾。例如，陪同学看病、帮忙打饭、打开水等。遇到同学在生活上、经济上发生困难，要尽力帮助，早出晚归要顾及同寝室其他的同学，不要过多地打扰他人，借用同学的东西要讲礼貌，归还东西时要表示感谢。当同学有客人来访而同学本人又不在时，应主动热情地代为接待等。

（二）尊重别人，注意礼貌

同学之间的尊重和礼貌表现在日常生活的各个方面。例如，不可私自翻看同学的日记和信件。有的同学出于好奇喜欢私自翻阅别人的日记和私拆他人的信件，甚至还把内容公布于众，这样做不仅是一种不道德、不礼貌的行为，而且还是一种违法行为。在同学交往中这类现象应该杜绝。只要不违背社会的道德和法律，不损害他人的利益和侵犯他人的权利，每个同学都可以有自己的隐私。有的同学对自己的某种情况或家里的一些事情，不愿告诉他人，不喜欢他人询问，这是属于他个人隐私，应该受到其他人的尊重。在集体生活中，每位同学都要注意尊重和保护别人的隐私权。凡是同学不愿谈的，就不要去打听和追问。那种到处刺探别人的隐私，甚至把别人心灵上的创伤当作新闻来传播以供自己取乐的人，不仅是不礼貌，更是没有道德的。

不要给同学起绰号和嘲笑同学的生理缺陷。有的同学特别喜欢给别人起绰号，并以此为乐。许多的绰号是带讽刺和侮辱性的，例如，根据人的生理缺陷而拟就的。一经传开，会给被起绰号的同学造成心理上的伤害。对这种低级、恶俗、无聊的乱起绰号的行为必须加以制止。生理上有缺陷的同学，一般都较为内向，内心充满苦恼与忧伤，在学习上、生活上会遇到更多的困难。他们比正常的同学更需要别人的关心、帮助和鼓励。所以，道德高尚、有礼仪修养的人，应积极地关心和爱护他们，尽力帮助他们。

（三）严于律己，宽以待人

严于律己，宽以待人，是中华民族的传统美德之一，也是人际交往的礼仪原则。孔子在《论语》中就说过"己所不欲，勿施于人"，其道理大家都是知道的，但有的同学在日常生活中却常忘记这一点。有的同学对别人的缺点缺乏宽容心，总喜欢在别人的背后议论是非，发表一些不负责任的言论。而对自己的不足却视而不见，满不在乎，还容不得别人的半点批评。有的同学在与人的交际中喜欢以自我为中心，把自己的观点强加于人。有的同学得理不饶人，为了一点小事而与同学争得面红耳赤，一定要分个高低胜负，甚至发展到恶语相向，大打出手。这些行为与学生的身份是格格不入的。

总之，同学关系是每一位学生都应该重视、认真处理的。在校园内产生的同学之间的情谊，往往是既纯洁又久长，是人类所拥有的最美好的感情之一。对每一名学生而言，处理好同学关系，珍视同学之谊，将对他们的学习、成长乃至今后的事业、生活具有极大的帮助。因而，学校要重视学生之间的礼仪教育和培养。

第四节　课堂礼仪

课堂是教师授课的主要场所，也是集中展示教师风采的重要阵地，所以教师在课堂的言行举止对学生的影响甚为深刻。课堂教学又是教师和学生双方的互动过程，学生的体态言行对老师讲课也有影响。因此，教师和学生在课堂中都要讲礼仪，良好的课堂礼仪对课堂教学有着重要的作用。

一、学生课前礼仪

（一）学生课前的准备

学生应在课前5分钟进入教室，把本堂课的教材、笔记本放在桌面上，做好上课的准备，端坐恭候老师到来。教室里的肃静气氛，既能集中同学们上课前的注意力，也能为老师取得良好的教学效果创造一个良好的开端。每位同学做好上课准备，这是一种应有的礼貌，既是尊重老师，也是尊重集体的表现。如果预备铃已响，学生还是跑进跑出，教室里秩序杂乱，必然会影响同学听课的心情，也会影响老师的情绪，从而影响教学的效果。

（二）上课前的特殊环境

学生如果遇到特殊情况，在老师开始上课后才进入教室，要特别注意举止文明和礼貌。应该站在教室门口先喊"报告"或轻轻敲门，经老师允许后才能进入教室。要向老师说明迟到的原因，说话态度要诚恳，如果课堂上不便提出，也可课后主动给老师说清楚。在得到老师的谅解和批准后，方可回到座位。回到座位时速度要快，脚步要轻，动作幅度要小。在放下书包与拿课本时，尽量不要发出声响。更不能为了掩饰自己的窘况，反而故意做出惹人发笑的举止。坐下之后应迅速取出课本和笔记，集中精力静听老师讲课。总之，迟到的学生要把由于自己迟到而对课堂秩序造成的影响减小到最低的程度。

如果教师在上课铃响过后，才进入课堂上课，学生不要大惊小怪，仍然起立向老师致礼、问好。当老师就迟到的原因做出解释并表示歉意时，应表现出谅解和宽容的态度，这样会使教师感到温暖亲切，从而融洽师生关系。

二、教师课堂教学的礼仪

教师在课堂教学中要注意礼仪，礼仪的恰当运用可折射出教师的内在气质和风度，对于激发学生的求知欲，启迪学生智慧，都具有非凡的意义。

（一）流畅精练的语言

语言表达是教师劳动的特殊工具，教师要靠语言把书本知识、科学信息和教学要求传达给学生。流畅精练的语言，可以增强学生学习的兴趣，启迪学生的智慧。苏霍姆林斯基说过："教师讲的话带有审美色彩，这是一把精致的钥匙，它不仅开发情绪记忆，而且深入到大脑最隐蔽的角落。"因此，作为一名教师，要注意表达语言时应遵守的礼仪礼节，表达要准确。学校设置的每一门课程都是一门科学，有其严谨性、科学性，老师在教授时应严格遵循学科的要求，必须准确。语言要精练，讲课要抓中心，不说废话和多余的话，给学生干净利索的感觉。也可以适时插入一些风趣、幽默的话，以活跃课堂气氛，提高学生学习的兴趣。音量要适当，讲课不是喊口号，声音不宜过大。否则，会给学生以声嘶力竭之感。如果声音太低又很难听清，也会影响教学效果。教师在提问时，要采用启发的方式，使学生积极思考，开发智力；对学生正确的回答，应及时给予肯定；当学生回答不出问题时，应让其坐下来进一步思考；切忌用讽刺挖苦的语言去伤害学生的自尊心，以致挫伤学生的学习积极性。

（二）工整简洁的板书

简洁工整的板书是教学内容的概括化、图表化，是课堂教学的有机组成部分。它包括书写、绘画等，既有直观性又具形象性，以诉诸学生的视觉，从而传递信息，配合语言、手势等完成教学任务。好的板书展现出教师的教学思路，凝聚着教材的精华。语言概括而精练，具有内容美的板书，要服从教学内容的需要，服从教学目的和要求；要因义制宜，形式新颖；要图文并茂，脉络清晰。美的板书，可以使说话变得明确、简洁；可以弥补语音的不准，避免发生歧义；可以突出重点，加深印象；可以引起注意，激发兴趣；甚至可以活跃课堂气氛，强化教学效果。工整简洁的板书应充分表现规范悦目的整洁美，引人入胜的曲折美，层次井然的条理美和组合巧妙的图案美等。

总之，老师的语言、仪态、板书都流露出美的气息，学生在愉快地接受老师传授知识的同时，也在不知不觉中受到美的熏陶。

三、学生课堂礼仪

（一）遵守课堂纪律

学生是学校工作的主体，因此，学生应具有的礼仪常识是学校礼仪教育中重要的一部分。遵守课堂纪律是学生课堂礼仪最基本的内容。上课的铃声一响，学生应端坐在教室里，恭候老师上课。当教师宣布上课时，全班应迅速起立，向老师问好，待老师答礼后方可坐下。在课堂上要认真听老师讲解，注意力集中，独立思考，重要的内容应做好笔记。当老师提问时应该先举手，待老师点到你的名字时才可站起来回答。发言时身体要立正，态度要落落大方，声音要清晰响亮，并且应当使用普通话。下课铃响时，若老师还未宣布下课，学生应当安心听讲，不要忙着收拾书本，或把桌子弄得乒乒作响，这是对老师的不尊重。下课时全体同学仍需起立，与老师互道"再见"。待老师离开教室后，学生方可离开。

此外，"人非圣贤，孰能无过"。老师有时在课堂上出现一些错处也是难免的。学生不要使老师当场难堪，要选择适当的时间、地点、场合和方式，以商量的口气、谦和的态度，有礼貌地指出教师的错处，这也是遵守课堂纪律、符合礼貌的表现。

（二）认真回答老师提问

教师上课提问，是检验自己教学效果的最快捷和最直接的方法。一方面可以了解学生对教学内容是否理解或接受，另一方面又可启发学生积极思维，使学生的注意力集中。学生的回答反过来又能启发教师的思维活动，达到教学目的。因此，教师提问是一种正当和必要的教学手段，学生应正确、有礼貌地对待教师的提问。

当老师提问或学生有疑问要回答时，首先要举手，经老师允许后起立发言，不应当边举手边回答，更不可坐在位子上七嘴八舌，或是在别人回答时插话。起立时要站直，表情大方，说话声音要响亮、清晰，不要搔首弄姿或故意做出滑稽的举止引人发笑。对老师的问题答不出来，又偏偏被点名回答，这时也应站起来，用抱歉的语调向老师实事求是地表明这个问题自己回答不出来。在别人回答问题时，不应随便插嘴。别人答错了也不应讥讽嘲笑。

第五节　集会礼仪

除了在课堂上对学生进行德、智、体、美、劳的教育外，学校还经常开展各种各样的集会活动来强化教育效果。在各种各样的学校集会活动中必然要有一定的仪式、礼节，这就要求学生既要懂得有关的仪式知识，又要遵守前面所讲的礼仪。

一、参加学术报告会礼仪

（一）遵守集会纪律，做到准时有序

参加集会时，每个学生都要有较强的时间观念，应提前几分钟到达集会地点，以保证集会准时开始。不能拖拖拉拉、延误集会的时间和影响集会的气氛。入场时不要勾肩搭背、大声说笑、东张西望或寻人打招呼。必要时要在最短的时间内整好队列，并以较快的速度进入会场，入场后要在指定地点入座。如果事先没有指定座位，也要听从会议组织者的安排，迅速就座、秩序井然。不要挤占位置好的座位，不要坐其他班级的座位，更不要坐贵宾席或老师席。集会结束后，应让贵宾及教师先离开会场，然后学生按次序退场，切忌一哄而散。

（二）尊重报告人，适时向报告人表示敬意

报告人入场前，与会学生应端坐恭候报告人。当报告人出现在主席台上时，全场应立即安静下来，并报以热烈的掌声，这是一种基本的礼貌。这种礼貌是对报告人的尊重和鼓励。报告人也会因此把报告做得更好。报告人做报告时，学生都要端坐静坐，不要交头接耳、窃窃私语，不要看报纸杂志、吃零食、东张西望、左顾右盼。否则会影响报告人的情绪，也会干扰其他同学听报告。在一般情况下学生不要随意离开会场，如有特殊原因离开会场，也须悄悄出场，以减少对报告人和听众的干扰。

如果对报告中的某些观点不同意，或由于报告的引例和数据不够准确而持不同看法时，应采取正确而礼貌的方式处理，可用向报告人递条子的办法指出报告中某些欠妥之处，或者会议结束后，向会议组织者提出意见。不允许当场在下面议论、喊叫或当面责问，这都是不礼貌的行为。

（三）自由发言要注意礼貌

集会是有组织、有领导的，如果要发言应该先举手，得到主持人的同意后方可发言。在别的同学发言时应认真听，不要做出无所谓或不耐烦的样子，不要随便插话，更不能强行打断别人的讲话。假如不同意发言人的观点，在他讲完之前，既不要立即反驳，也不要和周围的同学议论扰乱会场秩序，更不能公然露出鄙夷的神色或拂袖而去。发言不管是阐述自己的看法，还是反驳别人的论点，都应注意观点明确、论据充分、以理服人。对不同的意见不要乱扣帽子、乱打棍子，切忌出言不逊、恶语伤人。别人批评自己的观点或对自己的观点提出不同看法时，应该虚心听取，要让别人把话说完，不要急躁，不要说出有损别人人格的话，而应互相切磋。

二、开学典礼的礼仪

每个新学年开学之际，学校一般都要进行开学典礼。开学典礼是宣布新学期开始的仪式，通常要介绍学校基本情况，布置学校新学年的工作，动员全校师生员工为完成新学年的任务而奋斗。为保证开学典礼有序进行，首先要做好以下准备工作。

（一）及时递送请柬

如果开学典礼需要邀请来宾或有关人士参加，学校要在举行开学典礼前一周左右，将请柬送到所邀请的学校领导和有关部门负责人或代表手中。如果邀请来宾发言，应把发言内容和具体要求提前通知发言者。

（二）精心布置会场

学校要安排专人负责布置会场，主要来宾的姓名标志应放在桌面上。学校大礼堂或露天会场要打扫干净，会标挂在会场主席台前，会场上还可插彩旗。此外，会场内外可张贴一些标语，烘托典礼气氛。在主席台上安排若干座位，座位前面放置会议桌，用桌布围好。同时，在主席台前摆放一些鲜花。

（三）其他准备工作

典礼筹备组要安排好典礼程序以及大会发言顺序，准备好音响设备、音乐唱片或录音带以及饮料等。同时，要做好大会后勤服务工作。典礼筹备组要组织接待人员，安排好迎送来宾。接待人员中的礼仪小姐可以披礼仪彩带，在会场门口接待来宾为来宾引路、倒茶等。一切与开学典礼有关的准备工作应按时就绪。

三、学校宣誓的礼仪

1. 宣誓大会开始。大会主持人宣布宣誓大会开始，全体起立，奏（唱）国歌。

2. 大会主持人讲话。大会主持人简要地讲明宣誓的意义，讲解誓词的基本精神。

3. 宣读誓词。宣读誓词时，宣誓人应右手握拳上举至耳部，由预先指定的一名宣誓人在队前逐句领读誓词，其他人高声复诵。

4. 宣誓人代表讲话。宣誓完毕，由宣誓人代表讲话，表达宣誓人员的感受。

5. 领导讲话。请学校领导等人员作简短讲话，对宣誓人员进行鼓励，提出希望。

6. 宣誓大会结束。奏歌，大会主持人宣布宣誓大会结束。

第六节　宿舍礼仪

对于学生，尤其是住校生而言，宿舍不仅仅是他们共同生活的场所，更是他们另一个意义上的"家"。学生除了休息之外，还有很多时间是在宿舍里度过。学生在宿舍里的礼仪修养，直接影响着与同学之间的人际关系，所以宿舍礼仪就显得格外重要。

一、宿舍礼仪简介

（一）宿舍日常秩序

进寝室时，如果自己没带钥匙，应该礼貌地敲门。不可以把门敲得震天响，或者很不礼貌地大声叫喊。再者，如果舍友有事，一时无法立刻过来开门，应该耐心地等待一会儿，不要接二连三地不停敲。最后，他人为自己开门后应该礼貌地说谢谢。同样，碰到他人敲门而自己在屋里的时候应该及时为他人开门，一时腾不出手可以说"稍等"。

在宿舍里要尽量保持安静，注意不打扰他人。看到寝室里有其他人在学习或者安静地思考问题的时候，不要在旁边大声吵吵闹闹，尽量不要干扰他人。同样，在宿舍接打电话不要声音很大，而且尽量要简短。如果涉及私密话语，应该出去接打。在宿舍里大声地接打电话无疑是强迫他人听自己的电话，会令人感到非常不愉快。何况，当他人学习的时候，接打电话也会干扰他人。

在他人休息时，翻书、走路动作都要轻。再者，如果学习时间过晚，在睡觉的时候就不要再整理书籍，收拾学习用品，可以留在第二天整理。另外，在他人休息时，不要吃东西，如果一定要吃，不要将食品袋或包装袋弄出响动。

如果晚上感觉自己会晚些睡，那么要提前刷牙洗脸，把睡前准备工作做好。忙完之后可以坐下来做自己想做的事情。否则等他人都睡着了再开始活动，去刷牙洗脸，会影响到他人休息。此外，使用电脑时，也要注意是否会影响他人。夜深人静的时候敲击键盘会影响他人睡觉。

（二）宿舍日常卫生

保持宿舍内外整洁，经常打扫寝室，包括地面、桌椅、橱柜和门窗等。即使没有规定轮流打扫宿舍卫生，自己在力所能及的范围内做好宿舍卫生，也有利于自己的身心健康，而且无形中给同宿舍的其他同学起了一个非常好的榜样作用。

被褥折叠整齐，并统一放在一定位置上，蚊帐钩挂好，床上用品要保持干净、整洁。衣服、水杯、饭盒、热水瓶等，要统一整齐地放在规定的地方。

换下的脏衣服、脏鞋袜等必须及时洗干净，以免时间长了影响宿舍里的空气质量，更不应该满床扔。

自己重要的书、衣服、用品等，不要乱丢乱放，要放在自己的橱柜内。

宿舍内外不应该乱写乱画，不要乱倒水，保持干净，人人有责。

严禁在宿舍区随地大小便；如果是住楼上，严禁向楼下扔杂物。

（三）宿舍日常关系

尊重他人的隐私。他人的电脑、他人的书籍、他人的笔记本都是个人隐私物品，不要有事没事在他人上网的时候盯着他人的屏幕看，也不要看见他人什么书就随手拿过来看。有的学生没养成随时收拾东西的习惯，连日记本也随便丢在枕边或课桌上，甚至翻开放在那里。即使碰到这种情况，别的同学也不应以任何借口去私自翻阅。

同时也不打探同学的隐私。有的学生对自己的某种情况，或家中的某件事，不愿告诉他人，也不愿细谈。这属于个人隐私，他有权保密，应受到尊重。在集体生活中，每位同学都要尊重他人的隐私权、人格，凡是他人不愿谈的事，不要去打听。

有同学离校去处理个人私事时，对方没细说，也没必要去打听、追根寻源，只要知道某同学向班主任或学校请了假就行了。

（四）宿舍日常串门

应在有同学相邀，或在得到该室其他同学允许时，才可以串门。进门后，主动向其他同学打招呼，并且坐在邀你的同学的铺位上，坐其他人的铺位应先征求意见，不应随处乱坐。不能乱用他人物品、乱翻动他人的东西。讲话声要轻，时间要短，不能逗留太久，以免影响其他同学的正常作息。

在午休进他人寝室时，门关着的时候，如果是经常来往的寝室，可以象征性地轻轻地敲两下门，然后轻轻进去，找到要找的人，安静地说话、办事，结束之后应该立即轻手轻脚地出去。如果不常往来的寝室，门关着，推也推不开，那么就说明人家正在休息，这个时候如果没有特别紧急的事情，就不要再继续打扰对方。

到异性同学的宿舍去，除注意上述要求外，还要注意穿着得体，不可以穿着太随便甚至暴露。进门前要打招呼，在得到该室同学允许后方可进去。要选择好时间，不要选择在多数同学要处理生活问题的时候，更不要熄灯后过去。如果有紧急事情必须要谈，可以请对方到门口走廊交谈，逗留时间不要过长。

接待亲友或外人来访时，在进入前自己应先向室内的同学打招呼。进屋后，自己应主动为同学做介绍，如果是异性亲友或外人来访，自己更要先打招呼，说明情况，要在同室人有所准备之后再进。在寝室的时候，如果碰上寝室同学的家长或朋友来访时，要主动站起来向客人问好。对方谈一些私事时，其他同学要适当回避，不要在一旁偷听，更不要插嘴、询问。如果被访者不在，应尽快帮助寻找，找不到时应让客人留言，事后应及时转告。

不要随便留人住宿，更不要留不明底细的人住宿，以免出问题。

二、宿舍礼仪的重要性

对于宿舍礼仪的重要性，笔者觉得每个人都有自己的经历和独到的见解。不过，从大体上来说，宿舍礼仪的重要性主要体现在以下三方面。

首先，宿舍礼仪是个人魅力的体现。作为中国学生，我们生于礼仪之邦，当为礼仪之民；身处书香之院，本应知书达礼。作为一名学生，文明礼仪是思想道德、文化修养、交际能力、精神风貌的外在表现，具有高素养的礼仪风范是学生应有的精神素质与内涵。学生在宿舍生活期间，应该团结同学、珍惜资源、彬彬有礼、落落大方、衣着得体、谈吐优雅、举止文明、以诚待人。

其次，宿舍礼仪是舍友相处的准则。学生在宿舍期间，讲文明、重礼仪，不仅展现了自己好的素养，更给舍友留下了好的印象。一方面，这为以后舍友的相处奠定了基础。另一方面，这也是舍友相处的准则。在宿舍生活中，学生应当强化大局意识，树立团队观念，做到顾大局，识大体。

最后，宿舍礼仪是良好关系的保障。不管在学校交往中，还是在社会交往中，人们必须遵守一定的规矩和准则，才能体现人之所以为人的特有风范，才能保证文明社会得以正常维系和发展。在宿舍期间，注重宿舍礼仪，不影响其他舍友的正常学习和休息，对学生个人与其他舍友建立良好关系提供了坚实的保障。并且可以肯定地说，步入社会之前的学生时代与同学的情谊，是纯真的，是令人回味的。

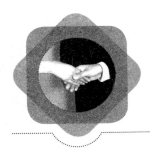

第七章　商务礼仪

从中世纪的汉萨同盟和意大利北方的商业共和国到近代西方的工业革命，西方商务礼仪文化率先在世界各地传播。随着东方商业的兴起，东西方商务礼仪文化的差异不可避免地碰撞。国际商务活动日趋频繁，商务活动者必须积极寻求最佳的方式接近对手，熟悉对手的商务礼仪文化，并彼此借鉴，走向趋同。否则，在跨国界的商务交往中，往往会由于彼此间商务礼仪文化的差异而导致商务信息受阻，甚至有时出于善意的言语和礼貌的举止也会让对方感到尴尬，严重时还会造成不必要的分歧和矛盾，直接影响商务活动的开展。因此，多了解一些中外商务礼仪文化及其差异，研究跨国商务礼仪文化，对于我们了解国际市场，促进中外商务交流，具有重要的现实意义。

第一节　商务礼仪概述

一、商务礼仪的内涵

商务礼仪是人们在长期的商务活动中形成的惯用形式和行为规范。它在商务活动中起着非常重要的不可替代的作用。世界上各不相同的国家间，商务礼仪文化既有其国际性，又有其民族性。商务活动中除应遵循一般的社交礼仪外，还应注意各国间的商务礼仪文化的差异，避免与贸易伙伴产生误会，以利于彼此沟通感情，促进业务成功开展。

二、商务礼仪的形成因素

商务礼仪的形成主要源自于世界上不同国家间的文化传统。影响这些文化传统的主要因素，概括地说，可分为时间观、空间观、价值观和道德观等方面。

（一）商务时间观

不同文化的时间观差异很大。世界著名的跨文化管理咨询专家理查德·刘易斯将全球的时间观分为三种：一是单线活动型时间观；二是多线活动型时间观；三是环型时间观。"线性"的时间概念认为，时间包括过去、现在、将来等不相重复的时段，每天都在变化。其中"单线"活动型时间观习惯在同一个时间段只做一项工作。其优点是可以集中注意力，全身心地投入到工作中去，然后迅速地转移到另一项工作，有助于提高工作时间的使用效率。其缺陷表现为不易兼顾其他工作，北欧、北美人就是这种时间观。而南欧人属于"多线"活动型，此类时间观强调在同一时间段可以同时开展多项工作，如开会时可以打电话、聊天或者处理其他私事等，这样，从一项工作转移到另一项工作的时间就会很长，效率低下。而东方文化则认为时间像一个封闭的圆环在滚动，循环不已，这就是典型的"环型"的时间概念。

在跨国商务礼仪文化差异中，时间观念的差异是首要的，在很多情况下，往往由于各国、各地区、各民族对同一时间理解的差异而导致商务活动安排的紊乱，造成既定的商务计划无法顺利开展。

（二）商务空间观

西方学者的研究表明，空间问题与人的思维、情绪、经济和社会行为都存在一定的关系。不同群体的空间开放程度与空间利用程度、空间保留程度等都不同。如美国人在工作时，当其门开着时，表明愿意与外界沟通，开放程度较高；反之当门关着时，则表明主人此时不愿意受外界干扰，如冒失进入，无疑将会招致主人的不满。而德国的企业家则不同，他们在工作时，门总是关闭着的，被视为希望自己的工作空间是安静和封闭的，不愿接受外界的打扰，因此德国人习惯于在工作、谈判和开会时把门关上，但对外人来访并不拒绝，只要敲门即可，即使未经许可也可进入。

"空间利用"在各国也不完全相同。在美国，只要将一个人与其他人的办公室位置、形状做一下比较，就可以对其地位大致做出判断。美国公司总裁或董事长的办公室通常是最大的，副职次之。较重要的办公室一般设在办公楼的顶层边缘，副职中职位的高低通过其与总裁办公室距离的远近来反映。但在日本，办公楼的顶层并不是总裁的办公室，而是谈判地点。基层中，美国职员的办公桌若从宽敞的地点转移到拥挤的地方，那么他在公司中的地位就已下降了。法国却倾向于把办公空间设置成一个相互联系、协作的网络。主管的位置通常在职员们的中央，以便于管理和控制。

（三）商务价值观和道德观

西方伦理重竞争，崇拜个人奋斗，挑战自我。在取得成就后，毫不掩饰自己的自信心、自豪感、荣誉感，所以无论在何时何地，西方人在受到赞扬或夸奖时，总是以"thank you"微笑应答。而中国文化要求民众循规蹈矩，主张含蓄、谦虚，但中国式的内敛和自我否定却常常令西方人备感不快。在西方人的眼中，这种谦虚不仅否定了自己的能力，而且还否定了赞扬者的奖赏力。

东方的道德观强调无私奉献，乐于助人是一种高尚的美德。而西方人的平等意识、自我中心意识和独立意识较强，人人都尊重自己，不允许别人侵犯自己的权利，个人利益永远是属于第一位的，自己只对自己负责，每个人的生存方式和生存质量完全取决于自己的能力，因此在西方商务活动中，人们既不习惯关心和帮助他人，同时更不习惯接收他人的帮助，因为接收帮助只会表明自己的无能，而主动帮助他人则会被误认为蔑视对方，甚至是干涉别人私事。

三、商务礼仪功能

（一）树立商务交际形象

商务礼仪犹如一块"磁铁"，它有助于企业、个人在商务活动中树立良好的形象。在商务活动的见面问候、馈赠宴请、书信往来中能创造融洽的气氛；得体的外表和修饰，能让你的合作伙伴感到受尊重。因此，商务活动者掌握各国的商务礼仪文化，使自己在商务活动表现得中文明礼貌、言辞得体，给合作伙伴留下良好的印象，以便商务活动顺利进行。

（二）营造良好交易氛围

商务活动中如精心安排开业、剪彩、签字等各种仪式，相互赠送礼物（如图7-1所示）与宴请，可以增添双方的友谊和情感，营造良好交易氛围。但也有很多讲究，比如赠送礼物一般不宜过分贵重，尤其是给欧美国家的客商，因为他们只把礼物作为传递友谊和感情的载体或手段，向其赠送很贵重的礼物，效果会适得其反，对方会怀疑你此举是否想贿赂他而另有图谋。

（三）化解各种商务矛盾，巩固贸易关系

由于各国的政治、经济及文化传统有很大的差异，在商务洽谈时，往往面临着谈判人员的性格特点、谈判方式、行为举止及价值观等方面的差异所造成的文化冲突。事实上，不少谈判人员往往无意识地参照自己的文化价值观，用自己的价值观作为理解的尺度和标准。商务人员应避免"文化参照"，

图7-1　赠送礼物

适应异国文化差异。在商务谈判中，商务人员应熟悉对方的文化背景，把握谈判对方的性格特点，既要遵守国际惯例和交往对象的民族礼俗，又要根据本国特点和风俗习惯以及商务活动的特殊需要灵活变通，以便在谈判中处于主动的地位。

四、商务礼仪的施行原则

（一）客随主便

任何国家、任何地区都有一些长期以来自然形成的风俗和习惯，遵循所到地域的礼仪规范，是一切处于客位的礼仪当事人无法推卸也无法回避的；如果做不到这一点，必然会带来程度不同的礼仪失误，甚至造成一系列其他的不良影响。从积极方面来看，遵循所到地域的礼仪规范，又是处于客位的礼仪当事人得到所到地域主人的认同、认可、赞赏和欢迎的因素之一。

（二）主随客意

既坚持"主随客意"又坚持"客随主便"是现代商务礼仪的体现。比如在商务宴请中，东道国就应具有这种"主随客意"的思想和精神。如宴会上摆放的鲜花，就应考虑有关国家的风俗习惯及禁忌。如果客人来自比利时、意大利、法国或卢森堡，就不可摆设菊花，因为在这些国家菊花意味着死亡。

（三）求同存异

"求同"就是要遵守并重视礼仪的国际惯例，也即礼仪的"共性"。"存异"则是要求对他国的礼俗不可一概否定，要承认礼仪的"个性"，要对交往对象所在国的礼仪有所了解，并表示尊重。这样才易于人们取得共识与沟通，避免周折。

此外在商务活动中行礼如仪，还应遵循商业活动的对等协商原则并根据职业场合的特殊需要灵活变通。对商务礼仪的差异，重要的是了解，而不是评判是非、鉴定优劣。

第二节　拜访礼仪

商务拜访礼仪是商务拜访中必须掌握的礼仪规范之一，是决定拜访成功与否的决定性因素之一，是个人素养的集中体现，是公司形象的有效宣传。在商务活动中约好去拜访对方，无论是有求于人还是人求于己，都要从礼节上多多注意，不可失礼于人而有损自己和单位的形象。

一、拜访的预约

拜访他人应选择合适的时间，无论是到居室、办公室或者酒店，都要事先与被拜访者进行预约，以便双方都能利用和控制时间。突然来访是非常失礼的。拜访预约的方式有：当面向对方提出要求约会；用电话向对方提出约会；用书信提出约会。

二、拜访的准备

拜访前要注意自己的仪容仪表，穿着要规范、整洁。准备好名片。男士的名片可放在西装口袋中，也可放在名片夹中。女士则可将名片放在提包中容易取出的地方。如果拜访对象是非常重要的客户，一定要先关掉手机。拜访客户前对对方的情况、特点、销售量以及对方在商界的信誉都要有所了解，以便有针对性地进行交谈。

三、拜访时的礼仪

拜访他人，应准时到达，切勿迟到，也不要到得太早。如果有紧急的事情，或遇到交通阻塞，必须通知对方，到达后对对方的等候要表示歉意和谢意。到达拜访地点时，要注意礼节，入室要敲门。对熟悉的人可握手问候（如图7-2所示），如果与接待者是第一次见面，应主动递上名片，或做自我介绍。对方示意坐下时才能就座，就座时的礼节要符合个人礼仪中提到的规范。就座后应主动向接待人员介绍自己的姓名、职务及公司的名称和业务等。

双方进行会谈时，要尽快地将谈话进入正题，不讲无关紧要的事情；对接待者平日给予的帮助要致以谢意，但不要过分地恭维；有抽烟习惯的人，最好不要吸烟。如果实在要抽烟，而该场所又没有禁止吸烟的警示，必须征得对方的许可后才能抽烟；谈话要控制好时间，最好在约定的时间内结束谈话，要注意观察接待者的举止、表情，适可而止。如对方起身或表现出有其他事情的行为时，应立即起身，礼貌地告辞。

图7-2　拜访时的礼仪

第三节　接待礼仪

　　企业业务往来的增加，对外交往的扩大，将会使企业的接待工作越来越重要。商务接待的客人有生产厂家、供货单位，也有本企业的顾客以及相关领域的客户。如果细分，可以分成业务往来接待、顾客投诉接待、会议接待、参观学习接待等，其中又可以分为个人接待和集体接待。

一、接待准备阶段

　　接待工作繁杂琐碎，如有疏漏，将会对本企业的声誉造成不好的影响，以至于导致业务不成功而遭受损失。因此，接待之前充分的准备是非常必要的。

（一）接待环境及物质的准备

　　良好的环境有助于接待工作的顺利进行，要重视办公室或会议室等场所的环境布置和绿化；室内要保持空气清新；光线不能过强或过弱；室内家具的摆放要合理，不能有碍于人们的活动。办公设备要准备充分，确保音响等设备能正常使用。欢迎标志语的书写要恰当，并张贴或放置于来宾的必经之路。茶具和茶叶的准备要有针对性，水果点心要方便客人食用，不选太硬而声音大的小吃，如太硬的豆类等。不选太多子的水果，如西瓜等。如果选用西瓜等体积大的水果，要将其切成中块放入盘中，并准备水果叉、牙签和纸巾等。

（二）接待人员的仪容仪表

　　接待人员的仪容仪表关系到企业形象，其头发要保持干净，发型大方，女士如果留长发，最好将头发盘在脑后，如图7-3所示。在服饰方面除了要符合个人礼仪的要求外，要特别注意不要佩戴太多的饰物，那样只会起到喧宾夺主的效果。化妆以淡妆为宜，不留长指甲，要保持手的清洁。活动前不吃带有异味的食物，注意口腔卫生。

（三）对接待对象的了解

　　在接待之前，必须了解接待对象的单位、性质及来宾的基本情况，如姓名、性别、级别、人

图7-3　接待人员的仪容仪表

数等。其次，要了解来宾的到达日期，所乘交通工具、车次和到达时间。对于重要客人和高级团体的接待，要制定严格的接待方案。其内容包括客人的基本情况、接待工作的组织分工、陪同人员和迎送人员名单、食宿地点及房间安排、伙食标准及用餐形式、交通工具、费用支出意见、活动方式及日程安排、汇报内容的准备及参加人员等。

二、正式接待工作

迎来送往，是社会交往接待活动中最基本的形式和重要环节，是表达主人情谊、体现礼貌素养的重要方面。尤其是迎接，是给客人留下良好第一印象的最重要工作。给对方留下好的第一印象，就为下一步深入接触打下了基础。迎接客人要有周密的部署，应注意以下事项：

（一）接待客人前

对前来访问、洽谈业务、参加会议的外国、外地客人，应首先了解对方到达的车次、航班，安排与客人身份、职务相当的人员前去迎接。若因某种原因，相应身份的主人不能前往，前去迎接的主人应向客人做出礼貌的解释。

（二）接待客人时

主人到车站、机场去迎接客人，应提前到达，恭候客人的到来，决不能迟到让客人久等。客人看到有人来迎接，内心必定感到非常高兴，若迎接来迟，必定会给客人心里留下阴影，事后无论怎样解释，都无法消除这种失职和不守信用的印象。

（三）接到客人后

接到客人后，应首先问候"一路辛苦了""欢迎您来到我们这个美丽的城市""欢迎您来到我们公司"等。然后向对方做自我介绍，如果有名片，可送予对方。客人到达后，应安排专人迎接，如图7-4所示。对一般客人，可以由业务部门或经理秘书人员到车站（机场、码头）迎接。对于重要的客人，应由相关领导亲自迎接。

客人到达后，应组织客人签到，替其安排好食宿，安排有关人员协助拿行李并引进客房。与客人协商好活动日程，根据日程安排，精心组织好各项活动，如洽谈、参观游览等。

图7-4 安排专人迎接客人

有特殊要求的客人要予以关照。根据客人的要求，为其安排返程，如订购返程车（机、船）票，及时送到客人手中。

三、接待中应注意的礼仪

1. 引领客人时，应位于客人左前方两三步的位置。

2. 在陪同客人行走时，依据"右贵左轻"的原则，位于客人的左侧，以示尊重。

3. 在上下楼或转弯处应用手示意方向。

4. 乘电梯时，如有专人服务，应请客人先进，无人服务的电梯，接待人员应先进去，到达时请客人先出电梯。

5. 进房间时，应打开并扶住房门，然后请客人进入。

6. 乘车上下时，要一手打开车门，另一只手扶住车门的上框，提醒客人避免撞了头。客人上车，待客人坐稳后，再轻轻关上车门。和客人同往，车停后要先下车，打开车门请客人下车，如图7-5所示。

图7-5 接待礼仪示范

7. 在接待来访者时，应将手机关闭或置于静音，如有来电或有新的来访者，应尽量让助理或他人接待，避免中断正在进行的接待，或示意后来者稍等片刻。

四、送客的礼仪

如果说迎宾是接待工作的序曲，那么送客就是接待工作的结束曲、压轴戏。因此，真正有经验的商务人士总是更加重视送客的礼仪，所谓"出迎三步，身送七步"，有始有终才是真正的送客之道。在活动结束，客人准备离开时，一定要善始善终，接待中的每一个环节都很重要。接待工作也就是服务工作，在服务业有这样的一个公式："100-1=0"，就是说要重视每一个环节，有一件事情做得不好，等于整个过程的失败。

根据客户的重要程度和本地、外地的区别，送客可以采用不同的形式。本地客户一般在办公室道别，对外地客户可以为其设宴饯别或者专程送客人离开本地。

（一）在办公室道别

在办公室道别要由来宾先提出，当来宾提出告别时，主人应当在对方起身之后再站起来。宾主双方握手道别时，应由客人先伸手，主人随后伸手。如果与对方常有来往，主人可以送到办公室门口或电梯门口；如果对方是初次来访，主人应该适当送远些，至少由接待人员送至办公区域之外。

（二）设宴饯别

设宴饯别是指主人为来宾专门举行一次饯别宴会，这是对外地客人常用的送别方式。饯别宴可以视对方的情况和饮食喜好来安排，一切应该以客人为主。

饯别时间：一般选择在客户离开的前一天。主人应该预约来宾的时间，并以来宾的时间为主，不要打乱对方的行程安排或者影响到对方的休息。

人员选择：参加饯别宴的人员应该选择与客户身份、职位相似者以及相关部门的工作人员。

饯别时的话题：饯别并不是以吃饭为主，有些话题是主人应该提到的。如主人可以谈及此次商务会面的深刻印象，以表达惜别之意；询问来宾此行的意见或建议；问候客户有无需要帮忙的事情等。

送上公司的纪念品：在饯别宴的适当时机，应将精心准备的纪念品送给客户，以表示主人的热情。

（三）专程送行

专程送行是指外地的重要客户离开时，主人安排交通、人员等专程送客。这种送客方式尽显了主人的热情与周到。送行同样要预约对方的时间，以对方的时间安排为主。送行人员也应选择与客户身份、职位相似者或相关部门的工作人员。如果对方有自己的专用车辆，送别地点可以选择在客户的住所；如果对方没有专用的车辆，主人应该为其安排好车辆，一直送至机场或者车站，并帮助客户处理好搬运行李、托运行李等相关事宜。宾主双方可以在送行地点再叙片刻。此时，主人可以送上精心准备的纪念品。

送行人员应该在客户乘坐的交通工具启动以后再离开，至少在确认对方离开自己的视线以后不会有其他意外再离开。这样，如果对方的交通工具因故晚点或出现其他特殊情况，送行人员可以及时给予关照。在客户离去时要提醒客户带好随身物品。将其送至门口或机场、车站，与客户握手道别。总之，在整个接待中，要求向客户提供热情、周到、礼貌、友好的服务。

第四节　介绍礼仪

介绍是人与人之间的沟通、引见并使双方或多方相识的活动方式，介绍是社交活动中最常见、也是最重要的礼节之一。它是初次见面的双方开始交往的起点。

一、介绍的基本规则

在人们的交往中，介绍和被介绍是经常的事情。其中介绍的次序问题非常重要，这是介绍礼仪的基本规则。

（一）先将男士介绍给女士

如果双方的年龄相仿，职务相当，要先将男士介绍给女士。例如，介绍王先生与李小姐认识。介绍人应当引导王先生到李小姐面前，然后说："李小姐，我来给您介绍一下，这位是王先生。"注意在介绍的过程中，被介绍者的名字总是后提。但是当男子的年纪比女子大很多的时候，则应该将女子介绍给男性长者，以表示对长者的尊重。例如，"冯老，我给您介绍一下，这位是张小姐。"

（二）先将年轻者介绍给年长者

把年轻者引见给年长者，是表示对前辈、长者的尊敬。例如："王教授，让我来介绍一下，这位是我的同学王丽。""李阿姨，这位是我的表妹夏雪。""刘伯伯，我请您认识一下我的同事李强。"在介绍时，对长者要使用尊称。

（三）先将未婚者介绍给已婚者

当双方性别相同，年龄相仿，地位相当时，应将未婚者介绍给已婚者。例如："张太太，让我来介绍一下，这位是李小姐。"当介绍者无法辨别对方是已婚还是未婚时，则不存在先介绍谁的问题。但是，当未婚女子要比已婚的女子大很多的时候，则应该将已婚女子介绍给未婚女子。

（四）先将职位低者介绍给职位高者

在商务场合中，要先将职位低的介绍给职位高的。例如："王总，这位是 XX 公司的总经理助理皮特先生。"这里我们先提到的是王总，这是因为王总的职位要比皮特先生高，如图 7-6 所示。

（五）先把家庭成员介绍给对方

在有家庭成员参加聚会的时候，要先把家庭成员介绍给对方。在向别人介绍自己的家庭成员时，应谦虚地说出家人的名字。这不仅是出于礼貌，而且对介绍自己的家庭成员也比较方便。例如："张先生，我想请你认识一下我的女儿晓芳。""张先生，请允许我介绍一下我的妻子杨兰。"

图 7-6　介绍礼仪图示

二、介绍的类型

（一）自我介绍

自我介绍是交际场合中常用的介绍方式，是向别人展示自己的良好手段。在交际中如果遇到对方不认识自己，而主人又无法抽身介绍时，往往需要做自我介绍。自我介绍主要注意以下几个方面的细节：

1. 自我介绍的时机

自我介绍的目的，就是要让对方记住自己并为以后的往来打下基础。因此，在自我介绍中，应该掌握合适的时机，在最佳的时间来推销自己。一般来说，以下几个场合适合做自我介绍：因业务关系需要相互认识，进行接洽时可自我介绍；当遇到一位你知晓或久仰的人士，他不认识你，你可自我介绍："XXX（先生或女士），您好！我是 XXX（公司）的 XXX（姓名），久仰您的大名，很荣幸与您相识"；第一次登门造访，事先打电话约见，在电话里应自我介绍；参加聚会，主人不可能逐一介绍。例如"我们大家认识一下吧。我叫 XXX，在 XXX 公司公关部工作，很高兴认识大家"；初次前往他人住所、办公室，进行登门拜访时要做自我介绍；应聘求职时需首先做自我介绍等。

2. 自我介绍的禁忌时机

自我介绍的目的就是要让对方留意自己，但是，在下面的场合不适宜做自我介绍：一是不要在对方正专注于某件事情时做自我介绍；二是对方正在接待外人时，不要上前做自我介绍；三是不要在环境嘈杂、人员流动较大、较为隐私的地方做自我介绍。

3. 介绍的要求

自我介绍时，一是要及时、清楚地报出自己的姓名和身份。可以先以"您好"作为开篇语，引起对方的注意，然后报出自己的姓名身份，要力求简洁，以半分钟为最佳；二是在进行自我介绍时，态度要自然、友善、亲切、随和，要面带微笑，正视对方的双眼，语速要正常，吐字要清晰，要说普通话；三是进行自我介绍时所表述的各项内容不能夸大，一定要实事求是。但是也没有必要过分的谦虚，贬低自己讨好别人。

（二）他人介绍

他人介绍即交际中的第三者介绍。在他人介绍中，为他人做介绍的人一般是社交活动发起者即主人、社交场合中的长者、家庭聚会的女主人、公务交往活动中的公关人员（礼宾人员、文秘人员、接待人员）等。他人介绍时，应注意以下几个方面的细节：

1. 他人介绍的时机

作为活动的发起者，完成介绍任务的时机应包括：在聚会中接待彼此不相识的客人；在办公地点接待彼此不相识的来访者；与家人外出，路遇家人不相识的同事或朋友；陪同亲友前去拜会亲友不相识者；陪同上司、长者、来宾时，遇见了其不相识者；受到为他人做介绍的委托等。

2. 他人介绍的注意事项

在为他人做介绍时，一定要口齿清楚发音准确，把易混的字咬准，例如，不要把"沈四海先生"介绍成了"沈世海先生"；介绍者对介绍的内容应当字斟句酌，慎之又慎，例如，"这位是段阳。他刚从监狱里出来。"这样的介绍不仅给被介绍者造成尴尬、自卑，而且听者在心理上也会有恐慌，产生不好的印象；正式场合，内容以双方的姓名、单位、职务等为主，例如，"我来给两位介绍一下，这位是 A 公司的人力总监李丽女士，这位是 B 公司的市场营销部总经理刘海洋先生。"在一般的社交场合，其内容往往只有双方姓名一项，甚至可以只提到双方姓氏为止，例如，"我来介绍一下，这位是老王，这位是小张，你们认识一下吧。"值得注意的是给双方做介绍时，最好要征得双方的同意，不要在原本相识或有过节等情况下做介绍。

（三）集体介绍

集体介绍是按一定顺序、对多数人给予介绍，多用于宴会、会议上。集体介绍又可分为两种基本形式：一是单向式。介绍的双方一方为一个人，另一方为由多个人组成的集体时，往往可以只把个人介绍给集体。二是双向式。介绍的双方是由多人所组成的集体。由主方负责人首先出面，依照主方在场者具体职务的高低，自高而低地依次对其进行介绍。再由客方负责人出面，依照客方在场者具体职务的高低，自高而低地依次对其进行介绍。

集体介绍中被介绍者双方地位、身份大致相同，或者难以确定时，先介绍人数较少的一方或个人，后介绍人数较多的一方或多数人；若被介绍者在地位、身份之间存在明显差异，特别是当这些差异表现为年龄、性别、婚否、师生以及职务有别时，则地位、身份为尊的一方即使人数较少，甚至仅为一人，仍然被置于尊贵的位置，最后加以介绍；若需要介绍的一方人数不止一人，可采取笼统的方法进行介绍，例如，"这是我的同学"，"他们都是我的朋友"等。但是最好还是逐一介绍。介绍时可比照主次、尊卑的顺序进行；若被介绍双方人数都很多，则可依照礼规，先介绍位卑的一方，后介绍位尊的一方。在介绍各方人员时，应遵照由尊到卑的顺序，例如先长后幼，先女后男等。

第五节　谈判礼仪

商务谈判礼仪是日常社交礼仪在商业活动中的具体体现，是在进行谈判的过程中必须遵守的礼仪规范。俗话说"事在人为"，谈判人员素质的高低往往成为谈判进行顺利与否的决定性因素。除了谈判人员的知识经验、谈判策略以及技巧外，谈判人员的个人礼仪和谈判过程中礼仪的正确运用也是很重要的因素。

一、谈判准备阶段的礼仪

商务谈判的礼仪准备是要求谈判者在安排或准备谈判时，应该注重自己的仪表，预备好谈判的场所，布置好谈判的座次，并且以此来显示己方对于谈判的重视以及对对方的尊重。

（一）对谈判人员的仪表要求

正式出席谈判的人员，在仪表方面最值得注意的是服装，在这种场合，应穿着正式、简约而高雅的服装。可能的话，男士应穿深色西装和白衬衫，打素色或条纹式领带，配深色袜子和黑色系带皮鞋。女士则应穿深色西装或套裙和白衬衫，配肉色长袜和黑色高跟或半高跟皮鞋。同时要兼顾对方的审美习俗和审美心理，给人以可信的感觉。

另外，男士应理发、剃须，不要蓬头垢面，不留胡子或大鬓角。女士应选择端庄的发型，并且化淡妆，不可做过于摩登或超前的发型，不可化浓妆或使用浓香型的化妆品，如图 7-7 所示。

（二）谈判地点的确定

商务谈判的地点，应通过各方协商而定。担任东道主的一方应出面布置谈判厅，准备好相关的物品，在各方面注意做好礼仪迎接和接待的工作。

（三）谈判座次的安排

举行正式谈判时，对谈判现场的座次要求严格，礼仪性很强。排列座次根据参加谈判的人员而定，分为双边会谈和多边会谈两种。

举行双边谈判时，应使用长桌或椭圆形桌子，宾主应分坐于桌子两侧。若桌子横放，正面对门的一方为上座，留给客方坐；背对门的一方为下座，由主方坐；若桌子竖放，则应以进门的方向为准，

图 7-7　谈判人员仪表展示

右侧为上，留给客方坐；左侧为下，由主方坐。举行多边谈判时，为了避免失礼，淡化尊卑界限，按照国际惯例，一般均以圆桌为佳，即所谓圆桌会议。

二、谈判开局阶段的礼仪

商务谈判是商务活动中不可缺少的一项重要活动。为了在谈判中取得成功，必须遵循谈判过程中各个阶段的礼仪规范。

（一）提前约定、按时赴约

从事商务活动的人都拥有较强的时间观念。因此，在商务谈判之前双方应提前约定时间，做好谈判的准备。一旦约定，双方都必须按时赴约，若迫不得已需要更改时间，应提前通知对方。对言而无信的商务伙伴来说，失去的不仅仅是信用，也是双方真诚合作的机会。

（二）及时到场、礼貌入座

谈判者应神态自然、步态轻松、稳健地步入会场，从椅子的左侧入座，坐下后身体要保持端正。不转动座椅，不跷二郎腿，不要将脚向前伸或置于座椅的下面。女性坐下时要注意理裙，两腿并拢。各方的主谈人员应在自己一方居中而坐，其他人员则应遵循右高左低的原则，依照职务的高低自近而远地分别在主谈人的两侧就座，如需要

译员，则应安排其就座于仅次主谈人员的位置，即主谈人的右侧。无论何种谈判，有关各方与会人员都应尽量同时入场、同时就座，主方人员应待客方人员入座后再入座。

（三）自我介绍、得体自然

谈判双方接触的第一印象十分重要，言谈举止要尽可能表现得友好。做自我介绍时要自然大方、不卑不亢，不要表现得过于傲慢。被介绍时应起立微笑示意，在自我介绍后，可双手递上名片加深印象，也便于日后联络。

（四）和谐氛围、轻松谈判

介绍完毕，要进行简短的问候致意，说话要得体、自在，不要结结巴巴或语不达意。首次交谈时，可选择双方共同感兴趣的话题进行，以便引起共鸣、沟通感情，创造和谐的谈判气氛，为正式谈判奠定良好的基础。

（五）认真倾听、了解意图

谈判之初的重要任务是摸清对方的底细，因此要认真听对方谈话，细心观察对方的举止表情，并适当给予回应，这样既可表现出尊重与礼貌，同时还能从中了解到对方的目的和意图。

三、正式谈判过程的礼仪

要想谈判取得成功，就必须在谈判的过程中及时采用有效的策略、方法、语言、技巧和礼仪。

（一）举止优雅

在谈判过程中，要注意坐、站、行的姿态，谈判时应目光注视对方且停留在对方双眼至前额的三角区范围内，这样可以使对方感到被关注、被尊重。手势自然，不宜做大幅度的手势，以免给对方造成轻浮之感。切忌双臂在胸前交叉，这样会显得十分傲慢无礼。

（二）语言适度

商务谈判中，要讲究一定的语言技巧和礼仪。提问时注意提问方式要委婉，不要问与谈判内容无关的问题。如果提出的问题对方一时答不上来，或不愿回答，就不要再追问下去，要随机应变，适时转换话题。言辞不可过激或追问不休，以免引起对方反感甚至恼怒，但对原则性问题应当力争不让。对方回答问题时不宜随意打断，答完时要向解答者表示谢意。

商务谈判的结果最终影响着利润的分配，因此，双方人员的据理力争免不了会有一番唇枪舌剑。只有运用恰当得体的语言、委婉的语气给对方好感，变不利因素为有利因素，才能在谈判中占据优势。

（三）实事求是

回答对方的问题要实事求是，不可敷衍了事或答非所问。如果对方对某个问题不太了解，要耐心地向对方做出解释，切不可表现得不耐烦，或敷衍了事，甚至不屑一顾。

（四）以礼相待

在商务谈判中，要互相尊重，以礼相待，双方都应表现得诚恳，对不同的意见应持欢迎和尊重的态度。这种态度能使我们更加平心静气地倾听对方的意见，从而体现谈判者的宽广胸怀。在把握目标的坚定性和策略的前提下，本着互谅、互让、互惠的原则，体现尊重平等，加深相互了解，从而有利于谈判的成功。

（五）宽容大度

在谈判过程中，即使双方没有"达成一致"，也要对对方彬彬有礼、宽容大度，为以后的合作打下良好的基础。不能翻脸不认人，因情急而失礼，更不要争吵，争吵无助于矛盾的解决，只能激化矛盾。因此要注意保持风度，应心平气和地来解决问题。

（六）恪守信用

在商务谈判中，许诺必须谨慎，不管是答应谈判对手提出的要求，还是自己主动提出的要求，都要深思熟虑、量力而行。遵守谈判中的承诺，取信于人，不能言而无信。在谈判中不要欺蒙对方，报价要明确无误，不得变幻不定，对方一旦接受价格，不得再更改或出尔反尔。

（七）保持冷静

解决矛盾时要就事论事，在谈判中要耐心听对方谈话，细心观察对方的举止、表情，并适当给予回应，这样既可表现出对对方的尊重与礼貌，同时还能从中了解到对方的动机和意图。如果对方情绪较激动，最好的办法就是静静地倾听，千万不要还击。成功来自关键时刻的耐心与冷静，求大同存小异，不可因发生矛盾而有过激的语言和行动，甚至进行人身攻击或侮辱对方。

四、签约阶段的礼仪

在商务谈判中，有关国家的政府、组织或企业单位之间经过谈判，就政治、经济、文化科技等领域内的某些重大问题达成协议时，一般需举行签约仪式。签约仪式通常要考虑以下几个方面的礼仪问题：

1. 要布置好签字厅，并做好有关签字仪式的准备工作。

2. 确定好签字人和参加签字仪式的人员，签字人由签字双方各自确定，但是其身份必须与待签文件的性质相符，同时双方签字人的身份和职位应当大体相当。

3. 在谈判成功签约时，双方参加谈判的全体人员都要出席。当双方签字人员进入签字厅时，其他各方的人员应按身份排列于各自的签字人员之后，共同进入会场，相互握手致意。

4.要安排好双方签字人的位置，并且议定签字仪式的程序。我国的惯例是：东道国签字人座位位于签字桌左侧，客方签字人的座位位于签字桌的右侧。

5.双方的助签人员分别站立于各方签字人的外侧，其任务是翻开待签文本，并向签字人指明签字处。双方其他参加签字仪式的人员则应分别按一定的顺序排列于各方签字人员之后，如图7-8所示。

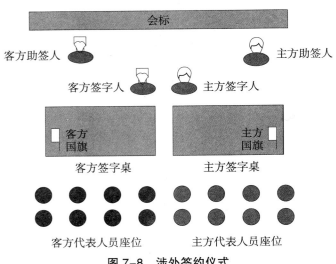

图7-8 涉外签约仪式

6.签字完毕后，双方应同时起立，交换文本，并相互握手，祝贺合作成功。其他随行人员则应该以热烈的掌声表示喜悦和祝贺。

7.在谈判结束后，适当地赠送礼品给对方，会对增进双方的友谊起到一定的作用。

五、商务谈判的礼仪方针

商务礼仪规定，商务人员在参加谈判时，要更新意识，树立正确的指导思想，并且以此来指导自己的谈判表现，这就是谈判的方针。谈判方针的核心是一如既往地要求谈判者在庄重严肃、剑拔弩张的谈判会上，以礼待人，尊重别人，理解别人。具体表现在以下六个方面：

（一）尊敬对手

尊敬对手就是在商务谈判的整个过程中，都要对对手真诚、礼貌、尊重。在谈判过程中，不管发生什么情况，都始终坚持尊敬对手，给对方留下良好的印象。而且在今后的进一步商务交往中，还能发挥潜移默化的作用，换得对方与己方的真诚合作。

（二）依法办事

依法办事就是在商务谈判中，要求商务人员自觉地树立法制思想，在谈判中所进行的一切活动，都必须依照国家的法律办事，以确保通过谈判而获得利益。

（三）平等协商

谈判是有关各方在合理、合法的情况下，进行讨价还价。由此可见，谈判实际上是观点互异的各方经过种种努力，从而达到某种程度上的共识或一致的过程。换言之，谈判只在观点各异的各方之间进行，所以，假如离开了平等协商，谈判的成功就无从谈起。

谈判中坚持平等协商，还要注意以下两个方面的问题：一是强调谈判各方在地位上的平等一致，相互尊重，不允许仗势欺人、以大压小；二是强调谈判各方在谈判中的协商和谅解，而不是通过强制、欺骗来达成一致。

（四）求同存异

谈判是一种争论，是一个双方都想让对方按自己意图行事的过程，有很强的对抗性。有一位驰名世界的谈判大师说过："所谓谈判，就是一连串的不断要求和一个又一个不断地妥协。"在谈判时，各方都在尽最大的努力争取各自的利益，为共同关心的事达成一个协议，通过各方的相互让步来达到妥协，所达成的协定，只要公平、合理、自愿就可以接受。

（五）互利互惠

在谈判时，既要讲竞争又要讲合作，谈判的结果既要利己又要利人，谈判的各方都能各取所需。最理想的谈判结局，是有关各方达成了大家都能够接受的妥协，就是要使有关各方通过谈判能够互利互惠。不要在商务谈判中将自己的利益建立在伤害对手的基础上，那样只会危及以后的进一步合作，而且会在社会上造成"心狠手辣"的恶劣印象。因此，现在的商界最讲究的是与对手之间的同舟共济、利益均沾，达到双赢的效果。

（六）人事分开

在谈判中，将对手的人与事分开，就是要求商界人士与对方相处时，切记朋友归朋友，谈判归谈判，二者不能混淆。一方面，应做到彼此对各自的利益和既定的目标都据理力争、势在必得。既不要指望对手感念旧情，对自己"网开一面"，也不要责怪对方"见利忘义"，对自己毫不留情。另一方面，不要因自己对谈判对手主观上的好感，妨碍自己解决现实问题。

第六节　座次礼仪

座次礼仪是商务谈判中一项重要的内容。恰如其分地安排座次，既是一种礼仪，也是一道程序，更是谈判准备的一项重要的内容。由于商务谈判直接关系到谈判双方及其所在单位的切身利益，因此具有严格的礼仪要求。

一、座次礼仪的考量因素

不管是在会议还是仪式等商务场合中，座次礼仪都是商务礼仪中非常重要的一环，然而座次礼仪根据所在的不同场合，其规则也不尽相同。座次礼仪纷繁复杂，要求颇多。

（一）因地制宜

一般来说，座次礼仪主要体现出的是尊卑有别的问题。在安排座位时，地位更高或尊贵者、年长者应当落座于更为尊贵的座位上，即我们所说的"上座"。但"上座"的位置不是始终如一固定不变的，而是随着不同的场合相应发生变化。例如，在一个房间中没有窗户，只有一扇开在墙上正中央的门，那么就需要我们依靠左右原则来区分尊卑位次；如果门开在墙上的一侧，我们则可凭借面门为尊或远门为尊的原则来安排座位。

如果是会议场合，那么在座次位置上则面门为尊、远门为尊、居中为尊、观景为尊；如果是民间的传统礼仪或是官方内部会议的主席台排序，我们可以遵从以左为尊的传统；而在餐桌场合、公共场合、商务场合、外交场合和国际场合中，由于它们都与国际接轨，因此应该遵从国际通用的座次原则——以右为尊。

（二）方位基准

关于座位尊卑的排序方法有很多，其中以左为尊和以右为尊存在方向上的问题，到底应该以哪个方向为基准来分辨左右就成为关键，如果搞错了这一点，就很可能做出完全相反的安排，那无疑会在座次上导致不必要的失礼。

要确定左右，我们就需要先看一看房间中的主背景到底在哪里。例如，如果是在一间会议室中进行的会议，布置有讲台、主席台、会标等背景元素，这些就是这间会议室的主背景。我们背对背景站立，左手边就是会议室的左边，右手边就是会议室的右边，这样就可以确定下左右方向。如果会议室中没有任何背景，那么就更简单了。我们保持进门的方向不变，左手边即为会议室的左边，右手边即为会议室的右边，然后再确定会议的性质，选择哪边为尊即可。

二、商务座次礼仪

（一）商务会谈座次礼仪

商务会谈中，参加会谈的人员如何恰当地就座，是有讲究的。有谈判专家得出过这样的结论："人们在房间里就座的位置不仅是地位的象征，而且会对探索如何进行意见交换产生策略上的影响，以至于谈判桌的形状和座次安排能代表谈判者所采取的某种特定的谈判方式。"可见如何安排谈判者的座次，是个很值得研究的问题。

商务谈判要想取得成功，除了双方互相了解，创造必备的谈判环境，合理安排谈判的座次也是非常重要的。圆桌谈判不分首次席位，则表达一种双方愿意合作的愿望，也便于彼此沟通；把客方放在主位，也可以表现出对谈判方的尊重。长桌谈判彼此面对面而坐，有利于谈判双方和一方内部的信息传递与交流，同时也可以使同伴之间相互接近，在心理上产生安全感和实力感以及团结感，不仅有利于团结力量，还可以提升己方的士气与信心。

不同的入座排序，表达不同的意义。正式谈判的时候，有关各方在谈判现场具体入座的位次，要求是非常严格的。从总体上讲，正式谈判排列方式分为双边谈判和多边谈判。

1.双边谈判

双边谈判多采用长方形或者椭圆形的谈判桌；多边谈判多采用圆桌谈判。无论是长桌还是圆桌，都应该注意座位的朝向。习惯上，面对门口的座位最具有影响力。谈判中，最好的入座方法就是依照双方职位的高低提前在座位上或者座位前方摆好姓名牌（如有必要，也可职务加姓名），谈判双方直接对号入座。谈判桌座次的排列可以分为横桌式和竖桌式两种。

（1）横桌式

横桌式座次排列是谈判桌在谈判室内横放，客方人员面门而坐，主方人员背门而坐。除双方主谈者居中就座外，各方的其他人应当依据职务高低，各自先右后左、自高而低地分别在己方一侧就座。双方主谈者的右侧之位，在国内谈判中可坐副手，而在涉外谈判中则应由译员就座，如图7-9所示。

（2）竖桌式

竖桌式座次排列是谈判桌在谈判室内竖放。具体排位时以进门时的方向为准，右侧由客方人士就座，左侧由主方人士就座。在其他方面，则与横桌式排列相仿，如图7-10所示。

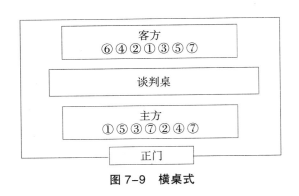

图 7-9　横桌式

图 7-10　竖桌式

注意：

① 谈判桌准备：选择使用长桌或椭圆形桌子，宾主应分坐于桌子两侧。

② 横放谈判桌：面对正门的一方为上，应属于客方；背对正门的一方为下，应属于主方。

③ 竖放谈判桌：应以进门的方向为准，右侧为上，属于客方；左侧为下，属于主方。

2.多边谈判

多边谈判是由三方或三方以上人士所举行的谈判。多边谈判的座次排列，主要分为自由式和主席式两种形式。

（1）自由式

自由式座次排列，即各方人士在谈判时自由就座，而无须事先正式安排座次。

（2）主席式

主席式座次排列，是指在谈判室内，面向正门设置一个主席位，由各方代表发言时使用。其他各方人士则一律背对正门、面对主席之位分别就座。各方代表发言后，亦需离开发言席位回到原来位置，如图 7-11 所示。

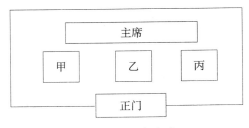

图 7-11　主席式

（二）商务签约座次礼仪

一般而言，举行签字仪式时，座次排列的具体方式共有三种，它们分别适用于不同的具体情况。

1.并列式

并列式排座是举行双边签字仪式时最常见的形式。签字桌在室内面门横放。双方出席仪式的全体人员在签字桌之后并行排列。双方签字人员居中面门而坐，客方居右，主方居左，如图 7-12 所示。

2.相对式

相对式签字仪式的排座，与并列式签字仪式的排座基本相同。二者之间的主要差别，只是相对式排座将双边参加签字仪式的随员席移至签字人的对面，如图 7-13 所示。

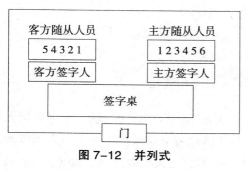

图 7-12　并列式

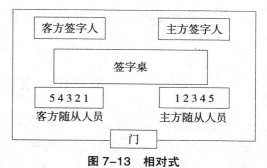

图 7-13　相对式

3.主席式

主席式排座，主要适用于多边签字仪式。签字桌仍须在室内横放，签字席设在桌后，面对正门，但只设一个，并且不固定其就座者。举行仪式时，所有各方人员，包括签字人在内，皆应背对正门、面向签字席就座。签字时，各方签字人应以规定的先后顺序依次走上签字席，就座签字，然后退回原位就座，如图 7-14 所示。

在不同的场合、不同的国家、不同的地方和不同的人物交往中，都有不同的规范，所以一定要全面掌握才能完美地展现礼仪。一定要明白，不管哪种座次哪种礼仪其实体现的都是对尊者的尊重，因而，一旦尊者的个人意愿与礼仪规范产生偏差或者冲突，那么顺从尊者的个人意愿会比坚持礼仪规范更重要。也就是说，礼仪在很多时候是可以变通的。

图 7-14　主席式

第八章　求职面试礼仪

现代社会，职业对每一个人来说不再是从一而终的问题了，因此，求职面试不仅是应届毕业生的问题，而是每一个人一生中都会面临的问题。求职面试礼仪，从某种意义上来说，决定着求职者求职的成功与否，在求职者事业是否能顺利开展等方面起着不可低估的作用。了解和掌握求职中的礼仪及求职技巧，对于每一位社会人，特别是对各类学校的应届毕业生来说是十分重要的。

第一节　求职面试礼仪概述

面试是成功求职的临门一脚。求职者能否实现求职目标，关键的一步是与用人单位见面，与人事主管进行信息交流，以便使人事主管确信求职者就是用人单位所需要的人才。面试是其他求职形式永远无法代替的，在人与人的信息交流形式中，面谈是最有效的。在面谈中，面试官对求职者的了解，语言交流只占了30%的比例，眼神交流和面试者的气质、形象、身体语言占了绝大部分，所以求职者在面试时不仅要注意自己的外表及谈吐，而且要注意避免谈话时做出很多下意识的小动作和姿态。

一、现代职业概况

职业是每一个社会人服务社会、维持生活、完善个性、发挥才能、体现人生价值的基础。要正确地选择职业，除了要正确评价自己外，还必须对现代职业概况有所了解。

（一）现代就业形势

近年来，教育事业随着国家经济建设的不断发展而蓬勃发展起来，在大力发展高等教育事业的政策引导下，大学扩招、职业技术学校的兴起和扩展、社会力量投资办学、私人投资办学、中外合资办学等新型学校也迅速发展起来，学校显示出生机勃勃的景象，并为社会培养了大批人才。

伴随着教育事业的发展，许多新的问题也接踵而来，其中，"如何使毕业生顺利就业"的问题就是对现代社会及现代人提出的一个新的挑战。目前，除部分应用型、急需型专业学生毕业后能较顺利就业外，很多专业的毕业生就业情况不乐观，这种现象已引起全社会的普遍关注。因此，每一个人都应正确认识就业形势，把握现代社会就业特征，为就业打好基础。

（二）充分了解社会发展需求

充分了解社会发展需求是顺利就业的基础。择业，不能只考虑自己的兴趣和理想，一定要把握以社会需求为基础的原则，只有适应了社会，才有可能达到职业岗位对从业者的要求，个人能力及潜力才能得以充分发挥。

1.不能盲目就学于社会热门专业

社会热门专业，对于求学者和就业者来说完全是一个误导。例如，在20世纪50年代，数、理、化是了不起的专业，因为是当时国民经济发展战略的需求；80年代，计算机等与信息技术相关的专业是社会热门专业，因为那时的中国，电子信息技术刚刚起步，需要大量的人才；同年代，外国语言、企业管理、工商管理、国际贸易等都同属社会热门专业，不仅求学者踊跃求学，办学者也积极拓展，一时间，各级各类学校都办起了这些热门专业，几年之后，大批毕业生涌入社会，是否能"如愿就业"就成了问题。其实，整个社会的行业很多，在就学时不仅要充分考虑国家社会经济发展的走向，同时要考虑自身的优势和弱点，不能盲目随大流，热衷于就学热门专业，而给就业造成困难。

2.所选择的行业应有发展特点

就业行业不在于是否名优，也不在于当前条件和环境的好坏，主要应看是否有发展前景和发展特点，是否有能让自己拓展的空间。如果缺少发展前景和发展特点，没有能使自己的才能得以拓展的环境和条件，再热点的行业，对你来说也是不适合的。

3.不能盲目攀比选学新兴专业

当今的社会处在一个科学技术迅猛发展的时代，许多新兴学科、边缘学科以及交叉学科等，在各级各类学校中应运而生。在开设这些学科和专业的学校中，由于有些学校不一定具备办这些学科和专业的条件，所制定的专业培养方向和培养目标不尽合理和完善，致使培养出来的毕业生不符合学科和专业要求，不能满足社会实际需求，因而难以就业。因此不能盲目选择学校和专业，也不能盲目追求一些所谓的"名校"。

二、就业人员应具备的基本素质

一个人的文化知识素质和道德修养程度，决定着他求职时的自由度和取得职业岗位的层次。因此，求职的准备远不止在某个学程的学习毕业阶段，而是贯穿在整个学习生涯的始终。求职者，特别是青年就业群体，应自觉地把在校的学习阶段同求职乃至职业生活紧密结合起来，努力提高自身综合素质和知识技术应用能力，建立起合理的知识结构，培养科学的思维方式及高尚的职业道德情操，不断提高自己的实践能力，以使自己能够在现代职业活动的竞争中，了解和熟悉职业范畴，掌握社会需求信息，树立正确的职业观，增强择业意识，提高主动适应社会需求的能力。

求职上岗是一个双向选择的过程，求职者想选择自己理想的职业，用人单位按照岗位的要求想选择比较理想的人才。一般来说，用人单位选择人才的原则是，重素质胜过重知识，重人品胜过重文凭，重能力胜过重学历。尤其是在科学技术高速发展，社会文明不断进步的现代社会，各行各业对求职者素质的要求将会越来越高。

（一）必须具有较高的道德品质

越来越多的用人单位将人才的道德品质放在了第一位，因此求职者首先应加强自身道德品质的修养，为自己的职业生涯打下坚实的基础。

（二）要有强烈的事业心和责任感

事业心和责任感是对求职者最起码的要求。所谓事业心就是要有全身心投入工作的意识；所谓责任感就是要有与单位同甘苦共患难、荣辱与共的思想。

（三）要有艰苦奋斗的精神

任何岗位的工作都不可能是一帆风顺的，工作中的进步和业绩都要靠艰苦奋斗的拼搏才可能得到。对广大求职者来说，无论在何种岗位上，都必须脚踏实地工作，从最基本的工作干起，在实践中不断提高自己的综合能力，只有这样才会受到用人单位的欢迎。

（四）求职上岗者的心理素质

心理素质是指在一定遗传素质的基础上，在外界教育、环境影响和自身努力的共同作用下，个体形成的心理状态、心理品质与心理承受能力的总和。心理素质的好坏不仅体现在心理状态的正常与否、个体心理品质的优劣、心理承受能力的强弱等几个方面，还体现在个体的行为习惯和社会适应状态中。一个人心理素质如何，关系着是否能正确地认识自我，是否能在工作和生活中充分发挥主观能动性，适应社会环境。因此，求职者应在融入职业活动之前，努力调节和提高自己的心理素质。

青年就业群体正处在独立人格的形成时期。求职前，来自学习及社会各方面的高压力，很容易导致其心理障碍的产生，有时甚至会影响健全人格的形成。外部的客观压力是不可避免的，但个人主观上的心理承受能力是可以提高和调节的。青年就业者应学会观察和分析社会各方面的状况，尽量降低外界压力对自我心态的影响，以平和的心态去观察事物，以平和的心态承受压力，以平和的心态和现代就业观念面对即将要去适应的职业岗位。只要有了良好的心态，就可以增强心理承受能力，克服心理挫折，培植愉悦的心理环境、健康的心理品质和良好的人际关系，就能振奋精神，正确驾驭自己，战胜各种困难。

三、就业人员应具备的知识结构

随着当今科学技术的迅猛发展，社会生产已发生了天翻地覆的变化。与此同时，各类现代职业岗位，除了要求就业者具备较高的道德品质和修养外，对其文化素质及综合能力的要求也越来越高。

（一）宽厚扎实的基础知识

基础知识是知识结构的根基。求职者无论选择何种职业，无论准备向哪个领域发展，都少不了宽厚扎实的基础知识。

（二）广博精深的专业知识

专业知识是知识结构的核心，也是专业人才知识结构的特色所在，无专业特色就不能被称为专业人才。所谓广博精深，是指求职者对自己所要从事专业的知识和技术的了解和掌握要达到一定的深度，对所要从事专业的体系、研究方向、学科历史、现状和国内外最新信息等有所了解和把握，对相关学科和相关专业的知识和技术有所了解。

（三）大容量的新知识储备

现代职业要求从业者所具备知识的构架是程度高、内容新、实用性强。因此，求职者应在学习和从业过程中特别注意高、新知识的储备。

（四）要有科学的思维方式

思维是人脑对客观事物间接和概括的反映。思维能力是一个人能力结构的核心，是各种能力中最重要的一种能力。思维能力的高低，反映了一个人的智力水平，在一定程度上决定着一个人事业的成败。因此，应十分重视科学思维方式的培养。

1.增强哲学思维的素养

哲学是关于自然、社会和思维发展的一般规律的科学，是人们认识世界、改造世界的思维的指导，哲学对于人们培养科学的思维方式是至关重要的。

2.注意积累丰富的知识和经验

丰富的理论知识和有益的工作经验是敏捷思维和科学思维方式的基础。一个人掌握的知识和经验越多、越丰富，他的思路就会越广越深，思维的成果就会越全面、越准确。

3.学会独立思考问题

独立思考的关键是"独立"。善于独立思考的人，既能集中别人的智慧，又能超越别人的思想。"独立思考"要求人们学会静下来思考问题，不仅要多思，同时要多学、善问，富于钻研。

4.不断调节自己的思维方式

一个人的具体思维过程是十分复杂的，在得到某一正确认识或决策之前，总会犯各式各样思维方式上的错误，有时是概念不清，有时是判断错误，有时还会因为缺乏灵活变通而造成不良的结果等。随时整理自己的思路，总结思维方法上的经验教训，可以不断地完善自己，逐步培养起科学的思维方式。

（五）要有一定的经营管理知识

经营管理知识是一门综合性的知识，并不是从事经营管理工作人员的专利。现代职业，无论是属于何种领域、何种岗位，要想在职业活动中充分体现人生价值，使其职业活动能取得成果和业绩，就必须具备一定的经营管理知识。例如，管理一所学校，无论是小学还是大学，都需要管理者善于管理和经营。又例如，管理图书馆，不仅要求管理者要具备图书管理方面的知识、信息技术知识等，还要具备一定的管理和经营能力。

四、就业人员应具备的能力

不同学科领域或职业、行业对就业者的能力要求是不同的。因此，求职者要想顺利就业并尽快有所成就，在学习期间无论学的是什么专业，属于哪个领域，准备就职于何种岗位，都必须具备一些共同的能力。

（一）决策能力

决策能力是指对未来行为目标的决断和选择的能力。良好的决策能力可以实现对目标及其实现手段的最佳选择，对于准备求职的青年就业群体来说，开始步入职业生活是走向人生的一大转折点。求职的过程是对自己决策能力的一次考验。因此，训练和培养自己的决策能力是十分重要的。

（二）适应社会能力

适应社会和改造社会是对立统一的两个方面。一个人适应社会的能力是其素质和综合能力的反映。适应社会能力的强弱与就业者的道德品质、知识技能、活动能力、创新意识、处理人际关系的能力以及健康状况是紧密相连的。对社会及客观环境应抱着主动和积极的态度去适应，而不应是消极地等待和对困难的屈服，更不是对落后、消极现象的认同，甚至同流合污。适应要同改造和发展结合起来。如果只是片面地讲适应，不讲进取和改造，社会和个人都不会进步。

（三）表达能力

表达能力是指运用语言阐明自己的观点、意见或抒发思想感情的能力。表达能力包括口头表达能力、文字表达能力、数字表达能力、图表表达能力等多种能力。在职业活动中表达能力的重要性是不言而喻的。培养表达能力，关键在于要努力提高表达的准确性、鲜明性、生动性和感染性。

（四）人际交往能力

人际交往能力实际上就是与他人相处的能力。在现代职业活动中，人际关系远不如学校中同学、师生关系那么简单。青年就业群体步入社会后，必然要与各种各样的人发生这样或那样的关系，能否正确有效地处理、协调好职业活动中人与人之间的各种关系，不仅影响一个人对环境的适应状况，同时影响着上岗后的工作效率、个人心理健康、生活质量及事业的成败。

（五）组织管理能力

组织管理能力是职业活动中一种较高层次的能力。任何从业者都有可能成为一名管理者或领导者，因此，必须逐步培养自己的组织和管理能力。对于初涉社会的青年就业者来说，培养和锻炼组织管理能力是今后事业发展的基础条件。

第二节　面试前的准备

一、准备转换角色

大学生活即将结束，在离别母校踏上社会之前，最重要的是求职就业的心理准备，即转变角色。所谓转变角色，主要是指由一个大学生转变为一个现实的社会求职者，即将走出校门步入社会，抛开浪漫，抛开幻想，认识自己所处的真实地位和社会现实，实事求是地面对求职就业这样一个现实。要想正确地选择职业，就必须转变角色。

（一）调整心态

对于绝大多数学生来说，大学阶段过的是一种单纯而有保障的生活，学习、生活、交际、娱乐都较有规律。在这样的环境里，容易萌发浪漫的情调和美好的理想，但是这样的生活与现实社会自然存在一定的距离。此外，不能把学校、家庭、亲友及同学所给予的关心、呵护、尊重当成是社会的最终认可。要得到社会的认可还应该做许多艰苦的努力。

（二）摆正位置

认识社会，了解社会，摆正自己的位置。要认识到自己在就业前，只是千万个求职者中的普通一员，要客观、冷静地进入求职状态，以自身的实力，积极主动地去适应社会需要。在选择社会职业的同时，也接受社会的选择，正确地迈出人生这关键的一步。

二、认识自我

认识自我就是要充分了解自己的个性特征。个性是个体统一的心理面貌，是人的心理活动中那些稳定的，具有个人特色的心理特征和心理倾向组合成的，有层次的动力整体结构。它以个体稳定的行为模式与态度体系表现出来。个体特征包括气质、性格、兴趣、爱好、能力、特长。由于个性特征左右着个体的行为表现，个性特征的职业适应倾向是十分明显的。如何选择职业，要根据自身的个性特征来决定。

（一）气质和性格

气质是心理活动的动力特征，包括心理活动的速度、心理活动的强度、心理活动的倾向性等方面，是一种典型而稳定的个性心理特征。性格是人对现实的态度和行为方式中比较稳定的独特的心理特征的总和。

气质和性格对选择职业和事业成功有很大影响。在知觉速度或思维的灵活程度上是快还是慢，在意志努力或情感发生上是强还是弱，心理活动是倾向于外部还是倾向于内部，是认真负责还是轻浮粗心，是活泼热情还是好静羞涩，是机智敏捷还是呆板迟钝，是沉着冷静还是冒失鲁莽，是勇敢爽朗还是怯懦沉默，是镇定自信还是疑虑自卑，是温柔细致还是暴躁粗心，是刚毅实干还是办事拖拉，是喜欢安静还是喜欢热闹等，都有很大不同。比如黏液型气质者较为适合流水线的工作，而抑郁型气质者不适合做推销员。气质和性格可通过科学的心理测量等方式来进行。全面了解自己的心理特点是选择职业的重要前提。

（二）兴趣和爱好

兴趣是爱好的推动者，爱好是兴趣的实行者。人们对职业的选择往往以自己的兴趣爱好出发，这就更需要认真分析自己的兴趣和爱好。当人们选择自己喜欢的工作，满足了自己的兴趣和爱好，就会更加努力地工作，兴趣和爱好就会成为个人事业成功的内在动力。但是，有时兴趣和爱好与职业选择相矛盾，这就需要有一个"磨合"过程，逐渐适应职业的要求，或者采取"先就业，后择业"的做法，为未来的理想岗位积累工作经验。

（三）能力和特长

能力和特长是求职择业以及事业成功的重要保证。能力和特长包含的内容很多，主要有两个方面：一是思维能力；二是工作能力。择业以及事业成功思维能力主要包括思维的独立性、抽象性、敏锐性、广阔性、批判性、创造性、灵活性等。工作能力主要包括语言表达（包括外语）的能力、写作的能力、计算的能力、学习的能力、劳动的能力、专业的能力、发明创造的能力等。能力和特长应包括教育培训的程度，因为教育和培训可以转化为能力、特长。如果是重新谋求职业者，还应分析自己的工作成绩和缺点，以便在求职时扬长避短。

三、择业就业过程中的心理素质

人们时常把当今的世界称为竞争的时代，大到国与国之间的对抗，小到人与人之间的竞争。竞争冲击着人们的事业和生活，冲击着人们的意识和思想，在求职择业上亦是如此。

（一）敢于竞争，善于竞争

1. 敢于竞争

大学生强化择业的竞争意识，首先，要在正确自我评价的基础上去达到理想的目标，这是一种魄力。其次，必须在心理上同"铁饭碗、大锅饭"的传统观念告别，这是一种理性。应该从社会进步和深化改革的角度来加深对竞争机制的认识，强化自身的竞争意识，自觉地正视社会现实转变观念，做好参加竞争的心理准备。

2. 善于竞争

要想在求职与择业中取得成功，仅仅敢于竞争还不够，还必须善于竞争。善于竞争体现在具备良好的心理素质、实力和良好的竞技状态。

在求职与择业竞争中，应注意期望值是否恰当。期望值是个人愿望与社会需求的比值，期望过高会使心理压力加大，注意力难以集中造成焦虑，影响正常水平的发挥。在求职面试时一定要轻松自如，克服情绪上的焦虑和波动，有自信心就有可能在竞争中获胜。

要善于竞争，还要做到在面试时仪表端庄举止得体，给人留下良好的第一印象；表现出较好的口才，交流时口齿伶俐、表述清晰；了解目前社会求职的有关行情，合理利用有关规则等。

（二）正确对待挫折

人们在求职择业中遇到挫折是正常的，切不可因此而自卑。一个心理健康的人对人生总保持着自信心，如果丧失了自信心，就失去了开拓新生活的勇气。人生中总是有顺境和逆境相伴随，顺境中有自信心不足为奇，逆境中更需要自信心的支持。

生活中的挫折是造就强者的必由之路，挫折是锻炼意志、增强能力的好机会。遇到挫折后应放下心理包袱，仔细寻找失利的原因，调整好目标，脚踏实地前进，争取新的机会。尤其是理想的或热门的职业更是存在着激烈的竞争，职业理想的追求与实现，并不一定取决于职业本身。在中外众多的伟大科学家的成长过程中，我们常常可以看到他们当初职业的起点并非那么"理想"。富兰克林曾经是个钉书工人，华罗庚初中毕业后便帮助家里料理小杂货铺，也曾在母校干过杂务。可见，较低的职业起点并不贬低职业理想的价值，从现实的生活之路起步，也正是大多数科学家的职业理想迸发、形成的环境。

女大学生求职择业比男大学生挫折更多，这是现在一种普遍的社会现象。从某种意义上说女生择业难，并不是社会对女生的需求量小。女生们要顺利地择业，从根本上说在于自身的素质和综合实力，并以其优势去参加竞争。

第三节　面试礼仪

面试求职不仅要有较高的政治素质、较强的业务素质，还要具备良好的职业礼仪。然而在参加面试时，多数求职者只重视专业能力的展示，忽略了基本的职业礼仪，因一些不被重视的细节导致面试的失败。一个人如果在面试中有失礼之处，首先就会给面试官留下一个非常差的印象，这大大降低了面试官对你的好感，即使在面试中表现良好，也会因为"首因效应"而难以赢得面试官的青睐。所以面试之前我们有必要了解面试中需要注意的礼仪。

一、面试的谋面礼仪

整个面试中，与主考官见面的时间通常只有一个小时左右甚至更短，如何把握这一个小时非常关键。我们可以把它想象成为一个舞台剧：戏里的主角是主考官和求职者，角色只有两个，但剧情是千变万化的。作为扮演求职者的一方，一定要把握求职礼仪上的分寸，不要过火或不到位，别把"好戏"给演砸了。

（一）与主考官见面礼节要有分寸

讲文明礼貌，讲究礼节是一个人素质的反映、人格的象征，会给他人留下良好印象。因此，与主考官见面时的礼节要有分寸：在开始面试之前肯定有一段等候的时间，切忌在等待面试时到处走动，更不能擅自向考场里探头观望。应试者之间的交谈也应尽可能地降低音量，避免影响他人应试或思考。

切忌贸然闯入面试室，应试者一定要先轻轻敲门，得到主考官的许可后方可入室。进出面试办公室时，注意进退礼仪，入室时不要先把头探进去张望，而应整个身体一同进去，一定要保持抬头挺胸的姿态和饱满的精神。走进室内之后，背对考官，将房门轻轻关上，然后缓慢转身面对主考官，并向主考官微笑致意，并说"你们好"之类的招呼语，在主考官和你之间创造和谐的气氛。

若非主考官先伸手，你切勿伸手向前欲和对方握手；如果主考官主动伸出手来，就报以坚定而温和的握手。在主考官没有请你坐下时，切勿急于坐下；请你坐下时，应说声"谢谢"，如图8-1所示。

面谈时要尽可能记住每位主考官的姓名和称呼，不要弄错；要注意和主考官保持目光接触，以表示对主考官的尊重。切忌目光游移，躲避闪烁，这是缺乏自信的表现。若主考官有几位，目光主要看首席或中间的那一位，同时要兼顾其他主考官。

主考官示意面试结束时，微笑、起立、道谢，说声"再见"，无须主动伸出手来握手。出去推门或拉门时，要转身正面面对主考官，再说声"谢谢，再见"，然后轻轻关上门。如果在你进入面试房间之前，有秘书或接待员接待你，在离去时也一并向他（她）致谢告辞。

图8-1 面试坐姿礼仪

（二）与主考官交谈要有礼仪和技巧

与主考官交谈时，如何在短短的时间内最大限度地树立起自己的良好形象，掌握良好的交谈技巧是重要因素。主考官一般较欣赏谈吐优雅、表达清晰、逻辑性强的应试者。在与主考官交谈过程中，注意不要紧张，表述要简洁、清晰、自信；要注意使用敬语，如"您""请"等；不要随便打断主考官的说话，或就某个问题与主考官争辩，除非有极重要的理由；交谈时注意观察主考官的表情变化，也就是做到察言观色，尽快掌握主考官感兴趣的在哪些方面，再根据事先的准备做着重表达。要特别注意主考官的形体语言，比如，自己说得太多了，就要注意主考官是不是面露疲态或者心不在焉，如果是，你就要悬崖勒马，迅速将发言权交给对方。

要切记，在与主考官的意见不一致时，不要据理力争，那会导致一时嘴快而满盘皆输。要知道生死大权皆掌握在主考官手上，即使你不同意他的看法，也不能直接给予反驳，可以用诸如"是的，您说的有道理，在这一点上您是经验丰富的，不过我也遇到过一件事……"的开头方式进行交流。但在下结论时不要主动说与主考官完全相反的观点，要引导主考官自己做结论，这样就避免了与主考官直接发生冲突，又巧妙地表明了自己的观点，特别是在回答情景面试问题时，稍不注意，容易处理失当，过度自信而忽略了场面控制。

（三）面试结束后礼节要善始善终

面试结束时，不论是否如你所愿被顺利录取，或者只是得到一个模棱两可的答复："这样吧，XX先生/小姐，我们还要进一步考虑你和其他候选人的情况，如果有进一步的消息，我们会及时通知你的。"我们都不能不注意礼貌相待，要用平常心对待用人单位，况且许多跨国公司经常是经过两三轮面试之后才知道最后几个候选人是谁，还要再做最后的综合评估，竞争是相当激烈的。如果得到这样的答复，我们应该对用人单位的人事主管抽出宝贵时间来与自己见面表示感谢，并且表示期待着有进一步向主考官学习的机会。这样既保持了与相关单位主管的良好关系，又表现出自己杰出的人际关系能力。当用人单位最后考虑人选时，能增加你的分数。

面试之后，回到家里，应该仔细记录整个面试经过，每个面试提问、每个细节都要记载在面试记录手册里。面试成功与否并不是最重要的，最重要的是从上一次面试中分析各种因素，学到经验，下次面试才会更强。面试之后，24小时之内向主考官发出书面感谢信。

求职礼仪事实上是每个人在求职的过程中所表现出的由里到外的一种涵养，外表的礼仪是对招聘单位和招聘人员最起码的尊重，而内在的礼仪更是一名当代大学生所必备的修养。要记住：凡事预则立，不预则废。有充分的准备，方能战无不胜，攻无不克。

二、面试的应对礼仪

（一）"随便"的要求不能随便地应对

面试中，如果主考官问你喝什么或要你提出选择时，一定要明确地回答，这样会显得有主见。最忌讳的说法是："随便，您决定吧。"有人认为这样回答表示谦虚有礼貌。其实，"随便"是应聘中一种最忌讳的回答方法，主考官在招聘时，非常不愿意被征求意见的一方说"随便，您决定吧"一类的话。一方面，这使主考官不知道该如何满足你"随便"的要求；另一方面，主考官也不太喜欢这种缺乏主见的应聘者，这种人在将来的合作中会浪费大家的时间，降低工作效率。

（二）注意你的非语言表达

1.握手

握手温暖而有力。握手是你与主考官的第一次接触，当主考官伸出手来，如果他（她）握到的是一只软弱无力、湿乎乎的手，这绝对不是一个好的开端。你与主考官握起手来应该是坚实有力的，但不要太使劲，你的手应当是干暖的。

2.姿势

姿势应当是站如松，坐如钟。这里不是说"推弹杆"姿势，只不过让你表现出精力和热忱，没精打采的姿势看上去疲惫不堪。更不要坐立不安，没有什么比抚弄头发、按笔帽、脚拍地、抖腿或不由自主地触摸身体某部分更糟糕的了。平时可照照镜子或拍段录像审视一下自己。

3.眼神

要用眼神与主考官交流。眼神要自然，不要瞪视，因为那样显得太有进攻性。当主考官说话的时候，你的眼神要专注于主考官；当你说话时，你的眼神要关注主考官。如果你在说话的时候总是不停地环视房间，则显得缺乏自信或对所谈话题感觉不舒服。

4.手势

说话时做手势要自然，避免说话时手舞足蹈或下意识做小动作。当你在打电话时在镜子里看一下自己，你很可能在面试中用的就是这种手势。另外，面试时太专注于手势会分散人的注意力，可平时训练，形成习惯。你准备说什么很重要，而身体力行的表现更重要。因此，非语言的交流比语言交流更能说明问题。

（三）面试应对的技巧

以一对一面试为例。面试时前三分钟的表现很重要，因为在这三分钟里，如果主考官对你印象好，就会在接下来的环节中找你的优点来说服自己接受你；相反，如果印象不好，就会找缺点来拒绝你。所以自我介绍一定要出彩，同时，在自我介绍的过程中时间观念非常重要，主考官让你准备两分钟的自我介绍，你就必须说两分钟的。解决这一问题的办法就是准备三个版本的自我介绍，分别是一分钟、两分钟和三分钟的，到时就可以轻松应对了。

自我介绍逻辑要清晰。最好用关键词来显示自己的逻辑，并且用第一、第二、第三来分层次。自我介绍一般是三段论模式：第一部分是感谢公司给予机会；第二部分是自己精心准备的自我介绍；第三部分是结尾，表达自己对加入公司的向往和打算。重点是第二部分的自我介绍，内容要新颖有趣，可用三段式的安排来说出自己最优秀的、别人无法比的东西，不妨用三个词来形容自己，再展开。记住一般不要对主考官说专业词汇，但是对经理一定要多说专业词汇。说话的方式如果幽默就更好。

回答开放性问题时要有艺术。总的宗旨是要根据所谋职位的特点来组织答案。举例：为什么下水道的盖子是圆的？理工科职位的回答：节省材料。如果是对数字要求高的职位，可用简单计算证明确实是圆的比方的节省材料。秘书职位的回答：以前是圆的，所以现在也是圆的。艺术类职位的回答：圆的好看。销售类职位的回答：如果你喜欢方的，那么我们就给你做个方的。

第四节　面试结束后的礼仪

许多求职者只留意应聘面试时的礼仪，忽略了应聘后的善后工作，而这些步骤亦能加深招聘者对应聘者的印象。面试结束并不意味着求职过程就完了，也不意味着求职者就可以高枕无忧地等待聘用通知的到来。面试后必须关注以下几点：

一、表示感谢

为了加深招聘人员的印象，增加求职成功的可能性，面试后两天内，最好给招聘人员打个电话或发个邮件表示谢意。

感谢电话要简短。最好不要超过 5 分钟。感谢信要简洁，言简意赅，感谢信的开头应提及应聘者的姓名及简单情况。然后提及面试时间，并对招聘人员表示感谢。感谢信的中间部分要重申应聘者对该公司、该职位的兴趣，增加一些对求职成功有用的事实内容，尽量修正可能留给招聘人员的不良印象。感谢信的结尾可以表示应聘者对自己的素质能力符合公司要求的信心，主动提供更多的材料，或表示希望能有机会为公司的发展壮大做出贡献。

据调查，十个求职者往往有九个人不回感谢信，面试后表示感谢是十分重要的。因为这不仅是礼貌之举，也会使主考官在做决定时对应聘者有更深的印象。

二、不要过早打听面试结果

在一般情况下，考官每天面试结束后都要进行讨论和投票，然后送人事部门汇总，最后确定录用人选，可能要等 3 ～ 5 天。求职者在这段时间内一定要耐心等候消息，不要过早打听面试结果。

三、调整心情

面试回来后，已经完成一次面试，但这只是完成一个阶段。如果同时向几家公司求职，则必须调整心情，全身心投入应对第二家的面试。因为，未有聘书之前，面试仍未成功，不应放弃其他机会。

四、查询结果

一般来说，如果在面试两周后或在主考官许诺的通知时间到了后，还没有收到对方的答复，就应该写信或打电话给招聘单位或主考官，询问是否已做出了决定。

五、总结经验教训

应聘中不可能个个都是成功者，如果在竞争中失败了，也不要气馁。这一次失败了，还有下一次，就业机会不止一个，关键是必须总结经验教训，找出失败的原因，并针对这些不足重新做准备。

第五节　职场沟通技巧

冲过一道道关卡，终于获得自己喜欢的工作。从此，你即由一个轻松浪漫的学子，变成了肩负责任的社会人。刚开始工作时，角色转换是一件困难的事情。面对社会中的种种压力与困难，你首先必须进行必要的心理调整，做好迎接和战胜各种困难和挑战的心理准备。

一、进入职场的心理准备

（一）严恪守时

俗话说"好的开始是成功的一半"，按时到用人单位报到和遵守上班时间是至关重要的。大学生活相对来说是比较轻松自在的，上班后，你必须对时间有一个重新认识，养成至少提前 5 分钟上班、正点下班的好习惯。若迟到、早退会给领导和同事留下懒散、自由散漫和缺乏时间观念的印象，甚至会失去他们对你的信任。为做到严恪守时，出发前必须把诸多影响你正点到达的因素都考虑进去。比如临行前接到电话、路上遇到熟人、交通阻塞等。

（二）服从安排

作为新员工，你提前到办公室还可以做做卫生清洁工作，如拖地、擦桌子等。有些人似乎不屑于做这样的小事，其实这些小事总要有人去做，既可以培养自己良好的劳动习惯，又可以谋得老员工的好感，所以千万不要因为"善小而不为"。

一般新来的年轻人，都会从最基层的工作干起，不管领导分配你做什么，你都要愉快地接受，尤其是那些其他同事不愿意干的工作。不挑剔工作，交给你什么工作都能够很好地完成，任何领导都会喜欢这样的年轻人，以后领导才能把责任更大、任务更重的工作交给你。

（三）责任感强

作为一个新人，学习和建立负责任的观念，会让主管、同事觉得孺子可教。抱着多做一点多学一点的心态，很快就会进入状态。新人进入公司，往往不知如何利用团队的力量完成工作。现在的企业很讲究团队工作，这不但包括依托团队，寻求资源，也包括主动帮助别人，以团队为荣。新人由于对自己的人生目标还不确定，常常三心二意，不知自己将来做什么。设定目标是首先要做的功课，然后就是坚忍执着地前行。途中当然应该停下来检视一下成果，但变来变去的人，多半一事无成。

最后，所有求职的新人一定记住，第一份工作不要太计较薪资，要将眼光放远，抱着学习的心态，才会有更光明的未来。

二、职场的处世技巧

美国著名成人教育家卡耐基说："一个人事业上的成功 =15% 专业技术 +85% 人际关系和处世技巧。"可见后者对一个人成功的重要性。刚踏入新的工作单位，应该学会与上司和同事沟通，懂得一些新员工的处世技巧。

（一）与上司相处

新员工给上司留下一个良好的第一印象，是非常重要的。初到一个单位，是否对工作认真，是否兢兢业业，是否能吃苦耐劳，在工作中的表现很快就会给上司一个评价的标准。

首先，新员工要以谦恭有礼的态度赢得领导的好感。刚工作的新员工，对职位高于自己、年长于自己的上司，要表现出谦恭礼貌的态度，真心实意地尊敬他们。在称呼对方时要用尊称，如"张经理""刘主任"，不能直呼领导"老张""老刘"。言谈举止应有礼有节。比如领导与你谈话时如果你是坐着的，就应该起立，请领导就座，而不应该毫不在乎地坐在那里和领导交谈。当然，对领导讲礼节礼貌，态度一定要真诚，不真诚的"多礼"，是不能赢得上司好感的。

其次，以创新的工作业绩赢得领导的赏识。在新的工作岗位，尽可能地发挥你的聪明才智，将所学知识应用于实际工作之中。你如果能在工作中有所发现、有所发明、有所创新，用较短的时间、高质高效地解决问题、完成工作，一定会令领导刮目相看的。创新精神还表现在，在执行任务的过程中，要根据情况的变化，变通地执行上级的命令。因为上司更注重于最终的结果，由于你灵活变通，而取得了良好的工作结果，一般而言，上司会格外赏识你，认为你是可用之才。

（二）与同事相处

在人际关系中，同事关系是比较复杂的，远不如同学关系那么便于梳理。那么作为一个新员工与同事相处应注意以下几点：

1.性格开朗些

如果你很开朗，有你的世界就会拥有快乐，同事们会主动拉近与你的距离。过于压抑的环境往往会给人带来心理上的不适，如果你能促进这种环境的转变，那么你就会有一种号召力。孤僻的人不但会遭非议，而且会被孤立。融入新的工作环境最有效的方法便是主动出击，热情待人。积极参加各项活动，以主人翁姿态出现，例如球赛、晚会等，这些活动能融洽彼此的关系，有利于使你和新同事和睦相处。

2.礼仪周到些

文明礼貌程度是展现个人素质的最重要方面。和同事相处，要不卑不亢，谦恭有礼。同事家有婚嫁喜事，送上一份合适的贺礼；同事生病，应及时去探望。礼尚往来乃人之常情，过重的礼物却不要轻易出手，免得人家心生他想。

3.竞争含蓄些

职场新人不要过于锋芒毕露，面对晋升、加薪，应抛开杂念，不要手段，不玩技巧，但绝不放弃与同事公平竞争的机会。面对强于自己的竞争对手，要有正确的心态；面对弱于自己的，也不要张狂自负。如果与同事意见有分歧，则完全可以讨论，但不要争吵，应该学会用无可辩驳的事实及从容镇定的声音表达自己的观点。

4.作风正派些

作风正派应包括勤奋、廉洁的工作作风和正派的生活作风。只有勤奋工作并尽可能把工作做出色的人，才不至于被同事看作累赘。很多新员工为了适应新的工作环境，采取了从众的态度，即看别人怎样做自己就怎样做，这样很容易失去自我。总之，你工作中要坚持自己正确的原则，保持自己的优点，不随波逐流。唯有如此，你才能显示出自己的人格魅力，赢得更多的同事和朋友。

第六节　办公礼仪

一、办公人际礼仪

根据哈佛大学、斯坦福研究所和卡耐基基金会所提供的调查报告显示，要找到工作、保住工作或在岗位上得到晋升，85% 取决于人际关系，而只有 15% 取决于技术知识和技能。人际关系礼仪是办公室日常工作礼仪中的重要组成部分。良好的人际关系是舒心工作的必要条件，也是发展工作所必须掌握的。在工作场所，一般需要处理的人际关系包括与上司的关系、与同事的关系和与下属的关系等。

（一）与上司的关系

上司往往是自己工作的引导者和指导者，与上司之间关系的好坏将直接影响到个人的工作能否顺利开展。古人云："伴君如伴虎。"虽然是用来描述皇帝与周围人的关系，但是，在处理与上司关系时，也可以作为借鉴。总之，在处理与上司的关系中，要时刻保持谨慎、细心、全面，如图 8-2 所示。

1. 明确角色

无论是在工作中还是在日常的交往中，都要明确与上司之间的关系即领导与被领导的关系，时时刻刻对自己的所作所为有所约束。不仅在刚工作的时候要这样，在工作稳定之后也要这样做。在取得上司的信任后，不要忘乎所以，应该更加本分、努力，做好本职工作。一定不要越过上下级的界线，言辞要时刻注意礼貌，不要在上司面前非议其他的同事，真正的好上司是非常反感你在他面前非议别人的。与领导相处时，应把握好距离，不可太近，不能太远。太近会使人产生"媚上"的感觉，破坏自己的形象；太远会让领导觉得你高傲、冷漠、目空一切。因此，必须把握好"度"。

图 8-2　正确对待上司

2. 尽职尽责

作为一名合格的职员，应该把单位分配给你的任务做好，做一个本分的人。没有一个上司不喜欢工作认真的职员，同时也应该注意，该由上司管的事情，作为下属不应该主动插手；应该上司说话的场合，作为下属不应该抢先说话或说话太多。在工作上需要向上司请示的就请示，该汇报的就汇报，同时也不要超出自己的工作范围。例如，小李在一家外企工作，他知道要在企业中站稳或有良好的发展，必须与上司处理好关系。于是他就密切地关注老板的一举一动。老板是一个外国人，有一次老板感冒了，他就买了感冒药放在老板的办公桌上。老板看见之后，问是谁买的药，这个时候小李以为自己做得贴切，就毫不犹豫地站起来，结果老板却说："这不是你的职责，你分内的事情做好就行了。"这的确不是小李的职责，他应该做的就是自己的本职工作，而不是为老板服务。如果你是老板，可以设想一下，有哪个老板喜欢自己被下属监视，自己的一举一动、隐私都被下属洞察。因而在处理同上司之间的关系时，一定要恰当地处理好，要对自己的工作尽职尽责，但是又不能越位。

3. 了解上司

在办公场所中，可以通过寻找与上司相同的乐趣、爱好等方式来拉近与上司之间的关系，通过共同的爱好来尽快地熟悉上司。因为共同的兴趣可以使你在短时间内拉近和上司之间的关系，也让你更快地了解你的上司。了解上司之后就可以准确把握上司对你的态度和意见，不至于在工作中产生误会，同时也可以掌握更好的办法，准确有效地配合上司的工作，使自己的工作卓有成效。

4. 对待上司

在给领导提意见和建议时，应该讲究方式、方法。"金无足赤，人无完人"。领导是人不是神，也有说错、办错的时候，作为下属，应讲究提意见或建议的方式、方法，既能达到目的，又不使领导反感或恼怒。作为下属对领导的失误不能采取消极态度，应出于公心，敢于谏言。但是要注意选择适当的场合，利用适当的时机，采取适当的方式，不要急于否定，要因人而异。

5. 方式方法

向领导汇报工作情况时，需要注意：认真准备；遵守时间，不能失约；用语准确，句子简练；语速适中，音量适度；汇报时间不宜过长；实事求是，有喜报喜，有忧报忧；汇报结束后，不能匆匆离开，应注意退场礼仪。

（二）与同事的关系

同事之间工作各有分工，同时又讲究"团队精神"，需要互相配合和协作。因而处理好与同事之间的关系也是十分必要的。

1. 透明平等，不玩弄权术

在现代社会中，公司里会聚集许多高文化、高素质的青年人才，他们关心的是怎样才能通过最佳的合作达到资源的最好组合，带来最大的效益。不仅在工作上这样，在生活上也是如此，他们认为这种新型的同事关系是互动互惠的。只有更多了解，才能彼此和谐相处，并从中享受这种新型同事关系所带来的好处和乐趣。

大家在一起工作，都讨厌那些搬弄是非、玩弄权术或拉帮结派的人，愿意与那些有才气且志趣相近的同事相处。许多行业需要的是团队的密切配合，同事之间时常一起加班研讨，长时间的共处，彼此更为了解，往往成为知心朋友。这点与传统的办公室人际关系完全不同，不应抱着同事是"冤家"的成见互相戒备，因为那样将使你在工作中难以立足，发展艰难。

2. 相互支持，加强团队精神

在同事之间，要团结、友好、支持、真诚地互相帮助。在发生误解和争执的时候，一定要换个角度站在对方的立场上想想，理解一下对方的处境，千万不要情绪化，把不该说的话说出来，任何背后议论和指桑骂槐，最终都会在贬低对方的过程中破坏自己的形象，受到别人的排斥。现在单位都讲究团队精神，要正确恰当地处理好和同事之间的关系，使自己尽快地融入团队中。单枪匹马的时代已经过去，不善于协作的人，纵然是天才也无法获得真正的成功。

3. 交友有度，不涉及个人隐私

现代同事的生活方式、思想观念大都比较前卫，许多的隐私不喜欢让别人知道，哪怕是最要好的朋友。所以，不要轻易侵入同事的私人"领地"，除非同事自己主动向你说起。在同事看来，过分关心别人隐私是无聊、没有修养的低素质行为。这就意味着你与同事在一起相处，需要掌握交友的尺度，切勿介入他人的隐私。网上调查显示，九成以上的人认为"办公室里隐私不宜说"。隐私本身是一个相对而言的概念，事实上在工作环境下，绝对只谈论公事也是一件不可能的事。同一件事情在一个环境中是无伤大雅的小事，换一个环境则可能非常敏感，所以，在"吐露心声"之前，请预想一下自己的言论能否为自己赢得同情或带来危害，保护自己立于安全地带。最重要的是，把握好同事间平和、互助、有距离关系的尺度，以宽容、平和的心态对待别人的隐私。

4. 寻找相近的乐趣，增加亲密度

当代的企业职员们工作时不怕加班，闲暇时也懂得享受。他们想挣更多的钱，然后让自己的生活过得更有乐趣。因而，在闲暇之余，喜欢与同事一起出去分享快乐、郊游、蹦迪、泡吧等，内容丰富多彩。所以，不妨多找些与同事相近的爱好和乐趣，邀他们一起行动共同分享，借此增加彼此间的了解与亲密。这不仅可以从中获得更多的快乐和放松，缓解内心的压力，更有助于培养和谐的人际关系，促进工作上的友好合作。

5.经济往来，AA制是最佳选择

现代的工作人员，大多有稳定的经济收入，乐于享受生活。所以，同事之间会经常聚会游玩，还会出现各种新型的生活组合，经济上的来往较多。最好的处理方法就是采用AA制，这样同事之间更显平等相待，都没有经济负担，经济上也都承受得起。当然，如果碰上同事有高兴的事主动提出做东，就应该配合对方，聚会时多说些祝贺的话，聚会完毕对同事的款待要及时表示感谢。与同事相处，只要按规则处世，就会觉得轻松有乐趣，对你的事业和生活会有更多的益处。你完全可以怀着快乐的心情走到他们的中间，成为其中的一员，与他们融为一体。

（三）与下属的关系

曾经有一份调查显示："仅仅得到上司的赏识，而没有得到下属的支持，那只能说明你成功了一半，没有下属的尊重和支持，你的发展前途是有限的。"这就充分说明在事业发展的过程中，处理好与下属关系的重要性。

1.尊重下属

在员工及下属面前，领导者是一个领头带班的人。尊重下属其实是尊重自己，因为员工们的积极性发挥得愈好，工作就会完成得愈出色，也可以让你自己获得更多的尊重，树立开明的形象。在工作方面有地位和职务的高低，但在人格上都是平等的，因而下属也有独立的人格，领导不能因为工作中的上下级关系就不顾及下属的人格，不能因为是下属，可以随意地指责或让其受到不公正的待遇。要想得到别人的尊重，你就要首先尊重别人，同样你想得到自己下属的尊重，就应该先尊重他们，使下属变成自己忠实的拥护者，变成自己发展的一个后备团体。

2.宽待下属

领导应心胸开阔，正确对待下属的失礼、失误，要用宽容的胸怀，尽力帮助下属改正错误，而不是单一的批评、处罚，更不能记恨在心，挟私报复。对于自己下属犯的错误，要多多体谅，在公司领导面前应该考虑下属的利益，从下属的立场出发为下属多争取机会，而不仅仅就是指责惩罚。在互相交往中，要注意多使用"我们"来代替"我"，这样可以缓和你与下属职员的关系，使他们感受到你对他们的爱护。

3.深入下属

领导要经常深入群众，倾听他们的心声，体谅他们的困难，了解他们的要求。在合适场合下，领导者应当采取公开的、私下的、集体的、个别的等多种方式引导下属发表意见，了解下属的愿望。这样既可提高领导的威信，又可避免上下关系的紧张化。在遇见问题时要召开部门会议，让员工参与到公司或部门的活动中，体现主人翁的精神。

4.爱护下属

作为领导，对下属的长处应及时地给以肯定和赞扬。例如，接待客人时，将本单位的业务骨干介绍给客人；在一些集体活动中，有意地突出一下某位有才能的下属；节日期间，到为单位做出重大贡献的下属家里走访慰问等，都是爱护下属的表现。这样做可以进一步激发下属的工作积极性，更好地发挥他们的才干。相反，如果领导嫉贤妒能压制人才，就会造成领导和下属的关系紧张，不利于工作的顺利开展。

二、办公环境礼仪

如果办公人员走进办公场所时的情绪是积极的、稳定的，就会很快进入工作角色，这样不仅工作效率高，而且质量好；反之，情绪低落则工作效率低、质量差。情绪好坏与工作环境密切相关。如果办公区内是整洁、明亮、舒适的工作环境，员工便容易表现出积极的情绪，就会充满活力，工作卓有成效。这就是环境因素对办公人员工作效率的影响。

（一）办公室桌面环境

办公室的环境不仅影响办公人员的工作情绪，也是办公场所形象的代表。特别是办公桌，是办公人员接触最多的地方，是首要的工作环境。

1.办公桌面保持干净整洁

办公桌上禁止摆放与工作无关的个人用品，每天至少做一次保洁，做到窗明几净，地面无污物，桌面无灰尘，如图8-3所示。办公室的桌椅及其他办公设施，都需要保持干净、整洁、井井有条。这些可以反映工作人员的精神面貌和工作态度。

图8-3　办公桌面保持整洁

2.办公用品摆放整齐

办公用品摆放整齐，桌面不得堆放与手头无关的办公用品，个人办公桌及文件柜至少一个月清理一次，无价值或价值不大的东西一律丢弃。办公用品是否整齐，直接反映一个人的工作效率和工作作风。从办公桌的情况就可以看到当事人的状态，会整理自己桌面的人，做起事来肯定也是干净爽快。他们为了更有效地完成工作，桌面上只摆放目前正在进行的工作资料；用餐或去洗手间暂时离开座位时，应将文件覆盖起来；下班后的桌面上只能摆放计算机，而文件或是资料应该收放在抽屉或文件柜中。

3. 计算机硬件部分保持整洁

计算机硬件部分要保持整洁，键盘、屏幕擦拭干净，确保正常运转。不允许在计算机系统上安装与工作无关的软件，桌面须保留原系统设置，工作时间一律不得用计算机玩游戏或上网查看与办公无关的信息。

4. 办公电话应保持通畅

办公桌上的电话是用来办公的，要保持通畅。一般情况下，私事不允许用办公室电话。在用电话时长话短说，一次不得超过三分钟。

办公室桌面环境的保持可以说是比较容易的事情，但坚持下来也是很困难的一件事。桌面上杂乱的文件、记事本，电脑上厚厚的尘土，乱丢的签字笔，会让一切看上去都毫无头绪，负面的情绪稍微累积，就会勾起惰性的滋生。

（二）办公室心理环境

办公室环境的改善仅仅是提高工作效率的一个方面，而更为重要的往往是办公室工作人员的综合素质，尤其是心理素质。这个观点正在被越来越多的"白领"们所接受。

1. 提高心理卫生水平

在日常工作中，人际关系是否融洽非常重要。互相之间以微笑的表情体现友好热情与温暖，以健康的思维方式考虑问题，就能和谐相处。工作人员在言谈举止、衣着装扮、表情动作中，都可以流露并体现出是否拥有健康的心理素质。因而，办公室内的人际关系调节是需要在心理方面下一番功夫的。因为"精神污染"从某种意义上说要比空气、水质、噪声的污染更为严重。它会涣散员工工作的积极性，甚至影响工作效率、工作质量。为此，在办公室内需要不断提高心理卫生水平。

2. 选择适当的心理调节方式

当生活或工作中遇到困难或挫折时，常常会出现心理困难甚至障碍，这就应该进行心理调整。领导应主动关心员工，了解他们的处境，理解他们的心情。了解员工的情绪周期变化规律，根据工作情况，采取放"情绪假"的办法：工作之余多组织一些文娱体育活动，既丰富了文化生活，又运用积极方式宣泄了不良情绪。有条件的可以建立员工心理档案，并定期组织"心理检查"，这样可以"防微杜渐"，避免严重心理问题的产生。经常组织一些"健心活动"，使工作人员能够经常保持积极向上、稳定的情绪，掌握协调与控制消极情绪的技巧与方式。

三、办公沟通礼仪

办公室沟通是建立良好的人际关系，舒畅的工作环境的关键，要善于使办公室环境处于一种良好的沟通状态中。这并不意味着要喋喋不休地主张和表达什么，而在于与周围工作人员之间的沟通，要注意沟通的恰当时机，用适当语言和适当的态度说话。

（一）认清自我是管理工作的基础

自我管理应该先从认识自己开始，包括自我情绪的管理、工作效率的确立以及个人处事风格的建立等。自我管理的重点在于帮助自己与外在工作环境融洽共处，所以，千万不要一味展现自己，而与其他同事形成对峙的情形。一般而言，在语言沟通上切记，多说"我们"而不是"我"，千万不要让对方觉得你过于自我，而无法接纳他人的意见。而以"我们"作为开头的语句，比较能让对方感受到你愿意同舟共济的诚意。

（二）向上汇报工作

管理不仅包括对下的传达工作，也包括对上的汇报。如果一个主管可以成功地整合下属，却偏偏得不到上层的允诺与支持，那么充其量他只能算成功了一半。同样，也要让你的主管感受到你是可以同心协力的工作伙伴，而不是动不动就"挑刺"的同事。要经常向上级汇报请示工作，经常沟通思想和情感。善意地沟通与勇敢地提出见解，才能构建你与上司的良性互动。

（三）语言表达要得体

一个人说话，不仅是思想的表达，也体现出一个人的修养和文明程度。在办公室与人交流时，既要注意环境，又要注意对象身份，更要注意把握尺度分寸，同时还要考虑对方的理解接受程度等，尽力做到表达得恰当得体。得体是指言语、行动等恰如其分。语言表达得体是指根据沟通的语境使用语言，也就是根据沟通的外部语境、内部语境选用恰当的语句来表情达意。得体是语言表达的基本要求，也是最高要求。说话得体可以改善人际社交的关系，强而有力的语言表达力是办公室沟通成功的重要因素。提升个人的应对沟通能力，改善说话表达的技巧，增强自信，有助于工作、社交及人际关系的发展。

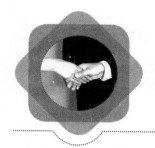

第九章　涉外礼仪

中国素有"礼仪之邦"的美称。中华民族一向以讲究礼貌为美德。讲究涉外礼仪，是中华民族这一传统美德在对外开放新形势下的延伸和发展。涉外礼仪是人们在国际交往中形成和惯用的一种行为规范和行为形式。它在一定意义上反映着一个国家的文明、文化和社会风尚。

第一节　涉外礼仪概述

在经济全球化的大背景下，无论国与国之间，还是人与人之间的涉外活动都日益频繁。因而涉外礼仪也日益重要，成为众多礼仪中的重要内容。了解和掌握基本的涉外礼仪知识对生活在现代社会中的每个人来说都具有重要的作用和意义。本书将比较系统地介绍涉外礼仪的基础知识，并在此基础上，介绍一些国家的礼仪和禁忌等内容。"迎接"与"送别"是涉外活动中的一项重要内容，其在涉外活动中占有重要的地位。对参与外事活动的人来说，涉外迎送礼仪是必须要了解和掌握的。

一、涉外迎送规格的确定与安排

随着国际交流的发展，涉外活动日趋频繁。涉外活动内容不同，类别和级别不同，迎送活动的要求也就不同。明确交流目的，做好迎送的准备工作是对外交流能否获得成功的首要条件。

（一）确定对外宾的迎送规格

"对等原则"是迎送的基本原则，即主要迎送人员要与来客的身份相对等，或主人的身份与客人的身份相差不大。按照国际惯例，对外迎送规格主要依据来访者的身份、访问的性质和目的，并适当考虑交流双方的关系等来确定。例如，国家元首、政府首脑的正式访问，通常要由政府部门举行隆重的欢迎仪式；对一般代表团的访问，则安排相应身份的人员前往机场、车站或码头迎送。在特殊情况下，为了发展交流双方的关系，也可安排超出常规的场面给予较高的礼遇。但为了避免其他国家产生误会，造成厚此薄彼的印象，非有特殊需要，都应按常规迎送。

除国家及地区之间的涉外交流活动外，最普遍的涉外活动主要是学校之间的交流，商业、企业机构之间的交流，文化部门之间的交流以及民间的交往等。

1. 国家或政府部门之间的交往

在国家或政府部门之间的交往中，迎送规格是一个非常敏感的问题，其代表着对来宾的尊重程度。不论大国小国、强国弱国、富国穷国，接待中都应平等对待。例如，迎接外国国家元首或总理（首相）到地方访问时，应由省长或市长迎送，如省长、市长不在，则由副省长、副市长代表。又如，外国议长率领的议会代表团到地方访问时，应由省、市人大常委会的主任迎送，如主任不在，则由副主任代表。

2. 学校之间的交往

校际间的交往，应根据来访人员的状况来决定迎送规格。例如，学校首脑领导来访，迎送规格就应定为校级规格，要由校级领导出面迎送；如果是学科之间的学术交流，应视情况定为校级或院级规格；如果来访者是国际非常知名的学者，即使其不是什么"领导"，视情况也可安排分管外事工作的校级领导来迎送。

3. 商贸交往

商贸交往要视情况而言。如果是国家和地区间的商贸往来，应由相应主管部门来确定具体的迎送规格；如果是一般性质的商贸往来，则应根据来访人员的身份和来访目的确定迎送规格。例如，有投资意向的国外公司的决策人员到达时，接待方应根据其公司的规模、知名度、来访者的身份、投资额度大小、项目的重要性等因素来确定迎送的规格。规格可高至政府级，也可低至企业级。

4. 文化交流

文化交流的内容和形式很多，有一般性的接触交流，有目的性明确的交流；有代表国家或地区的交流，也有代表一个团体或一个部门的交流。同样，代表国家和地区的交流，可由国家或地区主管文化的相关部门确定迎送规格，其他形式的交流应根据具体来访者的身份和交流的内容及目的来确定迎送规格。例如，为进行文化交流，由政府官员带队来访的代表团，可由政府文化主管部门负责人出面迎送。又例如，进行商业演出的文化团体的访问，由承办演出的公司负责人出面迎送即可。

（二）迎送与接待安排

迎送规格确定后，应认真细致地制订迎送、接待方案。在制订方案过程中不仅要安排好整体的迎送规格和程序，同时还应注重细节问题。

1.确定参与迎接活动的人选

参与迎接活动的人选视情况而定。一般情况下，迎接人员包含主要迎接人员和随从人员，主要迎接人员、随从人员的规格和人数应根据迎接规格的要求来确定。

2.制订迎送及接待方案

迎送及接待方案要根据接待的规格来制订。方案要做到周到细致，不可疏忽大意。通常情况下，要根据客人逗留时间的长短，在安排好工作的同时，安排好客人的休息和参观游览等。从礼节上来说，客人下榻酒店后不宜马上安排活动，应留出充足的时间让客人休息，待客人休息后再安排活动。

3.沟通

迎送及接待方案制订好后，应将与对方有关的内容提前传送给对方，与对方进行沟通。如果由于时间等原因无法将计划提前传送给对方，则应在外宾到达时将日程安排发给对方，以便让他们心中有数，做好配合。

4.准备与接待

外宾到达之前，各相关部门应按照方案中的要求做好一切准备。在迎送和接待过程中，要尽可能根据接待对象所属国家和地区的习惯热情接待，做到不卑不亢、礼仪到位。例如，在机场、车站、码头接到外国客人时，可热情地为客人提行李，但如果工作人员是女性就不必这么做。在帮忙提行李时，千万不要去帮男士拿公文包或帮女士拿手提包等。总之，接待中既要体现对对方的热情、礼貌和尊重，也要充分体现接待方人员的文化修养和大度得体的气质，不能对外国客人卑躬屈膝，讨好奉承。

（三）迎送活动中的陪车礼仪

在接送外宾或陪外宾外出参观游览时，从机场、车站或码头到下榻酒店，以及从下榻酒店到机场、车站、码头或参观时，都应安排接待人员陪同乘车。陪车原则一般是主人坐在客人的左侧。如果是三排座轿车，翻译人员应坐在主人前面的加座上；如果是二排座轿车，翻译人员应坐在司机旁边。

上车时，主人应先替客人开车门，请客人从右侧上车，安排客人就座后，主人再从左侧上车；如主人为女性，则不必客人开车门，可礼貌示意请客人先上车，而后自己上车；如客人没等主人示意就先行上了车，并坐在主人的位置上，则不必再请客人挪动位置。下车时，工作人员或翻译人员应快速下车，以便为客人开车门，特别是要为女性客人开车门。如没有翻译人员或工作人员陪同，或翻译人员、工作人员为女性时，驾驶员应将车停稳后快速下车为客人开车门。迎送过程中，上下车开关车门时应轻开、轻关，不要用力过猛，以免使客人受惊吓或碰伤客人。

二、涉外迎送中的身份介绍与称呼

涉外活动中，身份的介绍对于双方见面后的进一步沟通起着穿针引线的作用。由于每个国家或地区对于职务的称呼是不一样的，因此，在迎接外宾之前，应首先了解对方的特点，了解对方对我国领导职务的理解程度，以便进行恰如其分地介绍。

（一）涉外迎送中相互介绍的方法

当外宾到达机场、车站或码头与我方迎接人员见面后，迎接的步骤如下：

1. 主方应热情地上前握手表示欢迎。如碰到外宾热情地上前表示拥抱时，要热情相拥，不能退让。

2. 由主方负责外事的工作人员或翻译人员，按身份高低顺序依次介绍主方前往迎接人员。如无工作人员或翻译人员在场，可由迎接人员中身份最高者先礼貌地将名片递交给对方，并同时做自我介绍，然后再向对方介绍其他人员。

3. 按身份高低顺序依次介绍来访人员。外方人员的介绍除可由我方外事工作人员介绍外，也可由对方自带的翻译介绍，或由对方做自我介绍。

在外方做介绍时，我方人员应仔细听，并做出相应表示。如果双方是初次见面，在介绍过程中可说"见到您很高兴""认识您很高兴"等。如果遇到原来就见过面的朋友，应说"再次相见，十分高兴"等寒暄语。

（二）为外国朋友介绍我方人员

在为外宾介绍我方人员时，要考虑到对方国家的文化和习惯。按照国际惯例，一般称男士为先生，称女士为小姐、女士等。也可按职务、职称介绍，如：董事长 X 先生、总经理 X 先生、校长 X 先生等。特别注意，在我国"书记"是一个比较高的职务。而很多国家则认为"书记"只不过是一名做文书工作的记录员，因此，在介绍书记时，最好翻译成与"书记"职务对等的行政职务头衔，这样对方更容易理解和接受。

（三）对外国朋友的称呼

在国际交往中，按照我国惯例，一般对男子均称"XXX 先生"，对女子称"XXX夫人""女士"或"小姐"。这些称呼，均可冠以姓名、职称或衔称。如"XXX 市长先生""XXX 议员先生""XXX 主席先生""XXX 先生夫人"等。对于地位较高的官方人士（政府部长以上的高级官员），可称"阁下"，如"XX 总统阁下""主席阁下"等。对君主制的国家，可称国王、王后为"陛下"，对国王的后代可称王子、公主等。对有爵位的人（公、侯、伯、子、男）等可称其爵位，也可称阁下或先生。

第二节　出访礼仪

现代人的生活和工作已不仅仅限于本地区和本国，出国访问和旅游已成为现代人工作和生活中的一部分内容，学习和掌握出国访问的礼仪是非常重要的。

一、乘国际航班应注意的问题

乘坐国际航班，乘客应在飞机预定起飞时间前 1 ～ 1.5 个小时到达飞机场，因为在这段时间里，需要核查机票及订座，办理海关申报、行李过磅和装运等手续。

（一）办理海关申报及登机手续

抵达机场，首先是向海关申请办理有关物品的出关手续，如携带外币、金银制品、照相机，录音机、摄像机、文物、动植物等应如实填报，并办理相关手续，之后再办理乘机手续。

（二）登机时的礼仪

上、下飞机时，旅客应向站在机舱门口迎送乘客的航空小姐点头致意。机舱内分头等舱和二等舱（或称为商务舱和普通舱），头等舱（商务舱）较为宽敞、饮食较丰盛，服务周到。购头等舱机票的乘客，不论是否对号入座，都不要抢占座位。其他乘客，不能坐到头等舱的座位上去。

（三）乘机时的礼仪

国际航班上免费供应饮料、茶点、食品、早餐和正餐。用餐后，所有餐具和残留物要收拾好，由服务员收回，不要随意将餐具收起来带走；不能带走供乘客阅读的报纸杂志；乘客在飞机上不要大声说话和喧哗，以免影响他人；要注意飞机上的坐卧姿势，既不要影响他人坐卧，也不要有失雅观。

（四）下机后的礼仪

旅客到达目的地后，办理完入境手续即可凭行李卡认领托运的行李，不要将自己的行李放在过道或路口影响他人行走。旅客可以用机场为乘客准备的手推车靠右（或靠左）行走，将行李推出机场。如请行李搬运员协助搬运行李，必须付小费。

万一发现行李丢失，也不要慌张，可通过机场行李管理人员或有关航空公司寻找。如一时找不到，可填写申请报告单交航空公司。如行李确实遗失，航空公司会照章赔偿，千万不要在机场吵闹。国外旅店一般都不供应开水，往往会提供一瓶免费的矿泉水。有的旅店，酒或饮料一拿出冰箱即自动记账；也有的旅店，房间设有自动出售各种饮料或小食品的装置，只要按动开关，食品、饮料便自动出来，同时自动记账，结算时统一付款；旅客如要喝热饮料，可向服务员索取，但要付现金及小费。找服务员可在室内按电铃或打电话呼叫，服务员一旦上门服务，一定要致谢，并付小费。

二、进出房间要随手关门

进出旅店房间要随手关门。在室内休息可穿睡衣，但不能穿着睡衣、拖鞋、背心或裤衩到走廊或饭馆内的公共场所去游逛；在房间里收看电视，声音要小，不能影响别人；休息、睡觉时应将房门关好，有人敲门时，应先问清楚来客身份后再开门；如到别的房间找人，则应轻敲房门，不可高声叫喊，要待主人允许后再进入。

三、保持室内清洁

住旅店，应该始终保持室内整洁，衣服不要乱放，鞋袜不要乱丢，废纸或果皮等物应扔入废物桶内，或放在茶几、桌子上，由服务员来收拾；用淋浴洗澡时，不要弄得满地是水，不要有意或无意损坏房间里的任何设备；吸烟者要特别注意，不要烧坏地毯、家具等设备。

国外不允许在旅店卫生间内洗大件衣物，只允许洗少量的小件衣物。房间内一般都提供专门的洗衣袋。旅客填好洗衣单，将要洗的衣物装入洗衣袋后由服务员送往洗衣房。

四、正确使用房间内的设备

房间和卫生间里的某些设备，如自己不会使用，应先请教他人，特别是外国旅店房间内的电器设备和洗澡用的开关，形式多种多样，应注意其不同的使用方法。使用旅店卫生间内的用品只要打开封条即可。旅店房间内提供的用品仅供在旅店内使用，除交费物品外，都不能带出旅店。

五、付小费的礼仪

付小费的礼仪在西方还是很常见的。而且付小费基本上是私下进行的。例如，将小费放在茶盘和酒杯下面，或者放在专放小费的盒子里，或者将小费直接塞在服务员手里，也可在付款时将找回来的零钱作为小费。

付小费的方式和金额，要根据当地的习惯和实际情况而定。例如，参加宴请，如我方宴请，小费可少给；如对方宴请，小费应多给。如希望服务员照顾周到，可在入座时就付给一定量的小费等。有些旅馆或酒店，其账单上就列有 10% ～ 15% 的服务费，遇到此类情况则不用再付小费，但如需要搬运行李、代叫出租车等其他额外服务时，还得付小费。因此，每去一个新的地方，可以事先向熟悉当地情况的人了解付小费的方法和金额。除考虑当地习俗外，还要考虑一些特殊的情况。

第三节　会面礼仪

在交往中，见面时行一个标准的会面礼仪，会给对方留下深刻而又美好的印象，直接体现出施礼者良好的修养。在国家之间、学校之间、文化团体之间等涉外交流中，会面是最常见和重要的活动。会面过程中，双方都必须注重礼仪。

一、涉外会面的概念

（一）涉外会面

会面又称会见、会谈、接见或拜见。而一般来说，身份较高者去见身份较低者，或主人见客人，称为接见。身份较低者去见身份较高者，或客人去见主人，称为拜见。

会面有礼节性会面和实质性会面之分。礼节性的会面，时间一般较短，地点不限，形式比较随便，话题也较广泛。礼节性会面一般没有实质性内容，属礼节性的问候和寒暄，目的是增进双方感情。实质性的会面，会涉及一些双方都关心的内容。其中，涉及政治性内容的会面，一般话题比较严肃，会面形式正规，事先要安排好会面地点；涉及事务性内容的会面，一般包含双方的业务往来，有较强的专业性。

（二）涉外会谈

会谈是宾主双方就共同关心的问题，在一起洽谈业务或对具体的合作方案、合作协议进行谈判、交换意见。一般来说，会谈的内容较为严肃。国家之间高层次的会谈，主要涉及国家的政治、军事、经济、文化等内容；部门、公司之间较低层次的会谈，主要涉及双方之间的商贸往来、合作办学、合作研究及开发等内容。

（三）会面或会谈时的座位安排

1.会面时的座位安排

会面一般安排在会客厅、办公室或客人下榻的酒店。各国、各地区的会面礼仪程序不尽相同，通常为宾主各坐一边。有些地区的会面还具有自己独特的程序，例如，双方主要领导人致辞、互赠礼品、合影留念等。我国高层次的会面一般安排在会客厅。会面时，客人坐在主人右边，翻译和记录员坐在主人和主宾的后面。主客方的其他成员，按职位高低顺序分坐两侧。

2.会谈时的座位安排

会谈通常安排在会议室进行，多使用长方形和椭圆形会议桌。会议桌有横放和竖放两种摆放方式。

（1）会谈桌横放

主宾相对而坐，以正门为准；主人背向门落座，客人面向门落座；双方主谈人居中，翻译人员在主谈人右侧，记录员可在后排。

（2）会谈桌竖放

以入门方向为准，遵循"以右为尊"的原则。右边为客方，左边为主方。

二、会面礼仪

在涉外活动中，涉外交流是否能成功，会面和会谈起着十分重要的作用。因此，对于参加会面和会谈的人员来说，不仅要高度重视会面和会谈中的交谈礼仪，还要注意自己的行为举止礼仪。

（一）会面中的交谈礼仪

1.交谈时的礼貌和礼节

会面和会谈中的基本内容是交谈。交谈时要注意礼貌用语，表情要自然大方、态度要诚恳、语言和气亲切，还要注意交谈的方式方法。

参与会面和会谈的人员，要善于倾听外宾的发言，不能轻易打断对方的谈话；交谈时应目光注视对方，以示专心和尊重；尽管听不懂外语，也不能只听翻译讲话，而在外宾说话时表现出心不在焉、东张西望、甚至闭目养神，一副不耐烦的样子；谈话时，音量不要过大，能使对方听清楚就行，还要防止唾沫星四溅；交谈时，不要只顾自己讲得高兴，要给外宾说话的机会；如果没有听清楚外宾说的话，可以再问一遍，如发现对方对我方的谈话内容有不明白的神情时，应请翻译及时解释清楚，以免产生误会。

2.把握好谈话内容

会面和会谈前，最好能事先了解清楚对方感兴趣的话题内容，尽量使谈话得体并有针对性。谈话内容要实事求是，自己不清楚或不知道的，决不要随便答复，没有把握的不能轻易允诺。

（二）涉外会面的行为举止礼仪

1.见面与告别礼仪

"握手礼"是国际通用的相见与告别礼仪。但在国际交往中，除"握手礼"以外还有一些不同的相见与告别礼仪，例如，"拥抱礼""鞠躬礼""双手合十礼"等。当外宾以本民族、本地区的习惯表示见面及告别礼仪时，要尊重对方习惯，做出积极反应，不可躲避。

会面和会谈结束时，应起立向客人一一道别。由主要领导陪主宾先步出会客厅，其他客人随后，我方其他陪见人员在最后，将客人送出，目送上车，并挥手道别。

2.基本举止礼仪

参加会面和会谈的人员，入座会面厅或会谈厅时，行姿应从容不迫、得体大方，不可缩手缩脚、弯腰驼背。坐姿要优美端庄，不可东张西望、坐立不安或摆弄其他东西，特别是女性，应表现出女性优雅、娴静的气质。入座和起立时不要将椅子弄出响声。

（三）涉外会面的服饰礼仪

根据会面或会谈的形式及内容，同时考虑到会谈者与来宾的关系程度，参加会面或会谈的人员，男性可穿传统服装，如中山装，也可穿西服。如果穿西服，要选配好西服衬衫和领带，配好皮鞋，皮鞋要擦亮；女士可穿旗袍、西服套裙，也可穿其他得体的服装。

对于礼节性的会面，与会者虽然可穿得随意一些，以此营造轻松和谐的气氛，但也要使其着装得体、大方并符合身份。

三、涉外会面禁忌

在交谈中，为了营造气氛、沟通关系、增进感情，除了谈与交流有关的话题外，少不了谈一些与正事无关的话题，但一定要注意话题的选择。有人认为，外国人没中国人那么深沉和含蓄，崇尚直来直去，与他们交谈可以海阔天空，畅所欲言，不必有太多的顾及，这种看法是片面的。

（一）话题选择要恰当

话题的选择反映着谈话者的品位。在涉外交流中，话题选择要恰当。例如，不管是哪个国家、哪个民族的人，都会对体育赛事、电影电视、风景名胜、烹饪小吃等内容感兴趣，这些话题适用于正式场合或非正式场合。

（二）不能涉及不愉快的内容

会面时轻松愉快的氛围，有助于双方会面的愉快进行。所以当与外宾交谈时，千万不要有意无意地在谈话中谈及与疾病、死亡、恐怖事件等不愉快的事情有关的内容。

（三）不要涉及对方的私生活

在与外宾交谈中，要注意避免涉及对方的私生活，例如，询问对方的婚姻状况、收入、家庭财产或衣饰价格等问题；不要对女士的年龄、婚否等感兴趣。与妇女谈话时，不要说妇女长得胖、身体壮、保养得好等话。遇到对方不愿回答的问题，不应刨根问底；发觉对方反感的问题，应表示歉意，并立即转移话题等。

（四）交谈中不必过于关心对方

中国人很欣赏"关心他人比关心自己为重"的人品，而外国人一般强调的是个性独立和个人至上，因此不能将善意的关心滥用于外宾身上。例如，"你吃过饭了吗""天凉了，该加衣服了"等关心对方的语言，在中国人看来是出于好意，而在外国人看来，却是干涉了他的自由。

（五）不要涉及宗教问题

在国际上，宗教问题向来都是一个很复杂、很敏感的问题。在这方面最好不要涉及，以免引起误会。

（六）不要议论当事国的内政

谈话中不要对当事国的内政大加评论，这样会引起对方的反感。涉及自己国家时，谈话要自然，既不可吹嘘，也不可为了讨好对方而贬低自己的国家。对国外的事物，凡是自己觉得好的，应该表示赞赏。

（七）不要谈自己不懂的话题

"人不可自欺。"在涉外交谈中，要尽量避免自己不懂或不熟悉的话题。一知半解，故弄玄虚，不懂装懂，非但不会给自己带来好处，反而会给对方留下不踏实的印象。若是班门弄斧，一旦遇上行家认真起来，那就丢人了。

在涉外交谈中，要坚持知之为知之、不知为不知的原则，不必不懂装懂。如外宾谈起自己不懂或不熟悉的话题，应洗耳恭听，必要时可如实相告、虚心请教，这样才会获得他人的尊重。

第四节 国旗礼仪

在世界上，任何一个主权国家，都会通过立法的形式，在自己本国的宪法或法律上，规定自身的象征和标志。例如，国旗、国徽、国歌和国花就是一个国家的象征。通过它们，能够唤起本国国民的爱国主义热情，培养全体人民对待祖国的责任感与荣誉感，增强国家与民众之间的相互联系。在国际交往中，国旗、国歌、国徽和国花的使用是涉外礼仪中非常重要的内容之一。本书主要介绍一下国旗礼仪。

国旗是一个主权国家的象征与标志，是一种经由国家法律规定的、具有一定形式和规格的旗帜。它通过国家的正式公告和通报，以及国家与国家之间的相互承认，在国际法上得到普遍的承认。涉外人员应当通晓有关国旗的外交惯例以及有关国旗的涉外礼仪。

我国国旗是我国的象征与标志。既然我国法律明确规定每个公民和组织，都应尊重和爱护国旗。那么每一名中国公民，都非常有必要掌握基本的国旗礼仪。所谓国旗礼仪，就是对国旗表示敬意和使用国旗时应遵守的习惯做法。

一、我国国旗的基本规定

为了维护国家的尊严，加强我国公民的国家观念，发扬爱国主义精神，根据我国宪法的有关规定，我国于 1990 年 6 月 28 日第七届全国人民代表大会常务委员会第十四次会议通过了《中华人民共和国国旗法》，并于当年 10 月 1 日起开始施行。

（一）我国国旗的标准

作为国家的象征与标志，各国国旗大都具有标准的固定式样。我国《宪法》规定，"中华人民共和国国旗是五星红旗"。旗面的红色象征着革命，旗上的五颗黄色五角星及其相互关系，象征着中国共产党领导下的革命人民大团结。根据规定，我国国旗的形状、颜色应两面相同，旗上五角星两面相对，旗面应为长方形，其长与高之比为 3：2。旗杆套为白色。

（二）每日升挂国旗的场所

在下列场所或机构所在地，应当每日升挂国旗：北京的天安门广场和新华门；全国人民代表大会常务委员会、国务院、中央军事委员会、中国人民政治协商会议全国委员会、最高人民法院、最高人民检察院、外交部；出入境的机场、港口、火车站和其他边境口岸、边防、海防哨所。

（三）工作日升挂国旗的场所

国务院各部门、地方各级人民代表大会常务委员会、人民政府、人民法院、人民检察院、中国人民政治协商会议地方各级委员会，应当在工作日升挂国旗。全日制的学校，除寒假、暑假和休息日外，应当每日升挂国旗。

（四）升挂国旗的节假和活动

国庆节、国际劳动节、元旦和春节，各级国家机关和各人民团体应当升挂国旗。民族自治地方在民族自治地方成立纪念日和主要传统民族节日，可以升挂国旗。举行重大庆祝、纪念活动，大型文化、体育活动，大型展览会，可以升挂国旗。

（五）境外升挂国旗

我国国家领导人和代表团出席访问或者参加国际会议、我国驻外使领馆及其他常驻外交代表机构、我国在外国的投资企业、我国旅居外国的人民，均应根据其所在国的规定或习惯升挂我国国旗。

（六）升、降国旗的注意事项

国旗及其图案至高无上，因此不得随意升挂、使用，不得用作商标和广告，不得用于私人丧葬活动。在公共场合，故意以焚烧、毁损、涂画、玷污、践踏等方式侮辱我国国旗，均属违法行为，应当依法追究其刑事责任。破残、污损、褪色或不合规格的国旗，均不得升挂。

二、升挂国旗的礼仪要求

升旗仪式是一个非常严肃而隆重的仪式。室外悬挂国旗，应日出而升，日落而降。在升挂国旗时，应将国旗升至杆顶，并立正脱帽，面对国旗行注目礼。

下半旗，一般是为了向某些人士志哀。我国规定：在中华人民共和国主席、全国人民代表大会常务委员会委员长、国务院总理、中央军事委员会主席、中国人民政治协商会议全国委员会主席、对中华人民共和国做出杰出贡献的人士、对世界和平或者人类进步事业做出杰出贡献的人士逝世时，可下半旗志哀。发生特别重大伤亡的不幸事件或者严重自然灾害造成重大伤亡时，亦可下半旗志哀。依照以上规定下半旗的日期和场所，由国家成立的治丧机构或国务院规定。

下半旗的具体做法有一定的规定。下半旗时，应先将国旗升至旗杆顶端，然后再降至旗顶与杆顶之间的距离为旗杆的全长的 1/3 处。

在某些国家，国丧不下半旗，而代之以在国旗上方加挂黑纱的方法志哀。我国无此做法。

三、升挂国旗的国际惯例

从国际准则和礼遇出发，一国国家元首、政府首脑到他国领土访问时，在其住地和交通工具上，可悬挂本国国旗（或元首旗），这是一种外交特权。去访国在接待外国元首和政府首脑时，在其住地和交通工具上应悬挂来访国国旗（或元首旗）。另外，驻外使节有权在办公地、官邸和交通工具上悬挂本国国旗。在国际会议上，各国政府代表团团长可按规定悬挂国旗。国际上一般通行的规范是：

（一）在我国境内同时升挂中外国旗时，应将中国国旗置于荣誉地位。在一般场合，外国驻华机构、外商投资企业、外国公民在同时升挂中外国旗时，应当将中国国旗置于上首或中心位置。中国国旗与外国国旗一同升挂时，须先升挂中国国旗；降落时，则应最后降中国国旗。在各国国旗并列升挂时，所有旗杆应高度相等，在同一旗杆上不得升挂两个或两个以上国家的国旗。

（二）并列升挂各国国旗时，应使之保持各自的长宽比例，同时亦应使各国国旗在面积上大致相等，以示相互平等。

（三）悬挂双方国旗，按国际惯例，以右为上，左为下。右挂客方国旗，左挂主方国旗。两旗并挂，以旗正面为准，右为客方，左为主方。所谓主客，不以活动举行所在国为依据，而以举办活动的主人为依据。汽车上挂旗，以汽车行进方向为准。驾驶员左手为主方国旗，右手为客方国旗。

（四）并排升挂三面以上国旗，仍可以右为尊，自右而左，依次将其升挂。在举行国际会议或活动时，不分主宾，各国国旗的升挂可参照礼宾顺序排列其先后次序，从左至右，一般以国名英文的起头字母为序。

（五）外国国家元首、首脑及其他重要外宾到地方访问，悬挂该国车旗时应挂在其主车右前方；悬挂宾馆旗时，只悬挂来访国国旗。

（六）各国国旗的比例不同，两国国旗放在一起时，常会大小不一。所以，并排悬挂不同比例的国旗时，应将其中一面旗缩放一些，使两旗面积大致相同。

（七）由于文字、图案等原因，有的国家的国旗不得竖挂或反挂。特殊情况需要竖挂时，须专门制旗。在墙壁上升挂国旗时，均不得竖挂或交叉悬挂。

（八）任何国旗均不得倒挂，但可以竖挂。在竖挂两面国旗时，可使之均为正面；对挂时，亦可使居于右侧者为反面，居于左侧者为正面。

（九）遇有需要夜间在室外悬挂国旗时，必须将国旗置于灯光照射之下。

第五节　亚洲主要国家礼仪禁忌

亚洲是世界上最大的洲，位于东半球，人口众多。亚洲也是世界三大宗教的发源地。受不同的文化传统和宗教信仰的影响，亚洲国家（或地区）均有各自的礼仪禁忌。笔者将就亚洲主要国家作简单介绍。

一、日本

（一）忌讳绿色和紫色，认为绿色是不祥的象征，紫色是不牢靠的颜色。

（二）忌讳"4"和"9"的数字和3人合影。因为在日本，"4"与"死"是同音，日本的医院都没有4号、14号、24号等带"4"的病房和病床，谁也不愿意躺在带"死"字的病房或病床等死；"9"与"苦"的发音相似，是谐音；日本人认为3人合影，中间的被左右夹着，是不幸的预兆。日本商人还忌讳"2月"和"8月"，因为这两个月是营业淡季。

（三）忌讳询问对方的年龄、收入、婚姻等个人隐私；忌讳谈论对方身体的肥瘦、个子的高矮之类的话题；在交际场合，忌讳高声谈笑。

（四）忌讳用金色的猫、狐狸、獾作图案，他们认为这些动物是"晦气""贪婪"和"狡诈"的化身。

（五）忌讳吃肥猪肉和猪的内脏，还有的人忌吃羊肉和鸭肉。

（六）忌讳荷花、菊花。认为荷花仅用于丧葬活动；菊花是日本皇宫的标志，忌讳赠送。忌讳送带花盆的花，因为"根系土中"与"卧床不起"相似。忌讳送"裸体钱"和"裸体礼品"。忌讳送用过的东西、鞋、袜和特价处理的商品。

（七）"忌八筷"：忌舔筷（用口舔筷）、忌迷筷（持筷子在菜上"旅游"，拿不定主意夹什么菜）、忌移筷（夹动了一个菜放回，又去夹动另一个菜）、忌扭筷（扭动筷子）、忌插筷（把筷子插在饭菜中或用筷子插食物吃）、忌掏筷（在菜中央或菜底部用筷子掏着吃）、忌跨筷（筷子跨放在菜盘或碗上）、忌剔筷（用筷子剔牙）。

（八）忌讳邮票倒贴，因为这是绝交的表示。

二、韩国

（一）忌讳数字"4"，认为"4"是个不吉利的数字。因为"4"在朝鲜语中的发音、拼音与"死"完全相同，他们在喜庆的场合和节日期间避免说出"4"字，在赠礼时也不能送"4碗"，主人总是以"1、3、5、7"等数字来敬酒、布茶。军队、医院、餐馆、旅馆、楼层、门牌、房子等均不用"4"来编号。

（二）韩国人在交谈时，忌讳说"师""私""事"等字，因为它们的发音与"死"同音；忌讳谈论政治腐败、经济危机、意识形态、南北分裂、韩美关系、韩日关系等话题；忌讳称他们为"朝鲜人"，而宜称为"韩国人"。

（三）忌讳吃羊肉、鸭肉和肥猪肉。禁止捕食喜鹊和虎，因为喜鹊为国鸟，老虎为国兽，也禁止捕食熊、野猪等动物。

三、缅甸

（一）忌讳吃猪肉、狗肉、牛肉和动物的内脏。

（二）忌讳用左手抓食饭菜。用餐时，只能用右手抓食饭菜。

（三）缅甸的佛门弟子做生意时，有五条成规（即禁忌）：一是不得出售各种杀生武器；二是不得出售大象、马匹和佣人；三是不得出售供食用的鸡和鸟；四是不得出售酒；五是不得出售毒药。

（四）忌讳对东亚兰、柏木和红宝石有失敬的言行举止。因为东亚兰、柏木和红宝石分别是缅甸的国花、国树和国石，在缅甸人面前，切不可对它们有失敬之意。

四、泰国

（一）忌讳黑色、褐色，认为它们是不祥的颜色。忌讳用红笔签名，因为在泰国人死后，都要用红笔将死者的姓名写在棺材上。

（二）忌讳面无表情、愁眉不展或高声喧哗、大喊大叫进行交谈；忌讳用手拍打对方和用手指点对方，这种行为被视为挑衅；忌讳信口开河非议佛教和军人，因为佛教是泰国的国教，军人地位很高，深受泰国人尊重；忌讳评说泰王和王室的其他成员。

（三）忌讳以狗作为图案，认为狗是不洁不祥之物。

（四）忌讳向僧人赠送现金，这种行为被视为一种侮辱。

（五）忌讳茉莉花，认为它是一种不祥之花。

（六）忌讳别人触摸其头部，尤其是孩子的头部；也忌讳别人拿东西从头顶上经过。忌讳"头朝西、脚朝东"睡觉，因为泰国只有停放尸体才那样做。忌讳就座时跷起"二郎腿"，把鞋底对着别人，被认为是把别人踩在脚下，是一种侮辱性的举止；在别人面前席地而坐时，忌盘足或双腿叉开。这也是泰国人"重头轻脚"的礼仪习俗。

（七）忌讳用左手取食物，在泰国，人们认为"左手不洁"。而今有些泰国人用餐时受用叉、勺，左手持叉，右手拿勺，两者并用。

（八）忌讳鹤和龟及印有其形象的物品。认为鹤是"色情鸟"，龟是不雅之物。

五、新加坡

（一）忌讳黑色、黄色，认为它们是不吉利之颜色。

（二）忌讳"4"和"7"两个数字，认为它们是不祥的数字。

（三）忌讳说"恭喜发财"之类的话，认为这样有教唆他人发"横财"和"不义之财"的意思。忌讳谈论政治、宗教的话题。忌用宗教词句和象征性标志。

（四）忌讳乌龟图案，认为是不祥的动物。

（五）忌讳男人留胡须、长头发，认为是不雅观的行为。忌讳叼着烟走路、随地吐痰、吐唾沫、扔垃圾等行为，在新加坡这些行为要受到严厉的处罚。

（六）大年初一忌讳扫地，认为这一天扫地会把好运气扫走。

第六节　欧美主要国家礼仪禁忌

欧洲、美洲，虽然大部分国家信奉天主教或基督教，但各国的礼仪禁忌也有许多不同的地方。笔者就欧美主要国家的礼仪禁忌作简单的介绍。

一、俄罗斯

（一）忌讳黑色，因为它仅能用于丧葬活动，是不吉利的颜色。

（二）忌讳数字"13"和"星期五"。

（三）忌讳谈论政治矛盾、经济难题、宗教矛盾、民族纠纷、苏联解体、阿富汗战争以及大国地位等话题；忌讳别人说他们小气；忌讳问及私事，尤其是妇女，忌讳问她们的年龄和衣饰的价格。

（四）忌讳兔子和黑猫，认为兔子胆小无能，黑猫是不祥的动物。

（五）忌讳打碎镜子和打翻盐罐，认为是极为不吉利的预兆。

（六）忌讳吃海参、海蜇、乌贼和木耳；还有很多人忌讳吃鸡蛋和虾。俄罗斯鞑靼的人忌讳吃猪肉、驴肉，而犹太人忌讳吃猪肉和无鳞鱼。

二、英国

（一）忌讳墨绿色，认为它是不吉利之颜色。

（二）忌讳数字"3""13"和"星期五"。

（三）忌讳谈论涉及政治、宗教、英王、王室以及英国各地区之间的矛盾；忌讳询问家事或隐私，如职业、工资、年龄、婚姻和家庭状况等；忌讳称他们是"英国人"，尤其是英国商人，而应称之为"大不列颠人"，即要避免使用 English（英格兰人）这个词，这样说是因为他们可能是爱尔兰人或苏格兰人。

（四）忌讳黑猫、孔雀、大象等动物。认为黑猫是不祥之物；孔雀是淫鸟、祸鸟，连孔雀开屏也视为是自我吹嘘；大象是蠢笨的象征。

（五）忌讳用人像作商品装潢，也忌用大象图案。

（六）忌讳送百合花和菊花，认为它们是死亡的象征；忌讳送贵重礼物、涉及生活的服饰、香水和带有送礼人所在公司标志的广告物品。

（七）行为举止"五条禁忌"：一是忌讳当众打喷嚏；二是忌讳用同一根火柴连

续点三支香烟；三是忌讳把鞋子放在桌子上；四是忌讳在屋子里撑伞；五是忌讳从梯子下面走过。

三、法国

（一）忌讳墨绿色，这种颜色会使他们联想起当年侵占法国的德国法西斯军队。

（二）忌讳数字"13"和"星期五"。给法国妇女送花时宜为单数，但应避免"1"和"13"这两个数字。

（三）忌讳谈论政治矛盾、经济滑坡、种族纠纷以及科西嘉独立等敏感话题；忌讳问别人的隐私。

（四）忌讳送香水、化妆品给女人，因为它有过分亲热或图谋不轨之嫌；忌讳黄色菊花，因为人们通常把黄色的菊花放在墓前吊唁死者。

（五）忌讳黑桃、仙鹤图案，认为黑桃图案不吉利、仙鹤图案是蠢汉和淫妇的代称。

（六）法国人忌讳称呼其"老人家""老先生""老太太"，因为法国人忌"老"。

（六）忌讳吃无鳞鱼、肥肉和动物的内脏。

四、德国

（一）忌讳以茶色、红色、深蓝色和黑色作物品包装色，因为这些颜色均是不吉祥的颜色。

（二）忌讳数字"13"和"星期五"。

（三）忌讳谈论涉及纳粹、宗教与党派之争的话题；忌讳直呼他们的名字，宜称其全称或仅称其姓。

（四）忌讳吃羊肉、鱼、虾等；忌讳送红玫瑰，他们认为红玫瑰代表浪漫的爱情，它只能送给妻子、未婚妻或恋人。

（五）"五条特殊的用餐禁忌"：一是吃鱼的刀叉不得用来吃肉和奶酪；二是若同时饮用啤酒与葡萄酒时，忌讳先饮葡萄酒，后饮啤酒；三是忌讳在食盘堆积过多的食物；四是忌讳用餐中扇风；五是忌吃核桃。

五、美国

（一）忌讳黑色，因为它在美国主要用于丧葬活动，被视为不吉利的颜色。

（二）忌讳的数字是"3"和"13"，忌讳的日期是"星期五"。

（三）忌讳打听别人的私事。在美国，询问他人的收入、年龄、婚姻、健康、籍贯、住址、种族等是很不礼貌的；忌讳谈论政党之争、投票意向和计划生育等话题；与英国黑人打交道，忌讳提"黑"这个词。

（四）忌讳蝙蝠和黑色的猫这两种动物，因为他们认为蝙蝠是凶神恶煞的象征，黑色的猫会给人带来厄运。

（五）忌讳随意训斥或打骂孩子；忌讳盯视他人和冲着别人伸舌头；忌讳用食指指点他人。

（六）忌讳穿着睡衣出门或会客，因为他们认为穿睡衣会客等于没有穿衣服，是一种没有礼貌的行为；忌讳同性双双起舞，认为这是一种不正常行为。

（七）忌讳给妇女送香水，化妆品或衣物；忌讳送带有送礼人所在公司标志的物品和便宜的项链之类的饰品，这样人家会认为你在为公司做广告，或者认为你是一位舍不得为朋友花钱并爱占公家便宜的小气之人。

六、加拿大

（一）忌讳黑色和紫色，认为它们是不吉利的颜色；忌讳送白色的百合花，因为加拿大人只在葬礼上才会用这种花。

（二）忌讳"13"和"星期五"，认为"13"是厄运之数，"星期五"是灾难的象征。

（三）忌讳插嘴打断对方的话题或与对方争执；忌讳谈论宗教、种族矛盾、魁北克省要求独立等话题；也忌讳谈及死亡、灾难、性等方面的话题。

（四）忌讳吃肥肉、动物内脏、腐乳、虾酱、鱼露以及其他一切带有腥味、怪味的食物。

（五）忌讳就餐时吸烟、吐痰、剔牙；忌讳打破盐罐把盐撒了或打碎玻璃，他们认为这是不祥之兆。

（六）忌讳铲除积雪，白雪在加拿大人的心目中有崇高的地位，被视为吉祥的象征和避邪之物。

七、巴西

（一）忌讳紫色、黄色和暗茶色（或称深咖啡色），认为紫色表示悲伤，黄色表示绝望，深咖啡色会招来不幸。

（二）忌讳的数字是"13"。

（三）忌讳谈论政治形势、经济状况、民族矛盾等话题；在交谈时忌讳用"OK"的手势语，在巴西人眼中，"OK"的手势并不 OK，是一种极不文明的举止；忌讳说

"蝴蝶"是害虫，因为在巴西人心目中，蝴蝶不仅美丽，而且还是吉祥之物。

（四）忌讳以手帕作为礼品赠人，他们认为手帕会引起吵架，若遇以手帕相赠时，受礼者就会当面把钱付上，以示这手帕是买的；忌讳以刀子作为礼品赠人，他们认为"刀子"会割断友情，含有中文"一刀两断"之意。

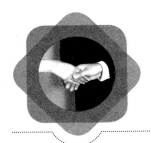

第十章 正确对待和发展中国传统礼仪

传统礼仪具有丰富的内涵与养分，对当代的国民精神家园与思想道德建设，对我国的社会、文化、经济与政治建设等都具有良好的助推作用，理应受到重视并加大其传承、发展的力度。然而由于各种原因，传统礼仪在当代中国出现了弱化的态势，没有得到很好的传承与发展。鉴于此，务必要主动适应经济、社会、文化发展的新常态，把握国民精神现状，充分利用各种媒介平台，将传承与发展传统礼仪融于中华民族伟大复兴的过程之中，以此不断拓展传统优秀礼仪的生存与发展空间。

第一节 端正态度认识中国传统礼仪

一、中国传统礼仪文化的精华

近代以来，"礼"在中国名声不佳，很大程度上与吴虞等反孔斗士的强势批判有关。1919 年 11 月 1 日，吴虞在《新青年》第六卷第六号上发表《吃人与礼教》一文，激奋地写道："什么'文节公'呀，'忠烈公'呀，都是那些吃人的人设的圈套来欺骗我们的！我们如今应该明白了！吃人的就是讲礼教的，讲礼教的就是吃人的呀！"把吃人和礼教这两者直接画了等号，从而拉开了现代"反孔非礼"的战幕。在此后的近百年当中，"礼"不断被人泼脏水。"众口铄金，积毁销骨"，于是，礼教变成了上自党政干部、知识分子，下至贩夫走卒、引车卖浆者，无人不晓的贬义词。我们知道，中国是举世闻名的礼仪之邦，中国传统文化的核心是礼乐文化——也有简称为"礼"的。如果吴虞的说法得以成立，中华历史岂不就是一部吃人的历史？如此野蛮的国家，又岂能加以"文明古国"之桂冠？这显然有悖常理。中华礼仪文明续存了五千年，至今仍为世人所青睐，传统礼仪文化必然有其精华所在。主要表现在：

（一）确立了中华传统文化民本思想的主旋律

我国民本思想的起源，最早可追溯到"周公制礼"。公元前 1046 年发生了一场商周"牧野之战"，这是一场完全因民心向背而导致以少胜多的战役：商纣王调集了 70 万人上阵，而周武王的联军只有 4.5 万人。由于商纣王的腐败，民怨到了极点，结果商军途中倒戈，士兵阵前起义，战斗不到一个早晨便结束了，周取代了商建立了周朝。据《史记·周本纪》记载，周武王和周公在"牧野之战"后两人晚上彻夜不眠，一起研究如何避免重蹈商人的覆辙，实现长治久安。一个国力强大的商朝，怎么就像纸糊的房子一样，说倒就倒了？这场战争让他们看到了民心不可违，民众力量的伟大，也意识到今后治国要重视民心，于是他们确立了以德治国的思想。为了保证这一目标的实现，周公制定了一整套礼乐制度，并发表了一系列文诰，反复地强调顺民心、民意的重要性："天聪明，自我民聪明，天明畏（威），自我民明威。""天视自我民视，天听自我民听""民之所欲，天必从之。"认为天道是符合民道的，民心、民意即天意。这就是史上著名的"周公制礼"。许多人都认为周人爱讲"天命"，其实是误解，周人的"天命"是个幌子，周人讲的天，实际上是在指人民。周人的这种思想，把民众看作是社会之本，这就是今天所说的"民本主义"。这是一个非常了不起的思想，成为我国古代民本思想的一个主旋律。周公制礼作乐是具有划时代意义的伟大事件。王国维说："中国政治与文化之变革，莫剧于殷周之际。"他认为，周公改革政治的目的，是要建立一个"道德之团体"，用道德把贵族、平民和其他的人维系起来。后代儒家受此影响甚大，有关"民本"思想的论述可以说是"史不绝书"，如《左传》《国语》《孟子》《荀子》等儒家经典都体现了这一思想。又如孟子的"民为贵，社稷次之，君为轻"，荀子的"君者、舟也，庶人者、水也；水则载舟，水则覆舟"等民本思想的出现，更是以为证。所以说，以周朝为起源的儒家礼乐文化的形成，确立了我国古代民本思想的主旋律，也实现了由鬼道向人道的伟大飞跃，使我国成为世界上最早出现人本主义思想的国家。

周朝的人道思想的转变意义非常大。有人在比较中国和古希腊的神话时提出疑问：古希腊的神话非常丰富、灿烂，我国的神话为什么如此贫乏、单调呢？笔者认为这恰恰是我们值得自豪的地方。因为古希腊一直到我们的战国时代才走出神话时代，进入人本主义时代，在此之前，它还生活在神的阴影之下。也就是说，他们的"神本"时代要比我们长几个世纪，中国在西周的时候已经进入了"民本主义"时代，他们的神话当然要比我们灿烂。所以，在全世界范围，中国是最早出现人本主义思想的国家，而且有着非常成熟的思想体系。正是由于儒家礼仪文化中"人本"思想的影响，中国社会民众的宗教意识一直比较淡薄，并形成了"以道德教育代替宗教的传统"。

西周以后，殉葬制度及观念的逐步没落，正是这种由鬼道向人道思想转变的伟大佐证。随着民本思想的出现并且日益成为社会思潮的主流，周以后殉葬现象已经不多见了，即使出现了，也会遭到有识之士的反对。《礼记》对此亦有记载：陈乾昔在临终之前，要求他的儿子为他做一门大棺材，让他的两个婢子一左一右地在他身边殉葬。陈乾昔死后，他的儿子没有照他的要求办，说："以殉葬，非礼也！"由于活人殉葬遭到有识之士的反对，于是，有些贵族就改用木俑殉葬。相比于用活人殉葬，这种做法已经前进了一大步。即便如此，儒家思想也不能容忍，孔子曾愤愤地批评："始作俑者，其无后乎！"意思是说发明木俑的家伙应该断子绝孙吧！孔子反对人殉，是"仁者爱人"的表现，代表了时代的进步和人类的良知。

（二）成为古代"以德治国"仁政思想的根源

儒家以德治国的仁政思想源于周公创立的礼乐教化之道。"不迷信天命"，靠"礼乐制度"维护统治，是促使周代产生"礼乐教化制度"的根本原因。周人重礼又重德，在他们看来二者是一致的：德是内在的要求，礼是外在的约束，礼体现着德，德规定着礼。一个人守礼即有德，有德必守礼。这种把德与礼相统一的做法，在《诗经》的宴饮诗中多有体现。如《小雅·鹿鸣》本为宴群臣嘉宾而作，但却特殊地写了对德的向往和赞美："人之好我，示我周行""我有嘉宾，德音孔昭"。这反映了当时社会好礼从善、以德相勉的社会习俗。其实，礼制在周以前就已存在，其本质是君权神授、分封制和宗法制，但"礼乐教化"则是周代统治独有的特色。周公设计的礼乐教化制度不仅是实施分封制和宗法制的措施，也是统治者推行王道、实施仁政统治的理想手段，其本质就是以德治国。王国维对此有非常精辟的论述：殷周间之大变革，自其表言之，不过一姓一家之兴亡与都邑之移转；自其里言之，则旧制度废而新制度兴，旧文化废而新文化兴。又自其表言之，则古圣人之所以取天下及所以守之者，若无以异于后世之帝王；而自其里言之，则其制度文物与其立制之本意，乃出于万世治安之大计，其心术与规摹，迥非后世帝王所能梦见也。周公执政，不是靠行政权力或者暴力，而是靠道德，加上这套体制中已十分完备的礼乐教化制度，对儒家以德教化的仁政思想影响深远。《礼记》中有关以德教化和施行仁政思想的记载也相当丰富。

吴王夫差率领军队入侵陈国，他们砍伐神社的树木，杀死患有传染病的百姓，所到之处，表现非常恶劣。吴军回国时，陈国的太宰嚭奉命前往送行。夫差自以为得胜而归，声名显赫，要太宰嚭评价吴军的"军声"。太宰嚭说："自古以来，攻伐有罪之国的仁义之师，都不会去砍伐该国神社的树木，不杀害病人，也不俘虏头发花白的老者，为的是体现人道。如今贵军连病人都杀，所以，可以称你们为'杀害病人之师'。"夫差说："如果我们归还你们土地，释放俘虏，你又将如何称呼我的军队？"太宰嚭说："君王讨伐敝国犯下的罪行，但又怜悯我们而赦免之，还愁没有好的军声吗？"

由此可见，古代儒家是把仁爱作为判断是非的重要标准的。在儒家看来，修身治国之道最根本的是礼乐教化。而礼乐教化的意义，对于个体而言，在于让具体生命中原有的情感、欲念得到提升，使之达到道德理性的境界；对于治国而言，则是以德治国，这是礼文化中人文精神的深刻内涵。

（三）成为区别文明与野蛮之准绳

"礼"是区别人与动物的标志，儒家许多文献都表达了这种思想。《礼记》说："凡人之所以为人者，礼义也。"也就是说，人懂得礼而动物不懂得礼，这是两者的根本区别。《礼记·曲礼上第一》说："鹦鹉能言，不离飞鸟；猩猩能言，不离禽兽。今人而无礼，虽能言，不亦禽兽之心乎？"人如果不懂礼，就是衣冠禽兽、会说话的畜生。"是故圣人作，为礼以教人。使人以有礼，知自别于禽兽。"儒家认为，人是通过礼来"自别于禽兽"的。所以，"礼也者，理也""礼也者，理之不可易者也"。礼就是符合道理的行为规范。礼的精神所要体现的是一种不能移易的道理，只有固守住礼的人，才算得上是一个真正意义上的人、一个大写的人、一个文明时代的人。人性原本深藏于我们的生命体内，无所偏颇。但是，当外物影响你的时候，你就会做出反应，是喜还是怒、是哀还是乐等。性一旦表露出来，就称之为"情"了。儒家主张"己所不欲，勿施于人"，自己不喜欢的东西就不要强加于他人，因为"四海之内，其性一也"，人性是相通的。你不喜欢饥饿，就不要让别人饥饿；你不喜欢战争，就不要把别人推入战争。你喜欢的东西老百姓也同样喜欢，所以要"天下同乐"。从商朝把人不当人，到周公提出要尊重人，再到儒家提出要尊重人性，这是人类文明的伟大进步。不仅要把人当人，而且要尊重他的喜怒哀乐，这在思想史上的意义非常不简单。

在儒家的眼中，礼又是区别文明与野蛮的标准。韩愈说，孔子修《春秋》的深意在于严夷夏之别："孔子之作《春秋》也，诸侯用夷礼则夷之，夷而进于中国则中国之"。他认为，夷夏之别的根本就是有没有"礼"。我们知道，春秋是一个战争非常频繁的时代，原因之一是经济发展的不平衡。当时中原地区的农业文明就已经相当成熟了，中华民族率先进入了农业文明时代，而周边的许多民族还处在游牧时代。农业文明的居民凭借比较成熟的耕作技术向大自然索取食物，所以生活比较稳定和富裕。游牧民族不然，他们逐水草而生，食物来源不太稳定，迫于生计，所以不时要到中原来抢掠。伴随军事冲突而来的，是不同文化之间的碰撞和转换。这两种文化性质是完全不同的：中原是先进的礼仪文化，夷狄是落后的野蛮文化。韩愈认为，中原的诸侯转而用夷狄之礼，就"夷狄之"；如果夷狄之邦转而学习中原的礼法，认同中原文化，就要"中国之"，把他看作是中原大家庭中的一员。韩愈的说法没有种族歧视，唯一的标准是文化。在他看来，春秋时期中原与周边四夷的冲突，就是先进文化和落后文化的较量，是让历史走向进步，还是走向倒退的大问题。这才是孔子修《春秋》的用心之所在。中原文化代表了当时的先进文化，这就是礼乐文明。

（四）蕴涵着丰富的人文精神

中国古代礼仪的宗教色彩并不强，更多体现的是人文精神，它对古代社会人的道德情操的自我提升与超越有着重要作用。这种人文精神主要表现为：

1.遵礼精神

古代礼仪文化的内容十分丰富，古人认为"天下大事，非礼不成"。早在夏、商、周三代，各种礼仪已经初步形成，上至天子、诸侯、王公大臣，下至士大夫、黎民百姓，人人皆有可循之礼，事事皆有适宜之度。此后经历朝历代不断修订，"礼仪"更加完善，内容十分丰富，从社会秩序、人际交往到自我修养都有详尽的要求和规定，对人的各种行为给予明确指导，使人们言有所依，行有所本，襟怀坦荡，以善待人，密切关系，消除矛盾，成为人们道德修养标准。因此，遵礼守规，也是源远流长的中华传统文化之一。

2.礼敬精神

《曲礼》开头就说"毋不敬"，郑玄为此作注："礼主于敬"。唐朝学者孔颖达在《礼记疏》中也说：古人把礼分成吉、凶、军、宾、嘉五大类，五礼的实质，无一不是通过"礼"的形式来表达"敬"的。夫妇相敬，君臣相敬，士与士相敬，对自己的亲人就不用说了，哪怕已经逝去，依然要保持敬意。由这个"敬"字，可以衍生出很多东西。所以朱熹说"毋不敬"是一部《礼记》的纲领。敬还应不分贵贱。《礼记》说："礼者，自卑而尊人。虽负贩者，必有尊也。"意思是说，所谓礼，就是通过自我谦卑的方式来尊敬他人，即使是一个肩挑背负、沿街叫卖的商贩，也一定有值得他人尊敬的地方。这段话告诉我们，即使是弱势群体，他们也有人格，它不应该受到贫富和地位这些因素的影响。因此，我们人人心里都应该有一个大写的"敬"字，时时要想到尊重自己，尊重同学，尊重老师，尊重学业。有了这个大写的"敬"字，凡事就会用这个"敬"字去衡量。

3.修身养德

中国古代的礼仪是以修身作为基础的，《礼记》说，只有"德辉动于内"，才能"理发诸外"，你内心树立了德，并表现在行为上才是合于理的礼。也就是礼要和修身结合起来，如果离开修身，行为即使中规中矩，也不能叫礼，而只能叫仪。鲁昭公到晋国去访问，晋君派大臣去迎接他，仪式从郊外开始，步步为礼，极其复杂。鲁昭公居然一点都没做错，晋国人看了佩服得不得了。但晋国大夫女叔齐却说，他做的不过是"仪"而已，礼的根本是要治国安邦，而他国内的政治非常混乱，还到处欺骗大国，凌虐小国，不将精力放在礼的根本上，却放在礼仪的末节，这样的人是不懂礼的。女叔齐的话很有道理，礼是以内心的德作为基本前提的，否则就是作秀。

儒家主张修身应该"内外兼修"，内在德性的提升比较困难，可能需要一生的努力才能达到，而外在的行为举止比较容易规范。因此，修身要从遵守外在的行为规范—礼仪开始。人如果每天践行礼仪规范，不仅可以端正行为，而且可以反过来促进内心的修养，使德行内化。我们知道，许多宗教都有仪式，佛教、伊斯兰教、基督教等都有复杂的仪式和戒律，它们的目的也都是要让人在践行的过程中，强化内心的信念。形式虽然彼此不同，但道理是一样的。古人讲"礼乐教化"，是"寓教于礼"和"寓教于乐"，就是把教育理念隐含在具体的礼仪形式之中。这种礼仪可以伴随你的一生，所以有"人生礼仪"之说。因此，成年有成年礼，结婚有婚礼，人际交往有交际礼，乡人聚会有乡饮酒礼，人死了有丧礼和祭礼，国与国交往有聘礼等，把这套东西变成社会规范，人人去做，家家去做，社会风气就会变好了。

4.儒雅风度

我国古代有追求"雅"的文化传统。比如先秦的智者文化，魏晋的狂士文化，唐宋的诗词文化，明代的绘画文化，以及日常生活中被"雅"化所形成的酒文化、茶文化、艺伎文化、园林文化、居室文化等，都是"雅"文化的表现形式。文雅是古人追求的一种生活方式，一个生活文明而又有教养的人，言谈举止必然都很文雅的，以至于用餐、坐姿、站姿、服饰等都有严格的要求。一个有涵养的人，礼仪辞令必须是非常丰富而典雅的。比如对方赠给自己礼物，要回答说："敬谢厚赐！"；对方宴请自己了，要说"承蒙赐席！"；称对方的家，要用"尊府""潭府""府上"等词；向对方赠送礼物，东西再好，也要说是"薄礼"，不过是"聊表寸心""聊为芹献""区区微物，不成敬意"。儒家认为，涵养心性，最好的方法就是听德音雅乐。古代的文人都喜欢抚琴，有的还要燃上一支香，它不是为了娱乐，而是为了陶冶心性。一个人沉浸在这种德音雅乐里面，他的心态一定是非常平和的。可见，"雅"是古人进行人格修养所追求的一种崇高境界。

5.君子风骨

"天行健，君子以自强不息。"两千多年前，《周易》中的这句古话所诠释的是一种奋发有为的主体精神和独立不惧的君子人格。正是这种君子人格所展现出来的强烈主体意识和主体精神，使得中华民族在历史发展的关键时刻、在天灾人祸的危难之际，无论是个人、集体还是民族、国家，都将刚健有为、自强不息作为毋庸置疑的正确抉择。尽管在漫长的封建专制时期，这种主体精神常常遭受打击和压制，但始终不失为君子之追求。何为君子？孔子说："君子有九思：视思明、听思聪、色思温、貌思恭、言思忠、事思敬、疑思问、忿思难、见得思义。"孟子曰："穷则独善其身，达则兼善天下。"古人还说：君子者，权重者不媚之，势盛者不附之，倾城者不奉之，貌恶者不讳之，强者不畏之，弱者不欺之，从善者友之，好恶者弃之，长则尊之，幼则庇之。为民者安其居，为官者司其职，穷不失义，达不离道，此君子行事之准也。这就是君子之风骨，也是儒家修身所追求的崇高道德境界。就"礼"所体现的人文精神而言，确是中国古代文明的重大贡献，它奠定了中华文明的基础，是我们的祖先对世界文化做出的重要贡献。

（五）优秀的传统礼仪原则历久弥新

中华礼仪之邦，礼之丰富，举世罕见。古人有"经礼三百，曲礼三千"的说法，极言它的繁复。经礼是指最核心、最重要的礼；曲礼是指细小的礼节。中华礼的内容虽然十分丰富，条目繁多，但也不影响人们对它的记忆和践行。这是因为礼的形式虽然繁复，但却有体系、有纲领，只要提纲挈领，就不难把握礼的纲领就是德，所有的礼，都是围绕着德展开的，都是为了弘扬德而设计的。违背了德的任何仪式，都不能称为礼。因此，抓住了德，就抓住了礼的根本。

德是一个高度抽象的概念，看不见摸不着，但确实存在的。为了要把它显现出来，就需要有具体的德目，比如忠孝、仁爱、诚信等。而这些德目也是抽象的，还需要进一步显现，于是就需要诸多的礼仪，而礼仪却是可以触摸和感知的。礼仪的制定需要遵循一定的原则，只有这样，它才是有道德内涵的。贯穿于各种礼仪的原则很多，前人并没有进行集中的归纳。作者本着简明、便记的愿望，把礼仪的原则归纳为敬、静、净、雅、慎五个字。

1. 敬

所有的礼仪，都包含"敬"的原则，没有敬就没有礼。甚至可以说，"敬"既是礼的原则，也是礼的本质，许多前贤甚至用它来概括礼的精神。比如《孝经》一言以蔽之："礼者，敬而已矣。"《礼记》开卷的第一句话就是"毋不敬"。古代所有的礼，都是试图培养你内心的"敬"，对父母、对兄弟、对配偶、对长上、对事业，都不能有不敬之心。

2. 静

一个修养很好的人，身上必有"静气"，气闲神定，沉静从容。《大学》开卷就说："大学之道在明明德，在亲（新）民，在止于至善。""知止而后能定，定而后能静，静而后能安，安而后能虑，虑而后能得。"也就是人生追求的目标"在止于至善。"知道"止于至善"的人，志就有定向，心就会宁静，随处而安，思虑精详，就能得其所止。古今成大志者，皆懂得"宁静而致远"的道理。俗话说："宽阔的大海平静，浅窄的小溪喧嚣。"所以说，静是君子的气质之一。

3. 净

越是文明的民族，对居住、食品、衣服等的卫生程度要求越高。中国人自古就讲究卫生，甲骨文中的"若"字，是一个人洗完头之后在梳理头发的样子。头发梳理整齐后，还要挽成发髻。插上用骨或者玉做的绊，把它固定住，发髻外面要用一块帛巾包好，然后再戴上冠，非常讲究。至迟在唐代，政府工作人员有每旬一沐浴的规定。在传统礼仪中，人们往往通过"净"来体现尊敬之意。例如，北京的天坛是明清两代天子祭天的地方，旁边有一座斋宫，天子祭祀之前要在这里沐浴斋戒，以表示对神的敬意。祭祀用的牲，宰杀前都要处理得很洁净。祭器也有专门的人员负责擦洗，有些食品上面有专用的布覆盖，以免沾上灰尘。祭祖也是如此，卫生方面的要求非常严格。古人尊奉"事死如事生"的原则，祭祀父祖的程序，要与他们生前受到的侍奉完全一样。从祭祀仪式可以推知，古人的生活是非常讲究卫生的。

4. 雅

生活文明而又有教养的人，言谈举止必然都很文雅。《礼记》就有文雅用餐的规定：吃东西不能发出声响；汤要小口喝，不要弄得满嘴都是；不要当众剔牙；吃肉骨头时，不要啃出声音来；不要把筷子当叉子去插食物吃等。此外，关于坐姿、站姿、服饰等都有严格的要求。

5. 慎

我国古代有一个很重要的道德范畴——慎独，即个人闲居独处时，也要守礼自律，不可有越礼非分之念头。这是古代中国人的信仰之神。古希腊处在神话时期，人的思想、精神、灵魂是由神来管的，所以奥林匹克竞技场设在奥林匹亚山的神庙下。奥运会的目的之一是媚神，在神面前展示自己的健美。我们中国则不然，中国人早在西周就脱离了神话时代，中国人的灵魂是要靠自己来管的，人要道德自律，没有神看着你，自己要把握好。中国人要通过礼来把握自己，礼是道德的具象，是道德在人身上的体现，不需要神的监督它也存在。这个监督者就是"慎独"，所谓"举头三尺有神明"，这个"神明"就是道德和良心。

二、中国传统礼仪文化的糟粕

（一）烦琐的程式与严格的封建等级制

一提起古代的"礼"，我们往往想到的是电视里的三跪九叩（如图 10-1 所示），

声声喊"奴才""奴才不敢""奴
才该死"之类的画面，尽是一些
尊卑分明的东西，这是因为儒家
礼乐思想是在发展过程中被程式
化和封建意识形态化的产物。其
实原生态的儒家礼乐思想是非常
讲究互相尊重的，等级制并非主
要方面。从中国传统礼仪的发展

图10-1　三跪九叩之礼

历史可知，礼仪的发展也是曲折的，在孔子和他的弟子在世的时期，他们把礼仪怎
样教化人、怎样做最有成效已经发挥到了尽善尽美的地步。

可是，治国的权力却是在统治者手上，统治者是否采用他们的理论，要看各方
面的情况而定。孔子生前，曾经周游列国，希望能有君王采纳他的治国方案，结果
是到处碰壁。直到汉初叔孙通制礼开始，礼仪才真正被统治者所重视。但经叔孙通
改造过的礼仪，已不是孔子的礼仪了，从此封建社会的礼仪走上了程式化和封建意
识形态化发展的道路。儒家的礼仪本来是为了改造人性，使人与人相互尊重，但叔
孙通这套礼，却是投帝王所好。也正因为帝王喜欢，这套东西后来才越来越发展、
越来越重要。

尽管孔子和他学生的那套理论一直在被研究和倡导，但在朝廷里却是慢慢地被
边缘化了，一讲到"礼"就是朝廷的礼仪，天子的威仪。这一点从《左传》《战国策》
等先秦文献记载中可知，当时的朝仪，君臣是互相对坐的，可是，汉以后臣就不能
坐了，得站着。最后还不能站着，得要跪着。这种仪式和思想与孔子的礼乐教化的
思想是大相径庭了。宫廷礼仪下沉到官方和民间，进一步强化了封建礼仪的等级和
特权观念，把礼仪推向了严格的等级制和封建意识形态化的发展轨道。

儒家礼乐程式化的结果使得宫廷礼仪越来越烦琐，越来越远离德的内核。原生
态的儒家礼仪，"礼"是指内容，德是其内涵，礼是有思想的。"仪"是指仪式，亦
是有思想的仪式。但经过朝廷礼仪的改造，就只剩下形式了。汉代的《礼仪志》中
礼仪包括的内容不外乎几品官穿什么衣服，戴什么帽子，衣服是什么样子、什么颜
色等，根本没有孔子礼学思想的味道。在《宋史》中，"礼"整个趋向形式化了，这
些形式是服从于皇权和特权等级需要的，并且十分烦琐。以宫廷的用膳礼仪为例，
在森严的礼仪制度下，宫廷的用膳礼仪也是等级森严、礼节繁缛，进餐过程十分严
格有序。就位进茶，音乐起奏，展摆宴幕，举爵进酒，进馔赏赐等，都要在固定的
程式中进行。进餐尚如此，其他的可想而知了。这种等级分明的封建礼仪程序，显

得十分烦琐，已经异化了，这和孔子的"礼乐教化"理论是背道而驰的。这也说明先秦儒家礼乐思想发展到这里已经被边缘化、程式化和封建意识形态化了，已沦为封建统治的工具。

（二）封建礼教对人性和妇女的压制与迫害

1. 宋明理学对人性的压制

宋明理学亦称"道学"。过去人们常用"道学"专指"封建礼教"，可见宋明理学与封建礼教关系密切。事实上，宋代以后的封建礼教的主要理论支柱就是"道学"。宋明理学是指宋明（包括元及清）时代占主导地位的儒家哲学思想体系。代表人物有宋代的程颢、程颐、朱熹、陆九渊和明代的王阳明。其中，对封建礼教最为给力的是"二程"（程颢、程颐）和朱熹，因此后人也将理学称为程朱理学。二程认为，由于"天理"在人身上的折射，人性的本然状态是至善的，人性善是"天理"的本质特征，恶则表现为人的不合节度的欲望、情感，二程称之为"人欲"或"私欲"，是"天理"的对立面，二者具有不相容性，"天理"盛则"人欲"灭，"人欲"盛则"天理"衰。山于二程在"天理"学说的基础上大肆宣扬封建伦理道德，提倡在家庭内形成像君臣之间的关系，尤其是反对妇女改嫁，宣称"饿死事极小，失节事极大"，流毒颇深。朱熹是宋朝理学的集大成者，他继承"二程"的理学，认为理是世界的本质，"理在先，气在后"，提出了要"存天理，灭人欲"——这是一个至今为人诟病的口号。程朱理学在中国古代思想史上具有重要地位，对我国古代政治思想和哲学思想都产生了重要而深远的影响，并受到了后世历代封建王朝的尊崇，以致逐步演变成为我国古代封建社会后期近千年的占有统治地位的道学思想。

如果程朱理学仅局限于人性论和认识论方面的理欲之辩，则不失为在哲学史上独树一帜。问题是，这套"存天理，灭人欲"的理论被用于礼教的伦理实践，着实带来了对传统礼仪的极大戕害。在明清的封建礼教的实践中，理学走向了禁欲主义，把天理与人欲的对立推向了极端，认为天理与人欲形同水火，并且把男女尊卑之序比做天理，把害怕饥饿寒冷比做人欲，要求人们禁绝私欲，尤其反对寡妇再嫁。按照这一理论，连人的生理欲求都成了私欲，都失去了存在的理由，这种过于极端的理论，居然为众多理学家和封建统治者所认同。

然而，只要不是圣人，任何人的内心都是天理与私欲并存的，只是何者占据主导地位罢了。清初，学术界出现了一股反理学的思潮。清代学者戴震在他的《孟子字义疏证》一书中，对宋明理学家的天理、人欲的理论进行了猛烈的抨击，认为天理就是自然，人欲是人的自然本性，天理和人欲不是对立的，而是一致的，天理就在人欲之中。"存天理，灭人欲"不仅在理论上是荒谬的，而且"此理欲之辩。适成忍而残杀之具，为祸又如是也。"因而，道学在社会生活层面上也成了"忍而残杀之具"。所以戴震认为宋明理学家是"以理杀人"。

当然，对宋明理学我们也应辩证看待，其消极的一面是成为封建礼教禁锢妇女、扼杀人性的理论支柱，从而压制扼杀了人的自然欲望和创造性，适应了统治阶级压制人民的需要，成为南宋以后长期居于统治地位的官方哲学。但宋明理学也有其积极的一面，有利于塑造中华民族的性格特征——重视主观意志，注重气节道德，自我调节，发愤图强，强调人的社会责任感和历史使命。

2. 封建礼教对妇女的压制

礼教毕竟是建立在以男权主宰和维护封建等级制为特征的封建社会基础上的，不可避免地带有压迫妇女、压制人性的机制。《诗经》时代的男女恋爱还是相对自由的，汉以后的封建礼教对男女之爱的摧残和夫妻之爱的压制比比皆是。梁山伯与祝英台，《孔雀东南飞》中的刘兰芝与焦仲卿；《钗头凤》中陆游与其表妹唐婉的故事都是典型例证。《礼记·内则》中有这样一段话："子甚宜其妻，父母不悦，出；子不宜其妻，父母曰是善事我，子行夫妇之礼焉，没身不衰。"意思是说，儿子很爱妻子，如果父母不喜欢，那么儿子也只好离婚；如果儿子不爱这个妻子，父母却说这个女人服侍我们很好，那么儿子也要结婚，而且要在一起过一辈子。说明儿子的爱情、儿子的终身大事完全决定于父母。

唐以后的封建统治者推行"贞节牌坊"制度，客观上形成了对妇女残酷的性压制。封建礼教规定，妻子要为丈夫恪守贞操，不仅要在丈夫生前，还要在丈夫死后，就是夫死守节，不可再嫁。有的女子守寡时还不到 20 岁，也要一辈子守空房。有的妇女守寡了五六十年，如果儿子又做了官，就可申请朝廷表彰，立一个贞节牌坊。明清时期，随着性禁锢的愈演愈烈，这种事也越来越多。据《古今图书集成》中《闺节》《闺烈》两部记载，唐代只有"节妇""烈女"共 51 人，宋代增至 267 人，明代竟达 3.6 万人，而到了清代，仅安徽省休宁县就有 2 200 多人。在中国大地上，除民居外，另有两种建筑几乎是无处不在，一是庙宇，二是贞节牌坊。至今在安徽象县还有一个牌坊群，有明清时代的牌坊近 20 座，其中大部分与贞节有关，并建有烈女祠。在这些牌坊下面，不知埋着多少女子的血和泪。寡妇守节是非常痛苦的。据清代《志异续编》记载：一个年轻女子，年少守寡，矢志守节，每到中夜，孤枕独宿，辗转不眠，就拿一包铜钱撒在地下，然后俯身去一一捡起，再撒再捡，直到疲倦极了，才去就寝，60 余年，天天如此。到了 80 多岁时，她以这包铜钱出示儿孙，表示守节不易，而自己无愧于心，这包钱已被磨得光亮如镜了。

还有"三纲""三从""四德"，即："君为臣纲、父为子纲、夫为妻纲""未嫁从父，即嫁从夫，夫死随子""妇德、妇言、妇容、妇功"。这些都是维护封建统治、压制人性、残害妇女的封建糟粕。在这"三纲"中，哪一"纲"对维护封建统治都是至关重要的，不然，如果突破一个缺口，整个封建社会的架构就要坍塌了，君权就摇摇欲坠了。所以，在封建社会中，对父权、夫权要求极严，丝毫不得逾越。古代提倡"万恶淫为首，百善孝为先"，为什么要提倡"孝"，对父母丝毫不能反抗？这是为了维护整个封建社会的架构，在婚姻问题上也只能一切听从于父母了。为什么"万恶淫为首"？因为女子一"淫"，红杏出墙，就会生"野种"，造成子女血统紊乱，影响到私有财产的继承，破坏了私有制社会的根基，所以，从维护私有制社会出发，"淫"就变成万恶之首了。可见，经过封建统治者改造和发展过的"礼教"确有"吃人"之处。

此外，在封建传统礼节中还有一些糟粕成分是需要指出的。例如建立在封建等级制之上的跪拜磕头礼。其实，这种礼仪本身并没有对和错的问题，问题在于对谁行跪拜礼。在特定的场合对自己的父祖必须行跪拜礼，对特别崇敬的人和有大恩之人也可以自发行礼，但如果是畏权媚上，则是奴性人格体现，极具猥琐心态。还有愚忠、愚孝，封建迷信思想等，都是不合时宜的封建糟粕。这些是当今学习和研究传统礼仪时必须甄别的。

第二节　把握尺度对待中国传统礼仪

一、坚持唯物辩证法，反对形而上学

在对待传统文化的问题上，坚持唯物辩证法就是要求既肯定又否定。肯定即吸收传统文化积极的、健康有益的东西，否定即抛弃其消极的、过时腐朽的东西。简而言之就是"扬弃"或者"批判地继承"，或叫取其精华、去其糟粕。形而上学的观点就是要么肯定一切，要么否定一切。国学派或者文化保守主义对待传统文化几乎是全盘继承，对西方文化几乎是全盘否定。而西化派则反过来，对西方文化几乎是全盘肯定，对传统文化几乎是全盘否定。用这种形而上学的观点对待中国传统文化是十分有害的。

形而上学的否定一切或肯定一切，看不到事物发展的历史过程和事物的特殊性。在对待中国传统文化的问题上，持否定一切的态度，必然导致历史虚无主义和全盘西化；持肯定一切的态度，必然导致复古主义和文化保守主义。唯物辩证法的否定之否定，是科学的否定观。辩证否定观认为，事物的发展是由内在矛盾所推动的自我否定过程，这是一个包含肯定的否定过程，因而是事物的自我完善过程。在对待中国传统文化的态度问题上，正确的态度是辩证否定，即在批判传统文化时，应当肯定其合理的东西，在继承其合理成分时应抛弃其腐朽的部分。

在对待中国传统礼仪文化的问题上，坚持唯物辩证法，就是要弘扬传统文化中优秀的礼仪文化和借鉴外国的优秀礼仪文化，为发展繁荣和创新社会主义新时期礼仪文化服务。无论对待传统礼仪文化还是外来礼仪文化，既不能肯定一切，又不能否定一切，正确的态度应当是辩证的否定：在对待传统礼仪文化的态度上，要有选择有批判地学习，既要批判其错误的东西，又要继承其积极的东西，并加以改造利用；对待外来礼仪文化，也应该有鉴别、有选择地学习，努力走出一条既能体现世界文明水准又有自己民族特点的现代化礼仪建设道路。

二、坚持历史唯物主义，反对文化虚无主义

历史有连续性，文化有继承性。马克思主义反对对人类历史、对传统文化采取全部否定的虚无主义态度。列宁说："只有确切地了解人类全部发展过程所创造的文化，只有对这种文化加以改造，才能建设无产阶级的文化。"他还指出，马克思主义之所以赢得了世界历史性的意义，不是它抛弃了以往人类的文化，"相反地却吸收和改造了两千多年来人类思想和文化发展中一切有价值的东西"。毛泽东说过，从孔夫子到孙中山我们都要以继承和批判的态度"剔除其封建性的糟粕，吸收其民主性的精华"。马克思主义对传统文化的态度是十分明确的。

文化虚无主义是以全盘否定的方式看待中国传统文化的。最典型的是刘晓波，他对中国的传统文化从古代一直否定到现代。他说："中国的文学只有打倒屈原、杜甫才有出路""中国传统文化中反对感性的特征造成了中国人精神上的阳痿""对传统文化我全面否定，我认为中国传统文化早该后继无人"。刘晓波之流对传统文化的否定显然是别有用心的，但在国内外却有一定的市场。传统文化真的是一堆腐朽无用的垃圾吗？回答是否定的。列宁说过：忘记了过去就意味着背叛。我们不能割断历史，同样也不能割裂文化。民族文化培育了民族精神，铸造了民族的灵魂。骂倒历史上的民族精英、全盘否定中华民族的文化和历史，剩下的就是一片使人迷惘的空白。一个妄自菲薄、连自己都瞧不起自己文化的民族怎么能让别的民族尊重呢？又怎么与别的民族平等？传统文化中的积极因素增强了民族的凝聚力和民族自信心，任何一个民族没有这种凝聚力和自信心，没有脊梁，就不可能自立于世界民族之林。

三、坚持文化的先进性，反对复古主义

在马克思主义与中国传统文化相结合中，应该防止两种错误倾向，既要反对文化虚无主义，也要防止文化复古主义。社会主义革命是人类历史上从来没有过的推翻旧制度和改造旧文化的革命，因而在对待传统文化问题上，如果没有正确态度很容易犯否定传统的文化虚无主义错误。"文革""破四旧"就是典型例子，它既伤害了中国传统文化的血脉，又极大败坏了马克思主义的威信，这是一个沉痛的教训。但我们在追求民族文化复兴和纠正文化大革命"左"的错误的时候，又容易走向另一极端——文化复古主义。因为民族文化复兴与文化复古容易鱼龙混杂，不容易厘清，因而复古主义思潮可能沉渣泛起，这更值得注意。

重视中国传统文化不要变为独尊儒术，更不能把学习传统礼仪文化等同于尊孔读经。传统文化尤其是传统礼仪文化终究是古人的意识形态，时值当代，我们应立足于当代人的观点去诠释传统文化，对它们进行合理的吸收和现代性的转化。那种把古人的封建观念和意识形态强作当代人的理解和诠释，甚至为传统文化中明显的错误观点辩解，极力拔高和加以粉饰的做法，都不是马克思主义的态度。尤其值得一提的是，在推进中国传统文化现代化转换进程中，有两种关系是必须厘清的：一是不能将中国传统文化等同于中国文化。传统文化只是中国文化的一部分，中国文化包括传统文化当然也包括当代中国社会主义文化。二是马克思主义不等同于中国化的马克思主义。马克思主义来自西方，就它与中国传统文化关系来说，属于外来文化与本土文化关系的性质。而中国化的马克思主义则不同，它就是中国文化，是当代中国文化的指导思想和核心。从这一意义来讲，当代中国的先进文化必须是中国传统文化的继承和发展，这种先进文化的建设必须以中国化的马克思主义为指导。

四、坚持马克思主义，审视新儒家思潮

"新儒学"（new-confucianism）是冯友兰最早提出，并于20世纪70年代以来，先在我国港台、后在内地用来概括"五四"以来儒学思想与言论的一个概念。为了避免概念的混乱，现在大多用新儒学来指代"五四"以后儒学的新发展。具体来讲，新儒学是指五四运动以来的一股文化保守主义思潮，它有感于传统文化面临的极度困境和西方文化的冲击，基于对传统文化的信仰和对国家未来的忧虑，力图在现代化的大背景下，在继承原始儒学的基础上，通过对西方文化的兼容并蓄来重新阐释儒学的思想，使传统儒学获得新生，重新树立儒学的主导地位。新儒学在理论的承接上，以接续儒家道统为己任，重建儒家道德根基，诠释儒学现代含义；在价值重

建的选择上，以改造儒家价值观，使之适应现代人的精神需求为向度，因而也叫新儒家。在中国思想文化近现代化过程中，马克思主义、新儒学和自由主义西化派是三大最有影响力的文化思潮。

新儒学的产生是有其深厚的历史文化背景的。儒学作为中国传统文化的主导和正统思想，对中国社会的影响可以说是全面而深刻的，中国已深深打上了儒学的烙印。中国进入近代社会后，儒学更是受到了国人的大力批判，但正是对儒学的全面批判，令一批学者坚信中国传统文化对中国仍有价值。他们认为中国本土固有的儒家文化和人文思想存在着永恒的价值，力图从新的视角重新发掘和审视儒学，对其中具有现代性的东西做出新的阐释，并把它融入儒学中，以此来发展民主与科学等现代性的思想。这一历史文化背景无疑使人们对新儒学的认识和评价产生了更为复杂的思想感情。在社会由传统向现代转变的今天，在现代性的因素日益增多而与传统相背离的趋势下，我们应当从辩证唯物主义和历史唯物主义的观点来审视新儒学的发展。

（一）从社会存在与社会意识的角度看新儒学

历史唯物主义认为社会存在决定社会意识，社会存在是第一性的，社会意识是第二性的，同时社会意识对社会存在具有能动的反作用。从儒学发展的历程可以得知，不论儒学兴盛还是衰落，都是和当时的社会发展状况密切相关的，儒学的创立正是适应了当时社会的发展需求：礼乐文明是西周政治制度发展的必然；孔子春秋末期创立儒家学派，也是与当时纷乱的社会状况相适应的；汉代儒学一家独尊地位的确立、宋明理学的崛起都是时代的产物。而兴起于"五四"时期的新儒学也是如此。"五四"时期出现了浓厚的"反传统主义"思潮，这时期的儒学几乎被公认为中国积贫积弱的"替罪羊"，"打倒孔家店"口号的提出，使儒家思想陷入困境。为了使儒学走出困境，以熊十力、牟宗三、梁漱溟为代表的著名思想家鉴于当时的社会变革，对儒学思想进行了扬弃。他们援佛入儒，融合陆王心学、道教学说和西方哲学等，建立了生命哲学的"体用不二"的心性本体论。在比较中、印、西思想文化差别的基础上，创立了新的儒家思想体系。力求发扬传统儒学中的心性之说，以适应科学与民主的新潮流。由此看来，新儒学思想的兴起及其对当代社会的深远影响是由社会存在决定的，是适应当时的社会发展需求而产生发展起来的，具有其合理性。

（二）以扬弃的观点看新儒学

儒学的发展是一个不曾间断的持续过程，在儒学发展的历史长河中，有些东西是一脉相承的。新儒学虽然是对原儒学的反思与发展，但这种反思是在继承的基础上进行的，因而是一种扬弃。新儒学的主要任务就是要发掘儒学的理论基础和现代价值，重新提出了儒家的心性之学，既是为了继承原始儒学的道统，也是为了回应西方文化的挑战，对儒家思想既有继承，更有创新。例如，牟宗三认为，儒家的心性之学是"内圣之学"，并断言心性之学就是传统儒学的核心与精髓所在。但是，在现代世界中，牟宗三首先碰到的是"内圣"如何开出"外王"的难题。无论如何，毕竟新儒学在这方面是有贡献的。

（三）从实践的观点看新儒学

儒学的发展不是一个简单僵化的继承过程，儒学的每一次发展都是和当时的社会实践相结合的结果，并不断在实践中得到丰富和发展，进而更好地指导具体的实践。传统儒学之所以在封建社会长达数千年不衰、始终居于道统地位，在于其适合当时封建社会的实践。从新儒学的发展历程得知，新儒学也是在实践的过程中不断地发展起来的。可以借用《周易》中的一句话概括新儒学的发展思路：穷则思变，变则通，通则久。

对于当今新儒学的实践，必须用马克思主义的观点加以审视。首先是处理好新儒学与马克思主义之间的关系。目前有一股"泛儒学化"的倾向，他们仅从狭隘的儒学角度来看待问题，提出所谓的"儒化中国"等偏激的论断，企图以儒学或儒教来取代马克思主义在我国的指导地位，对此必须加以防范和批判。同时，也要看到，新儒学不仅仅是对原始儒学的继承，也结合当今的社会现实对传统儒学进行选择性的扬弃，这使新儒学的思想体系更加具有现实性和现代性，因而对社会发展具有促进作用，并在社会的发展中发展自己。可以说，新儒学的思想体系是在原始儒学继承的基础上发展起来的，因而具有合理性；新儒学的产生是符合历史唯物主义的，因而具有科学性；新儒学的发展是符合当代社会实践需要的，因而具有现实性。那么这一既科学又合理又符合现实的新儒学，必将随着社会实践的发展而不断发展和完善，必将对我国的社会进步和发展发挥出其应有的作用。

我们重视儒家学说，因为它是文化遗产，其中包含许多宝贵思想财富，但当代中国不可能重新恢复儒家在意识形态中的主导地位了，必须建立和发展与社会主义市场经济体制相适应的，以马克思主义为指导，以中国传统文化为根，以西方优秀文化为营养的社会主义先进文化，这才是马克思主义与中国传统文化相结合的正确走向。因此，应该对新儒学有鉴别地加以审视，不能简单地把马克思主义与新儒学对立起来。相反，我们必须坚持马克思主义的指导思想地位，并以此作为新儒学进一步发展的指导思想，指导新儒学不断地沿着正确的方向发展下去，使其更好地服务于我国社会主义现代化建设的伟大实践。

第三节　去粗取精发展中国传统礼仪

一、传统文化之核心，民族兴亡之所系

（一）礼仪文化是传承中华民族的根脉所在

民族文化是一个国家乃至民族赖以存在的根本。顾炎武有句名言："天下兴亡，匹夫有责"，其实这句话还有更深层面的含义。顾炎武在《日知录》中说："有亡国，有亡天下。亡国与亡天下奚辨？曰：易姓改号谓之亡国，仁义充塞而至于率兽食人，人将相食，谓之亡天下。"如果把这两句话结合起来说，我们也许更明白其中的含义：历史上的改朝换代有两种情况，一种是换了一个皇帝，但是国家的文化并没有变，还是中华文化，这叫"亡国"，问题还不大。另一种情况，不仅皇帝换了，连整个文化都被消灭了、替换了，尽管你的人还在，可是整个民族已经消亡了，这叫"亡天下"。中国五十六个民族之所以能够区别，都因为有自己的文化，苗族、藏族、蒙古族的不同，在于它们的文化不同。要是民族文化都没有了，这个民族就不存在了。我国唐代北方有个民族叫契丹，它当时是一个非常强大的国家，但今天我们五十六个民族里面却没有了契丹族。这是因为契丹人在与其他民族交往中不注意固守自己的传统，没有自己的文化，被其他民族同化了。世界四大文明古国，其他三个文明古国的文化已在地球上消失了，只留下一些历史痕迹：印度文化因雅利安人的入侵而雅利安化；埃及文化先后因为亚历山大帝国的占领而希腊化、因恺撒占领而罗马化、因阿拉伯人移入而伊斯兰化；希腊、罗马文化又因日耳曼民族的入侵而中断并沉睡千年。唯独在中国，此类情形却从未发生。何以至此？文化传承使然。中华民族经过了五千年的发展，形成了自己独一无二的传统文化，按国学大师钱穆先生的说法，这套文化的核心是"礼"。如果我们把中华礼仪文化也丢光了，中华传统文化就不复存在了，中华民族也会和古印度、古埃及、古巴比伦一样在地球上消失了。因此，礼仪文化是传承中华民族数千年生生不息、绵延发展的根脉所在。

（二）找准文化内核，保持文化自尊

邓小平有一句非常感人的话："我是中国人民的儿子，我深爱着这片土地。"这就是文化自尊的表现。我们都是中国人，中国人血管里流淌的是中华民族的血，我们要珍爱自己的文化、珍爱自己的传统。可是有些人却不懂这个道理，把中国传统礼仪当作腐朽文化一概泼掉，把外来文化尊为经典，这就是失去文化自尊的表现。要

保持自己的文化自尊自信，关键要了解自己的文化，找准文化核心和特色。

中国文化的核心和特色又是什么？钱穆先生说中国文化的核心是礼，但是即便在孔子的时代，他都要慨叹"礼崩乐坏"，要上周公的那个时代去寻找真正的礼。那么在我们这个时代，几千年过去了，无数的灾难，无数的重建，我们该上哪儿去找真正的"礼"呢？我认为这个"礼"是一种文化，可以到传统文化里面去找。当然我们不是全盘恢复古礼，而是要去寻找它的智慧和思想。但更重要的是，要从古代礼的精神里提炼出当代礼的精神。如何提炼？梁启超给清华学生的一次讲演也许能给我们一些启示。他的演讲题目叫《君子》。怎么样才能成为君子，梁启超先生抽出了《易经》中的"自强不息，厚德载物"八个字，这八个字后来成了清华大学的校训。"自强不息，厚德载物"八个字就是传统文化的精髓，把要说的话全说了，比今天许多口号式的校训要深刻得多，这就是水平。办大学的理念是什么？就是要为社会培养德才兼备的，有很强专业技术，同时又有人文关怀的人，这种人梁启超称之为"君子"。北京师范大学许嘉璐也说："无科技不是以强国，无文化则是以亡种。"诚然，传统文化文明和当代工业文明两大元素，虽不及全面，亦是窥见中国当代"礼"精神之一斑。

二、中国传统礼仪文化的当代精神价值

为什么要善待中国传统礼仪文化？最主要的原因是中国传统礼仪文化还具有强大的当代精神价值，这是它的生命力所在。在当代社会主义精神文明建设中，小至百姓生活，大至社会主义精神文明建设，无不贯穿着浓浓的传统礼仪文化精神。它追忆着先民的寄托，体现着今人的渴望，以其特有的方式将国人的过去、现在和未来紧密地联结起来；它深深地植根于人们的日常生活之中，与人们自然形成的细腻微妙的情感世界相融洽。中国传统礼仪文化之所以历经磨难仍在人民中长久不衰，在于它不仅满足了人的口腹之欲，也顾及了人的视觉美感；不仅满足了人们物质和肉体的需要，也顾及人们精神和心理的需求。因此，中国传统礼文化是一个蕴涵着丰富人文精神的文化体系。具体地说，它包括以下四个方面的内容：

（一）倡导"以人为本"，关注自我与人生

关注人生和人的自我完善是礼仪文化的重要内容。礼仪文化的人文精神集中体现为以人为本的思想。孔子最早就明确要把人界与神界分开，并把注意力完全放在人界，对所谓的神鬼"敬而远之"。如"子不语怪力乱神"。季路问事鬼神，子曰："未能事人，焉能事鬼？"在孔子看来，人应知与能知的是人自己，关注人事才是人的本分。"厩焚。子退朝，曰：'伤人乎？少不问马'"真切地反映出孔子对人的极大关

爱。孔子的"以人为本"思想对其后的儒家及中国文化影响很大。

人生的重大问题之一是如何完善自我以成就个人的价值。先秦时期的礼学家们探索出了一条解决该问题的有效途径，即以礼乐为中心的道德教化。他们认为，人之所以为"贵"，在于人有道德，并能"参天地之化育"。荀子说："礼者，谨于治生死者也。生，人之始也；死，人之终也。终始俱善，人道毕矣。故君子敬始而慎终，终始如一，是君子之道，礼义之文也。"也就是说，一个人从生到死，只要谨慎地按着"礼"的规定去做，一生始终俱善，这就是人道或人文的完成（"人道毕矣"）。荀子把儒学的中心观念——礼、乐、仁、义等作为"人文"的基本内涵。因此，在儒家这里，人文主义基本上是指礼乐之教。而礼乐之教的意义，则在于让具体生命中原有的情感、欲念得到提升，使之达到道德理性化的境界，这些礼文化中的以人为本的人文精神，对当代精神文明建设具有重要意义。

（二）尊重人性人情，重视生命价值

儒家礼仪文化具有浓厚的伦理道德色彩，礼既基于人性和人情，又用以规范和限制人性和人情。《礼记·中庸》将人的仁义本性与礼的起源相连，"仁者人也，亲亲为大；义者宜也，尊贤为大。亲亲之杀，尊贤之等，礼所生也。"朱熹认为，有差别的亲情所表现的仁性就是人的本性，礼不过是仁义的有节制的礼节形式而已。在敦煌壁画的人物形象中，被古人奉为礼的创始人的伏羲和女娲人首蛇身交缠在一起，伏羲持矩，女娲持规，意味深长地要为人世立规矩。也就是说，礼的功能源于礼能分界、弥乱、制欲，这就深刻地揭示了礼与人性的辩证关系，即礼弘扬人性中善的一面，抑制人性中恶的一面。因此，礼所捍卫的秩序不是与人对立的管制力量，而是一种社会的节制与平衡机制。儒家礼乐文化的另一个重要特征是具有强烈的生命意识和人道精神。丧礼仪式从始死到葬后，围绕死者的埋葬问题所举行的一系列繁复的仪式，目的是贯彻儒家"敬始而慎终""视死如生"的原则，其更深层的意蕴则是从情感上、心理上培养世人重视生存意义、尊重生命价值的观念和意识。这种"敬始慎终"的人生态度以及与之相关的礼仪原则和仪式，贯彻和渗透着人道精神和人文关怀。在今天看来，这种礼仪精神在人的本性中也表现为内心深处的情感与追求；在行为上表现为理智与节制；在社会中表现为以尊贤、敬长为中心的爱心，这些都是当代人所需要的精神。

（三）弘扬人的主体精神，塑造独立的君子人格

"天行健，君子以自强不息。"两千多年前《周易》中的这句古训所释出的是一种奋发有为的主体精神和独立不惧的主体人格。儒家礼乐文化体现了人的主体精神的觉醒。在王权变更过程中，周代统治者充分认识到了人民的力量，意识到世上的

事不能都归于天命，人的主观能动性实质地参与着历史的全过程，周公民本思想的提出，正是人的主体精神觉醒的标志。孔子主张通过主体自身的意志力量来改造人性，当仁德与利欲发生冲突时，主体运用意志力量克服感性利欲的诱惑，遵循仁德的要求，这就是要体现主体的自由意志和人格力量。任何一个人只要充分发挥主观能动性，致力于道德实践，就能使自己的道德境界不断提高，孔子始终认为这就是解决礼崩乐坏局面的唯一有效途径。

人格尊严是人之为人的重要标志，君子人格是与孔子和儒家文化密切相连的一个概念。孔子认为人格有高有低，从低到高依次为中人、君子、贤人、圣人，其中君子人格是孔子为社会民众树立的人格标准。荀子认为，君子入仕之道在于持守社稷大义，做到"从道不从君"。君子一旦入仕，就应以国家民族利益为重，在其位而谋其政，推贤举能，不计较个人得失，做到"推贤而进达之，不望其报。君得其志，苟利国家，不求富贵"。君子从政的态度是既不清高遁世，也不降志辱身，而是根据具体情况，可仕则仕，可止则止，但保持独立人格始终是"现"与"隐"取舍的前提。

我国当今社会主义市场经济建设，所欠缺的恰恰是传统礼仪文化的精神价值。改革开放之初，有许多人天真地认为，只要全面实行了市场经济，一切问题都能迎刃而解。可是，随着市场的开放，随之而来的是商品的假冒伪劣等问题。于是，又有一些人天真地认为，只要全面实行法制建设，一切问题都能迎刃而解。可是，法虽然越来越多，而不法分子钻法律空子的水平也越来越高，令人穷于应付。事实证明，许许多多的问题都出在道德上。现在越来越多的人意识到，社会的发展需要道德的引领。法律是维持社会秩序的底线，而不是做人的标准。不能说不犯法就是好公民，真正的好公民必须要有道德情操和人生境界。而两千多年来，中华礼乐文化所追求的，正是这一点。我们今天最需要的，或许正是我们昨天亲手抛弃的。

三、保持民族性，体现时代性，再造礼仪文化大国

中国曾是以"礼仪之邦"著称于世界的礼仪文化大国，今天我们如何重塑这一失却了的文化大国形象？毫无疑问，胡锦涛同志在十七大报告中提出的"要全面认识祖国传统文化，取其精华，去其糟粕，使之与当代社会相适应、与现代文明相协调，保持民族性，体现时代性"，正是我们再造礼仪文化大国的方向。

（一）保持民族性，让中华礼仪文化走向世界

20世纪以来，人们对待传统文化的态度受到了各种理论与主义的直接影响，其间纷争十分激烈。但对现代化及富国强民的急切要求始终占据着意识上的主导位置，

而这种主导意识从一开始便以排斥传统作为先导，自然而然，传统也就成了守旧僵化的代名词了。从思维方法上看，便是线性的进化论取代了整体和谐的发展观，排他性的绝对论取代了多元自存的观念，政治的功利性掩盖了文化价值的自主属性等，在这样一种强化"过滤"下，传统文化合理存在的理由也被进一步删汰殆尽。经过这一切之后，终于我们感受到了一种历史的空虚。也许，现在该是我们开始回顾传统文化的时候了。曾经有一位韩国的文化官员说过这样一句话："19 世纪是军事征服的年代，20 世纪是经济征服的年代，而 21 世纪是文化征服的年代。"由此可见文化的重要性，这里的文化强调的是民族文化，一个民族必须要有自己的特色文化，否则必将成为外来文化的俘虏与附庸，最终在这个世界上消失。要保持自己民族的特色，那就要求一个民族在自己的文化构建中必须从传统文化中吸收思想成分，也就是说，传统文化作为一种渊源的东西，是被任何一个继之而起的新的文化所对接和承袭的。我们只有在这个基础才有可能更新和超越，否则新的文化就会成为无源之水、无本之木。因此，在现代文化建设上，我们应当回溯到我们民族所有优秀的传统文化中去，并立足于这个深厚的根基之上努力开掘其适应现代的当代意蕴。正像歌德所说的那样"民族的才是世界的"，只有这样我们的文化才能走向世界，而不至于被世人忘却；也只有这样我们的民族才不会成为别人的附庸。

但是现实并非我们想象的那样乐观，与提倡吸取传统文化力量相比，"西学中用"之类的言语当今或许更有诱惑力。之所以会出现"西化派"这样的思潮，是因为在这些人的心中，中国的传统文化一无是处，甚至认为中国传统文化导致了我们的落后与退步，有人甚至不负责任的称："中国之所以落后是汉字惹的祸"。其实，传统文化究竟是导致社会的进步还是退步，完全取决于我们自己，在建设走向新世纪的新文化的过程中，我们最大的问题并不是要不要传统文化，而在于能否辩证地看待传统文化，能否把传统文化的现代意义充分发掘出来，从而创造出一种既适应于现代化建设，又能积极推动精神文明进步的新文化。从传统的本质上讲，传统既是前代人同后代人在文化继承上的中介，又要靠后代人根据时代的需要与时俱进地进行自觉的扬弃，这样才能得以继承和发展，而并非全盘地抛弃或者是盲目地复古、大加推崇。

（二）体现时代性，再造中华礼仪文化大国

继承传统文化要取其精华，去其糟粕，为当代社会建设服务，这话一点不错。问题是我们经常所奉行的"取其精华，去其糟粕"原则，也有人会出现理解的偏差，总认为只要是今天的需要，只管从古代里面抓取东西就行了。其实，这是一种错误的抓取，正确的方法应该是拨开传统文化的种种旁枝蔓叶，从根源深处去探索其蕴

涵的深厚意蕴，才能取到"真经""正果"。现在，我们社会中所流行的很多有关传统的东西并非我们先人所要表达的东西，而是在流传的过程中被一些人进行了篡改与歪曲。比如我们经常所说的"中庸"之道，按照孔子的解释，中庸的"中"有中和、中正、不偏不倚等含义，"庸"字是用的意思。所以，中庸意即把两个极端统一起来，采取适度的中间立场，既不能过，也不能不及。在政治上，表现为既不能一味宽容、宽厚，采取无为的态度，也不能使政策过于刚猛，刑罚过重，二者要相互协调，相互补充，以中和的态度处理政治问题。在经济上，要给予百姓实惠，但不能浪费；要使百姓勤于劳作，但不能过度压榨，使他们产生怨恨；要允许各种欲望的满足，但不能鼓励贪婪、没有限度等。中庸即使在今天也很有现实意义。但是在一些人的"抓取"过程中，中庸竟变成了折中主义、明哲保身的处世哲学，一直到现在从其反面成就了一门"伟大"的学问——厚黑学。我们可以清楚地看到，阻碍我们社会进步的并非是一些真正的传统文化，而是那些被篡改和歪曲的东西。这就像是一条河，当河水从源头流出的时候，可谓是纯洁的东西，但是在它流经的过程中受到了严重的污染，这直接导致的结果就是下游的人总认为源头就是那样的肮脏。正如朱熹所说的"间渠哪得清如许，为有源头活水来"，我们只有从中国传统文化的源头去汲取其中的精华，中国传统文化才会有强大的生命力！

同时，我们也应该清醒地认识到，反对"全盘西化"并不是拒绝西学、摒弃西学。恰恰相反，我们在充分发挥中国传统文化的通融性的同时，应注重吸纳和融合西方的先进文化。在这一方面，要求我们要有大唐帝国那样的气魄。回顾历史，唐代文化之所以繁荣就在于传统文化对外来文化非凡的吸纳力和交融贯通性。敞开自己的胸襟，广泛地吸收外来的文化，形成了中国化的文化。仅宗教方面而言，在这一时期，不仅来自印度的佛教逐渐地中国化，佛教文化成为中国文化的一个有机组成部分，而且基督教、伊斯兰教、犹太教也开始传入中国，使唐文化呈现一派胡曲雅乐互放异彩的繁荣景象。但是，也有一个前提就是要保持中国传统文化的独立性。中国传统文化的发展历程表明，既吸纳和融通外来文化作为本民族文化的组成部分，同时又保持本土文化的主体性地位，才能不断地发展中国文化。

发展中国礼仪文化，使当代中国礼仪文化成为世界礼仪文化的重要一员，必须既要有自己的民族特色，又要符合世界礼仪文化发展的潮流。因此，在对待中国传统礼仪文化的态度上，我们既不能妄自菲薄，搞文化虚无主义，抛弃自己的优良传统文化，又不能妄自尊大，把腐朽作神奇，故步自封，一概排斥外来文化。要重新打造一个强盛的礼仪文化大国形象，既要批判性地继承中国传统礼仪文化，又要选择性地吸收世界各国先进的礼仪文化，并把优秀的中国传统礼仪文化和先进的外国礼仪文化与当代中国的精神文明建设实践相结合，使之现代化和本土化，并在这基础之上不断创新，才能创新出既适应现代化中国所需要又为世界所接受的当代中国礼仪文化。

　　只有民族的才是世界的，只有先进的才是未来的。要再造一个礼仪文化强国，首先要立足于本土，从传统文化中继承优良基因，从外来文化中汲取积极养分，把我国当代的礼仪文化建设得既有民族特色，又有世界先进性。还要借助当代中国的和平崛起，让中国的礼仪文化走向世界。让中国的礼仪文化走向世界并非要向外国"输出"文化，更非文化侵略，施行文化霸权主义，而是让中国的礼仪文化在走向世界中融入世界；在保持自己的民族特色中，更好地汲取世界先进的文化发展自己；在发展自己礼仪文化的同时，推进世界礼仪文化的改革与发展。这才是一个"有礼貌的"、和平崛起的大国应有的文化形象。

参 考 文 献

[1] 刘雪松，王春芝．公务礼仪 [M]．广州：广东人民出版社，2009.

[2] 金正昆．社交礼仪教程 [M]．北京：中国人民大学出版社，2009.

[3] 程麻．中国风土人情 [M]．北京：商务印书馆，2008.

[4] 黄菊亮．大学生礼仪修养 [M]．上海：华东师范大学出版社，2007.

[5] 吕建文．中国古代宴饮礼仪 [M]．北京：北京理工大学出版社，2007.

[6] 何浩然．中外礼仪 [M]．大连：东北财经大学出版社，2006.

[7] 方明亮．商务谈判与礼仪 [M]．北京：科学出版社，2006.

[8] 金涛．中国传统文化新编 [M]．杭州：浙江人民出版社，2005.

[9] 祝西莹，徐淑霞．中西文化概论 [M]．北京：中国轻工业出版社，2005.

[10] 尹雯．礼仪文化概说 [M]．昆明：云南大学出版社，2004.